Yaşamımızın her kesiminde "üstler" ve "astlar" vardır. Üstler, kendileriyle ve astlarıyla ilgili konularda genellikle onlara hiç danışmadan kararlar alır ve astlarının, alınmasına katılmadıkları bu kararlara uymalarını, üstelik istekle uymalarını beklerler.

Üstlerin astlarından istedikleri verimi alabilmeleri, ancak üst-ast kavramlarını unutarak kuracakları bir iletişime bağlıdır.

Dr. Gordon tüm kitaplarında insanlara etkili iletişim kurmanın yollarını gösterir. Bu yolların her biri, insanın biriciğine saygı, eşitlik ve katılım ilkelerinin oluşturduğu bir felsefeyi barındıran düşsel bir meydana açılır sanki...

"Etkililik Eğitimi" dizisi, okurlara, bu yollardan geçerek o meydana varıldığında, "daha fazla verim"in "daha çok mutluluk"la elde edilebileceğini gösterir.

Birsen Özkan

Sistem Yayıncılık: 205
Etkililik Eğitimi Dizisi

Çocukta
Dış Disiplin mi? İç Disiplin mi?
Dr. Thomas Gordon

Kitabın Özgün Adı
Teaching Children Self- Discipline

İngilizce'den çeviren: **Emel Aksay**
Editör: **Birsen Özkan**

Birinci Basım: Mayıs 1999/İstanbul
ISBN: 975-322-124-X

Dizgi: Ebru Öner
Montaj: Kurtiş Matbaacılık
Kapak Tasarımı: İffet Yılmaz
Basım: Kurtiş Matbaacılık
Cilt: Güven Mücellithanesi

Yayın ve Dağıtım
SİSTEM YAYINCILIK VE MAT.SAN.TİC.A.Ş.
Tünel, Nergis Sokak, Sistem Apartmanı, No:4 Beyoğlu/İstanbul
Tel: (212) 293 83 72-pbx   Fax: (212) 245 66 14
e-posta: sistem@sistem.com.tr
http://www.sistem.com.tr

ANKARA	İZMİR	KONYA
BÖLGE TEMSİLCİLİĞİ	BÖLGE TEMSİLCİLİĞİ	BÖLGE TEMSİLCİLİĞİ
Bilim Sanat	859 Sok. No: 5/A	Çizgi Kitabevi
Konur Sok. No: 17/6	Konak/İZMİR	Mimar Muzaffer C. Koyuncu
Tel/Fax: (312) 418 75 22	Tel: (232) 446 27 29	Pasajı 74/P21 KONYA
	Fax: (232) 441 97 24	Tel/Fax: (332) 353 10 22

ÇOCUKTA DIŞ DİSİPLİN Mİ?

İÇ DİSİPLİN Mİ?

Anababaların ve Öğretmenlerin
İç Denetimli, Kendisine Saygılı ve
Sorumluluk Duygusu Gelişmiş
Çocuklar Yetiştirmeleri İçin Yeni Yollar

Dr. Thomas Gordon

İngilizce'den çeviren: **EMEL AKSAY**
Editör: **BİRSEN ÖZKAN**

SİSTEM YAYINCILIK

ETKİLİLİK EĞİTİMİ DİZİSİ

E.A.E. Etkili Anababa Eğitiminde Aile İletişim Dili (Dr.T.Gordon)
E.A.E. Etkili Anababa Eğitiminde Uygulamalar (Dr.T.Gordon)
E.Ö.E. Etkili Öğretmenlik Eğitimi (Dr.T.Gordon)
E.L.E. Etkili Liderlik Eğitimi (Dr.T.Gordon)
E.S.E. Etkili Satış Eğitimi (Dr. T. Gordon)
Doktor-Hasta İşbirliği (Dr.T.Gordon-W.S.Edwards)
Eğitimlerinizi Canlandırmanın 75 Yolu (Martin Orridge)
Öğrenmenin ABC'si (Gloria Fender)
Ailede İletişim ve Etkileşim (İbrahim Dönmezer)
Gerçekten Beni Duyuyor musun? (Leyla Navaro)
Çağdaş Eğitim Sistemleri (İrfan Erdoğan)
Çağdaş Okulda Eğitim ve Öğretim (İzzettin Alıcıgüzel)
Onlar Güneşe Hasret (Selvi Borazancı)

CİNSEL EĞİTİM

Bana Neler Oluyor? (Peter Mayle)
Ben Nereden Geldim (Peter Mayle)
Cinsellikle İlgili Merak Ettikleriniz (Joanna Cole)
Hamile Babalar (Peter Mayle)

İş ortağım, arkadaşım,
eşim Linda'ya

İç disiplinleri gelişmiş,
sevgili kızlarım Judy ve Michelle'e

Dünyanın pek çok ülkesindeki
kurslarımızda eğitim veren
binlerce eğiticiye, anababalara ve öğretmenlere

İZİN TEŞEKKÜRLERİM

Eserlerinden alıntı yapıp yayımlanmasına izin veren aşağıdaki kişi ve kuruluşlara teşekkür ederim:

Annual Reviews Inc.: Annual Review of Psychology (Volume 26, 1975)'de Marc Kessler ve George Albee'nin yayımladığı "Primary Prevention" yazısından alıntılar. Copyright © 1975, Annual Reviews Inc. Annual Reviews Inc.'dan George Albee ve Marc Kessler'in izinleriyle basıldı.

Harper & Row, Publishers, Inc.: William Glasser'ın eseri Control Theory in the Classroom'dan alıntılar. Copyright © 1986, William Glasser, Inc., Joseph Paul Glasser, Alice Joan Glasser ve Martin Howard Glasser. Harper & Row, Publishers, Inc.'nın izniyle basıldı.

Holistic Education Review: Donald L. Lombardi ve Raymond Corsini tarafından Holistic Education Review'da (1988, 1, No. 3) yayımlanan "CR4: A new System of schooling" eserinden alıntı. Copyright © 1988, Holistic Education Review. Holistic Review, Raymond Corsini ve Donald L. Lombardi'nin izinleriyle basıldı.

Los Angeles Time: Los Angeles Time'ın 23 Şubat 1989 tarihli nüshasında yayımlanan Bettty Cuniberti'nin "Hinkleys. After Tears, A Crusade" yazısından alıntı. Copyright © 1989, Los Angeles Times. İzinleriyle basılmıştır.

Medical Journal of Australia: Peter S. Cook tarafından The Medical Journal of Australia (1978, 1: 7-8, Özel Sayı)'da yayımlanan "Doğum, Kültür ve Akıl Sağlığı: Çocuk Psikiyatrisinde ve Erken Doğumda İki Zıt Yaklaşıma Referansla Akıl Sağlığının Korunmasında Etnolojik-Evrimsel Algılamanın Keşfedilmesi" adlı eserinden alıntılar. Copyright © 1978, The Medical Journal of Australia. İzinleriyle basılmıştır.

The Other Side: Ann Eggebroten tarafından yazılan "Sparing the Rod: Biblical Discipline and Parental Disciplineship" Nisan, 1987. Copyright © 1987. 300 W. Apsley, Philadelphia, PA 19144. İzinleriyle basılmıştır.

Pergamon Press, Inc.: Roland Summit'in yazdığı Child Abuse and Neglect (1983, No. 7) adlı kitabın "The Child Abuse Accomodation Syndrome" bölümünden alıntı. Copyright © 1983, Pergamon Press, Inc. Pergamon Press ve Dr. Roland Summit'in izinleriyle basılmıştır.

Teşekkürler

Destek ve etkileriyle bu kitabın oluşmasında katkıları olan kişilere teşekkür borcum var. Kitaplarımdan birini ya da birkaçını okuyan herkes merhum Carl Rogers'ın düşüncelerim üzerindeki etkisinin gücünü hissetmiştir.

Çocukların evde ve okulda iç disiplinli ve iç denetimli davranmalarında etkili yeni yolları göstermek için kullandığım kısa öyküler ve karşılıklı konuşma örnekleriyle kitabıma katkıda bulunan kurs eğiticilerine, anababalara ve öğretmenlere teşekkür etmek istiyorum.

Bundan önceki kitaplarımın yayıncısı Peter Wyden, bu kitabın düzenlenmesinde karşılaştığım her sorunuma destek oldu ve danışmanlığıyla yardımıma koştu.

Bu kitapta tanımladığım çeşitli becerilerin, bu becerilerin eğitimini alan öğretmenlerin ve eğitimli öğretmenlerin eğittiği öğrencilerin üzerindeki olumlu etkileri göstermek amacıyla yaptıkları araştırma çalışmaları için David Aspy ve Flora Roebuck'a teşekkür borçluyum. EAE kursunun anababalar ve çocuklar üzerindeki olumlu etkilerini çok açık biçimde gösteren araştırmaları için Ronald Levant'a da teşekkür ediyorum.

Etkililik Eğitimi çalışanlarına, yıllar içinde beni anlayan, destekleyen ve sevgiyle yaklaşan kişilere minnettarım.

Sık sık düzeltmeler yaptığım müsvettelerimi temize çeken Priscilla Lavoie ve Diane Lucca'ya teşekkür ederim. Times Book editörlerinden Sarah Trotta'nın kitabımı yayına hazırlarken gösterdiği dikkat ve duyarlılık benim için çok önemliydi.

T.G.

DR. THOMAS GORDON

Gordon Etkililik Eğitimi'nin kurucusu ve başkanı Dr. Thomas Gordon, New York Times gazetesinin "ulusal hareket" adını verdiği olşumun lideridir. Kaliforniya, Solana Beach'teki merkezinden kendi demokratik liderlik beceri ve yöntemlerini tüm dünyaya yayılarak öğreten profesyonel eğitimcilerini yönlendirmektedir.

Dr. Gordon'un kursları tüm dünyada on beş ayrı ülkede bir milyondan fazla kişiye Etkililik Eğitimi vermekte ve her geçen gün sayıları artmaktadır.

Kitaplarının başarısı bir basım fenomenidir. The New York Times Magazine Etkili Anababa Eğitimi için "On yılın en çok tartışılan çocuk yetiştirme kitabı" diyor. Etkili Öğretmenlik Eğitimi, öğretmen yetiştiren pek çok üniversitede ders kitabı olarak kullanılıyor. Dr. Thomas Gordon'un Sistem Yayıncılık tarafından Türkçe'ye kazandırılan kitapları sırayla E.A.E. Etkili Anababa Eğitimi, E.A.E. Etkili Anababa Eğitiminde Uygulamalar, E.Ö.E. Etkili Öğretmenlik Eğitimi, E.L.E. Etkili Liderlik Eğitimi, E.S.E. Etkili Satış Eğitimi, Doktor-Hasta İşbirliği.

Dr. Thomas Gordon, Şikago Üniversitesi'nden doktorasını aldıktan sonra yıllarca bu üniversitede öğretim görevlisi ve Endüstriyel İlişkiler Merkezi üyesi olarak çalışmış bir klinik psikologtur. Amerikan Psikoloji Derneği üyesi ve Kaliforniya Eyalet Psikoloji Derneği eski başkanıdır.

İçindekiler

BÖLÜM İKİ
ÇOCUK DİSİPLİNİNDE SEÇENEKLER

Sunuş

Disiplin Tartışması

Disiplin son zamanlarda ülkemizde ve tüm dünyada önem kazandı. Konu Başkan'ın da dikkatini çekti ve Yüksek Mahkeme'de ve Kongre'de tartışılıyor. Disiplin eşler arasındaki tartışmaların da başlıca nedenidir, Okul Aile Birliklerinde, eğitimle ilgili toplantıların ana konusudur. Anababanın çocuklarını cezalandırma hakkı (ve görevi)da içinde olmak üzere sıkı disiplin Moral Majority platformunda tartışılan çok önemli bir maddedir. Anababaların çocuklarıyla ilgili kaygılarının başında yer alır.

Disiplin yasal ve dinsel çevrelerde, politikada, eğitimde ve aile içinde tartışılıyor. Bu tartışmalar anababaları, öğretmenleri, koçları, okul yöneticilerini ve çocukla ilgilenen herkesi iki kutba ayırıyor.

Kitabevlerindeki rafları dolduran anababalıkla ilgili kitapların başlıkları şöyle: *Dare to Discipline, Assertive Discipline for Teachers, Assertive Discipline for Parents, Parent Power, Parents on the Run: The Need for Discipline, Power to the Parents, Your Acting Up Teenagers, Survival Kit for Parents, Thoughlove, Spank me If You Love Me*[*].

---

[*] Kitaplar **"Disipline Etmekten Korkmayın, Öğretmenler için Kesin Disiplin, Anababanın Gücü, Yenilmiş Anababalar: Disiplinin Gereği, Anababalara Güç, Anababalar için Yaşam Kılavuzu, Katısevgi, Beni Seviyorsan, Döversin"** adlarıyla Türkçeye çevrilebilir. ÇN.

Disiplin tartışmasının ne kadar yaygın olduğu konuyla ilgili gazete ve dergi makalelerinden de anlaşılabilir. Gazetelerden ve dergilerden okullarımızdaki disiplin ve fiziksel cezayla ilgili konu başlıklarını topladım. Bazıları şöyle:

İngiltere Acı Verici Geleneksel Okul Disiplinine Son Veriyor
Teşekkürler, Artık Dayak Yok
Santa Fe Okullarında Dayağın Yasaklanması Düşünülüyor
Caniler için Zalimce, Ama Çocuklar için Değil
Spokane Okullarında Dayak Yasaklandı
Kızını Dövmeyen Onu Cezadan Kurtarır
Öğrenciyi Döven Koç Mahkemeye Verildi

Disiplin konusunun anababaların çoğunluğunda bir iç çatışmaya neden olduğu bellidir. Tüm ülkede verdiğimiz Etkili Anababa Eğitimi kurslarımıza, güç kullanmak ile aşırı hoşgörülü olmak arasında gidip gelmekten bitkin düşmüş anababaların geldiğini görüyoruz. Kursumuza katılan bir anne şunları söylemişti, "İlk çocuğumuza çok sert davrandım, ama işe yaramadı. İkinci çocuğumuz olunca ona daha yumuşak davranmaya karar verdim." Bir başkası, "Ben annemle babam gibi otoriter olmak istemedim, ama bir de baktım ki aynı onların kullandıkları sözcükleri ve yöntemleri kullanıyorum. Nasıl kendimden nefret ettim, bilemezsiniz." demişti.

Öğretmenler de aynı ikilem içindedir. Mesleklerine öğrencileriyle arkadaş olmak, onlara sıcak davranmak ve hoşgörüyle yaklaşmak isteğiyle başlarlar. Sonra kendilerini geleneksel, sert, cezalandırıcı bir öğretmen olarak buluverirler.

Disiplin tam olarak nasıl tanımlanır? Nasıl ifade edilir? Çeşitli yaklaşımları önerenler anababalara ve öğretmenlere neler anlatırlar? Bu soruların yanıtlarına bir göz atalım.

Başkan Reagan 1983 yılının sonbaharında Indianapolis'de ulusal bir forumda eğitimin iyileştirilmesi ve "eski moda disiplin"nin tartışmaya açılması için bir çağrı yaptı:

Amerikadaki okulların mali destekten çok birkaç temel reforma gereksinimleri var. İlk önce, eski moda disiplini düzeltmeliyiz. ... Daha sert kurallar getirmeliyiz; ondan sonra bu kuralları uygulayacak öğretmenlerimizi desteklemeliyiz... (Cores, 1984)

Kısa bir süre sonra, 1984 yılının Ocak ayında, Başkan Reagan'a Eğitim ve Adalet bölümünün temsilcileriyle birlikte Maliye ve Yönetim bölümünün çalışanlarından oluşan bir komitenin kendisini onaylayan raporu ulaştı. Komite başkanı Gary Baver'ın soyadı nedeniyle Baver Raporu olarak adllandırılan bu rapor, okullardaki şiddet ve düzensizliği dile getiriyor ve disiplin sorunlarıyla uğraşan öğretmenlerin ve yöneticilerin "otoritelerini" arttırmanın üzerinde duruyordu.

Bununla birlikte bazı sosyal bilimciler, özellikle psikologlar, sert cezalar veren disiplinin etkisiz olduğunu, aslında bunun çocuklarla gençlere zarar vereceğini savunuyorlardı. Eğitim derneği disiplin komitesinin başkanı Phi Delta Kappa ve Ohio Eyalet Üniversitesi eğitim profesörü William Wayson da kongrenin oturumunda bunları doğruladı:

Kısıtlayıcı politikalar, beraberlerinde öğrenciyi içine alma ve ona hizmet etme çabaları yoksa, daha ciddi disiplin sorunlarına ve şiddete neden olacak ve eğitilmeleri gereken bir yaşta öğrencileri okuldan uzaklaştıracaktır. ... (Cordes, 1984)

Komitenin raporunda iyi bir okulun özellikleri de sıralanıyor: Okul ve veliler arasında işbirliği; demokratik karar alma; tüm öğrencilere ait olma duygusu aşılama yöntemleri; yetişkinlerin koyduğu kurallardan çok çocuklardaki iç disiplini yerleştirecek kurallar; öğrenciye ilginç gelen bir

müfredat; öğrencilerin ve okul personelinin kişisel sorunla-
rıyla ilgilenme becerisi; bu yaklaşımı güçlendirecek kurum
yapısı ve binanın sağladığı fiziksel kolaylıklar.

Temple Üniversitesindeki National Center for the Study
of Corporal Punishment and Alternatives in the Schools* yö-
neticisi eğitim psikoloğu Irwin Hyman alt komitede şunları
söyledi:

> Öğretmenlere karşı şiddet varsa, Amerikan eğitim sis-
> temine sinmiş cezalandırma, sınıflardaki disiplinsizli-
> ğin çözümünden çok nedeni olagelmiştir. ... "Eski
> moda disiplin" çocukların davranışlarını değiştirecek
> en etkisiz yoldur. ... (Cordes, 1984)

Okullarda ceza kullanılması konusunda yapılan tartış-
malara dünyanın en önde gelen davranış psikologlarından
olduğu kabul edilen Dr. B. F. Skinner de son zamanlarda
katıldı. Kaliforniya Kongre üyesi Sam Farr'a 16 Eylül
1986'da gönderdiği bir mektupta şunları yazmıştı:

> Aşırı tutucu grupların Kaliforniya'daki okullarda fizik-
> sel cezaların yasaklanması konusunda verilen bir ya-
> sa teklifine karşı bir kampanya başlattıklarını duydum.
> Aynı gruplar yasa teklifini, toplumu yanlış yönlendi-
> rerek, okullardaki her tür şiddet ve terör hareketleri-
> ne karşı alınacak önlemleri engelleyen bir tasarı ola-
> rak tanıtıyorlarmış. Elbetteki bunun gerçekle bir ilgisi
> yok. (Tanrıya duydukları sevgi ve Onun için konuş-
> tuklarını iddia eden kişilerin böyle bir strateji kullan-
> maları, düşüncelerinin ne kadar tersi bir davranış. Bir
> tür alay gibi.)

---

*) **"Okullardaki Fiziksel Ceza ve Başka Seçenekleri Araştırma Ulusal
Merkezi"** diye Türkçeleştirilebilir. ÇN.

Polisler, anababalar, öğretmenler, eşler kim kullanırsa kullansın cezanın herkes üzerinde standart etkileri vardır: (1) Kaçış (Eğitimde onun özel bir adı vardır, okulu kırmak) (2) Karşı saldırı (okullarda şiddet ve öğretmenlere saldırı) (3) Kayıtsızlık - içe kapanma. ... Yasa teklifinin hemen görülecek etkilerinden biri öğretmenleri, öğrencilerini denetim altına almak için başka yöntemler bulmaya itmek olacaktır. Bulacakları yollar uzun gelecekte çok daha etkili olacaktır. (Skinner, 1986-87)

Kongre üyleri ve eyalet yasa yapıcılarının eski moda disiplin konusunda Başkan Reagan ve Baver Raporundan çok daha farklı bir resim çizdikleri açıkça görülüyor.

Disiplin, Başkan Reagan'ın, Denver'lı zengin ve saygın bir ailenin oğlu John W. Hinckley, Jr. tarafından 30 Mart 1981 yılında yaralanmasının ardından çok tartışılan bir konu haline geldi.

Jack Hinckley oğlunu sıkı disiplin altında yetiştirmişti. Yetişkin yaşa ulaşınca para kazanmayı öğrenmesi için onu evden ayrılmaya zorlamıştı. Bu stratejiyi kendisine oğlunun psikiyatrı önermişti. Genç Hinckley'in aylar süren yargılanmasının ardından anne ve baba oğullarına uyguladıkları "sevgisiz" yaklaşımın yanlış olduğunu itiraf ettiler ve oğullarının hareketlerinin tüm sorumluluğunu üstlendiler. 1984 yılında Jack Hinckley Los Angeles Times gazetesi muhabirine şunları söyledi:

Biz de, suç ve şiddet sorunlarının çözümünün daha sert cezalar olduğunu düşünen bugünün tutucuları gibiydik. ... Bunun yanlış olduğunu şimdi anlıyorum. ... Uyuşturucu ve alkole alışmamış ama olaylarla başa çıkmayı beceremeyen John'un ve öteki birçok çocuğun yaşamlarında bazı şeylerin önemli ölçüde yanlış gittiğini anlamalıydık. Şimdi her konuşmamda şunları söylüyorum: Size yalvarıyorum, böyle davranan çocuklarınızı evden kovmayın. (Los Angeles Times, 23 Şubat 1984)

O günden sonra Hinckley ailesi işlerini tasfiye etti. Ülkeyi dolaşarak halkı akıl hastalıklarıyla ilgili aydınlatıyorlar.

1977 yılında Ingraham'a karşı Wright davasında fiziksel ceza yargıtayda görüşülürken, sınıfta disiplin günün konusu olmuştu. Davanın konusu "eğitim kurulu" sözcüklerini "eğitim tahtaları"* diyerek alaya alan iki gencin okul müdürü tarafından kürekle dövülmesiydi. Gençler ağır biçimde yaralanmışlardı ve hastanede yoğun bakım altındaydılar. Aslına bakarsanız, kürekleri kullanan çocukların anababaları olsaydı, hastane yetkilileri onları polise bildirirdi. Buna karşın, mahkeme yasaların açığından yararlanarak Anayasanın yetişkinler ve hatta mahkûmlar için getirdiği, kişileri koruma hakkının öğrencilere verilmesi gerekmediğine karar verdi. Yargıç Black, öğrencilerin korunmaya gereksinimlerinin olmadığına inandığını belirtti. Yargıç Lewis Powell okulların şu andaki işleyişine müdahale etmenin "öğretmenin disiplini sağlama otoritesini zaafa uğratacağını" iddia etti. İddialarına şunları ekledi: "İnatçı ve söz dinlemeyen öğrencileri dövmek, onlara terbiye ve sorumluluk aşılamanın, davranışlarını düzeltmenin yıllardır kullanılan ve herkesin kabul ettiği bir yöntemdir."

Mahkeme kararının toplum tarafından da desteklendiğini gösteren sayısız kanıt var. Gallup'un yaptığı birkaç araştırmada velilerin, disiplini okulun önemli bir sorunu olarak gördükleri ve çoğunun fiziksel cezanın kullanılmasından yana olduklarını; yalnızca % 20'sinin okulda dayağı onaylamadığı görüldü.

---

*) "boards of education"

Bazı okuyuculara çok şaşırtıcı gelecek ama ABD'de yalnızca sekiz eyalette (Kaliforniya, Hawaii, Maine, Massachusetts, New Hampshire, New York, Rhode Island ve Vermont) dayak okullarda yasalarla yasaklandı. Bu sekiz eyaletin yalnızca altısında çocuk bakım evlerindeki ve okullardaki çocuklar koruma altındalar.

Disiplin konusunda yapılan tartışma ülkemizin sınırlarını aştı, uluslararası bir konu oldu. İsveç'te Parlamento'ya verilen bir yasa önerisi, çocuğa dayak atmanın tümüyle yasalara aykırı olduğunu belirttiği gibi aynı öneri anababaların çocukların akıl hastalıklarına yakalanmalarına neden olabilecek biçimde onları aşağılayan ve inciten davranışlarını da yasaklıyordu. Çok şiddetli karşı koymalara rağmen bu öneri Parlamento'dan geçti. Fiziksel ceza İsveç'te yıllar önce yasalara aykırı ilan edilmişti.

Çin'de sinirine yenilip öğrenciyi cezalandıran öğretmenler cezalandırılıyor. Singapur'da yalnızca okul müdürlerinin ve deneyimli öğretmenlerin önemli bir okul kuralına karşı gelen erkek öğrencileri değnekle dövmelerine izin veriliyor, ama kız öğrencilerin dövülmelerine izin verilmiyor. Japonya II. Dünya Savaşının ardından fiziksel cezayı yasakladı, ama yasa "fiziksel cezanın derecesi sorunu" lehinde sıkça bağışlayıcı oluyor. Türkiye'de yabancısı olmadığımız bir deyiş benimsenmiş: "Öğretmenin vurduğu yerde gül biter." Latin Amerika'da, fiziksel cezanın resmen bir tabu olmasına karşın, bazı kırsal bölgelerde cezalandırma aracı olarak kamçı kullanılıyor. Kenya'da fiziksel cezaya izin veriliyor ama, öyle kısıtlamalar var ki, örneğin: Ceza yalnızca okul müdürü tarafından tanıkların önünde verilebilir; verilen cezanın "ceza kitabına" atılan sopanın sayısına varıncaya kadar kaydedilmesi gerekir; ceza yalnızca yalan söylemek, sarhoşluk ve arkadaşlarına saldırı gibi suçlar için kullanılabilir. Belçika'da fiziksel ceza uygulayanlar hapse atılıyor. Tayland'da cezalandırmak için kullanılan sopanın bir buçuk santimetreden daha kalın olmasına izin verilmiyor.

Gelişmiş ülkelerin çoğunda (Avusturya, Belçika, Kıbrıs, Danimarka, Ekvator, Finlandiya, Fransa, İzlanda, İsrail, İtalya, Japonya, Ürdün, Lüksemburg, Mauritius, Hollanda, Norveç, Portekiz, Katar, Romanya, İspanya, İsveç, İsviçre, Türkiye ve Rusya) öğrencilerin okullarda fiziksel cezalara çarptırılmaları yasalarla yasaklanmıştır (Bacon ve Hyman, 1976). Polonya bu yasağı 1783 yılında getirmiştir. İnanılmaz, değil mi?

Bir zamanlar birisi bana tarihin bir döneminde İngiliz İmparatorluğunun yönetimi altında kalan, bir ikisinin dışında, tüm ülkelerde (örneğin, İskoçya, Galler, ABD, Güney Afrika, Avustralya, Kanada, Bermuda) okullarda hâlâ fiziksel cezaların uygulandığını söylemişti. İngiltere'de hükümetin finanse ettiği okullarda fiziksel cezalar 1986 yılında yasaklanmıştır.

Rusya'da disiplin tartışması, 1930'larda seçkin Rus eğitimci A.S. Makarenko'nun yazdığı *Kolektif Aile: Rus Anababanın El Kitabı** adlı kitabının yayımlanmasının ardından başladı. Dr. Spock'ın *Bebek ve Çocuk Bakımı*** kitabının ülkemizde çok satıldığı gibi bu kitap da çok satıldı. Makarenko'un fikirleri çok kışkırtıcı ve tartışmaya açıktı; çünkü tipik Rus ailesinin bazı "sağlıksız" özellikler taşıdığını açıkça söylüyordu. Makarenko Rus anababaları için "çok otokratik" "fiziksel cezaları çok uygulayan" tanımlarını kullanıyordu (Makarenko, 1967).

TV izleyen herkesin bildiği gibi ABD'de disiplin neredeyse önemli bir din konusu haline geldi. Ahlaklı Çoğunluk'un "Aileden Yana Kişiler" adına, Evangelistler çocuk hakları hareketine şiddetle karşı çıkarlar. Bu harekete "Çocuklara özgürlük" adını verir ve bunun çocukları ailelerini

---

*) **"The Collective Family: A Handbook for Russian Parents"**
) **"Baby and Child Care"

dava etmeye ya da onları terketmeye yüreklendireceği uyarısında bulunurlar. Aileden Yana Kişiler uzun saçı, cinsel eğitimi, konuşma özgürlüğünü, rock 'n roll müziğini ve genç yaşlardaki cinsel ilişkiyi kınar; çünkü bunları anababaların çocuklarına otoritelerini kabul ettirememelerinin göstergesi olarak görürler. Çocukları disiplin altında tutmanın babanın yalnızca sorumluluğu değil görevi de olduğunu savunan ataerkil aileleri yeğlerler.

Aileden Yana Kişilerin oluşturduğu grubun yandaşları olduğu gibi onları şiddetle eleştirenler de vardır. Eleştirenlerin çoğu, bu grubun Amerikan aileleri için görünürde duydukları kaygının altında başka bir konunun yattığını düşünüyorlar. Onlara göre altta yatan güçtür. Eleştiriyi yapanlardan biri Ms. dergisinin kurucu editörü ve *Family Politics*[*] (Progrebin, 1983)'in yazarı Letty Cottin Pogrebin'dir. 1980 yılında Beyaz Saray Aile Konferansında bu grubun lobi yapmalarıyla ilgili gözlemlerini şöyle anlatıyor:

> Her zaman yaptıkları gibi ilerlemeyi ve feminizmi lanetlemelerini izlemekle kalmadım, başka bir şeyi kendi yararlarına kullandıklarını da izledim. Delegelerin, çocukları denetim altında tutma isteklerinden de yararlanıyorlardı. ... Pek çoğu çocuk tacizini konuşmayı bir kenara bırakmışlardı, anababaların çocuğu dövme hakkını savunmakla daha çok ilgileniyorlardı. Adamın birine fiziksel cezanın neden bu kadar önemli olduğunu sordum. "Patronun kim olduğunu onlara göstermek için." diye yanıtladı. Konferans boyunca, anababalar çocuklarının kendilerine karşılık vermelerinden, anababalarından çok arkadaşlarını önemsediklerinden, acayip giyinmelerinden, yüksek sesle müzik dinlemelerinden, sürekli TV izlemelerinden ve anababalarına aldırmadıklarından yakınıp durdular. Çocuklarını

---

[*] **"Aile Politikaları"** diye Türkçeleştirilebilir. ÇN.

kaybetmişlerdi ama nedeninden habersizdiler. Çocuklarının saygılarını nasıl kazanacaklarını bilmiyorlardı. Tek bildikleri, saygıyı çocuklarına karşı güç kullanarak kazanmaktı. O da işlerine yaramıyordu. İtaatı sevgiyle karıştırmışlardı.... Aileden Yana Kişilerin kurduğu koalisyon, tüm yanıtları otoriter ve Tanrı'nın koyduğu kurallar içinde arıyorlardı. Konferans rayından çıktı, ailelerin çocuklarını denetlemesi sorununa dönüştü. (Pogrebin, 1983)

Geniş bir kesim tarafından okunan yazar James Dobson çocukları cezalandıran disiplinle ilgili konularda konuşmalar yapmaktadır. Anababalık konusundaki görüşleri, yüzlerce mezhep kilisesine satılan ya da kiralanan video kasetleriyle ülkenin pek çok yerinde tanıtılmaktadır. O da Amerikan ailesinin bütünlüğünden kaygı duyuyor ve bunun yalnızca anababaların "sıkı disipliniyle" sağlanabileceğini düşünüyor. Aynı konuyu işleyen bir de kitabı var: *Dare to Discipline* (Dobson, 1970).

Dobson disiplinin kendisi için neden dinle ilgili bir konu haline geldiğini açıklıyor. Kişinin başka yetişkinlere ve özellikle Tanrı'ya itaat edebilmesinin öncelikle anababasına itaat etmesiyle sağlanabileceğine inanıyor. (Dobson itaat için "boyun eğme", "teslim olma" sözcüklerini kullanıyor.)

Bir dizi olay sonucunda disiplin, sağlık personeli arasında da tartışılan bir konu haline geldi. 1962 yılında Dr. C. Henry Kemple ve arkadaşları Journal of the American Medical Associates'de "The Battered Child Syndrom"* adlı çalışmalarını yayımladılar (Kemple ve ark., 1962). O çalışma, günümüzde çocuk tacizi diye anılan toplumumuzun bu kanserli patolojosini araştırmak için bir kapı açmış oldu. 1960'lı yılların sonuna gelinceye kadar elli eyaletin tümünde

---

*) Türkçe'ye **"Dayak Yemiş Çocuk Sendromu"** olarak çevrilebilir. ÇN.

Sunuş xxiii

tacize uğramış çocukların hastaneler ve hekimler tarafından yetkili makamlara bildirilmesini emreden yasalar yürürlüğe kondu. Şu anda on sekiz eyalette, yalnızca tıp adamlarından değil tacizi gören ve duyan herkesten bunu rapor etmeleri isteniyor. 1974 yılında, çocuklara karşı kullanılan şiddetin nedenleriyle ve bunları önlemek için alınacak önlemlerle ilgili bilgileri çoğaltmak ve yaymak amacıyla federal hükümet tarafından Çocuk Tacizi ve İhmali Ulusal Merkezi* kuruldu.

Şikago'da Donna Stone tarafından 1972 yılında kurulan Çocuk Tacizini Önleme Ulusal Komitesi** (NCPCA) danışma kurulunun bir üyesi olarak görev yaparken bu sorunla kişisel olarak ilgilendim. Benden kendileri için bir kitapçık hazırlamamı istediler. *What Every Parent Should Know**** adını verdiğim kitapçıkta anababalara cezalandıran disiplin yerine kullanabilecekleri on ikiden fazla seçenek sundum. EAE kursunda anababalara öğrettiğimiz seçenekleri anlattım ve onları nasıl kullanacaklarını gösterdim (Gordon, 1975). Komitede çalıştığım süre içinde ABD'de çocukların çok yaygın ve çok sık dövüldüklerini öğrenmek içimi sızlattı.

Daha sonra, 1980 yılında, bir grup psikolog çok önemli bir kitap yayımladılar. Kitapta, ailelerde her tür şiddet kullanılması konusunda sekiz yıldır yaptıkları araştırma ve görüşmelerin sonuçlarını aktarıyorlardı.

Bu çalışmada görev yapan çok güvenilir yazarlar ve başlıca araştırmacılar şunlardı: Rhode Island üniversitesi sosyoloji bölümü başkanı Richard Gelles; 1968 yılından beri New Hampshire üniversitesinde tam gün çalışan ve aile

---

*) National Center on Child Abuse and Neglect
**) National Committee for the Prevention of Child Abuse (NCPCA)
***) Türkçe'ye "Her Anababanın Bilmesi Gereken Şeyler" olarak çevrilebilir. ÇN.

konusunda pek çok makalesi olan sosyolog Murray Straus;
Delaware Üniversitesi'nde sosyoloji profesörü Suzanne
Steinmetz. Araştırmalarının sonucunda yazdıkları Behind
Closed Doors: Violence in the American Family* adlı kitap
günümüzde anababa-çocuk, çocuk-çocuk, çocuk-anababa,
karı-koca, koca-karı arasındaki şiddetin türünü ve derinliği-
ni gözler önüne seriyor. Kitapta, "çocuğun içindeki şeytanı
çıkarmak için onu dövmek" bağnaz düşüncesinden, günü-
müzün "poposuna yediği bir şaplaktan çocuğa zarar gel-
mez" tavrına gelinceye kadar Amerika'daki aile içi şiddetin
nedenlerine inilmiş ve toplumun çeşitli kesimlerinden 2143
anababayla yaptıkları araştırmanın bulguları yayımlanmıştır
(Straus, Gelles ve Steinmetz, 1980).

Bulgulardan bazıları şunlar:

- Görüşülen anababalardan % 70'i on iki yaşında bir ço-
cuğu tokatlamanın "gerekli" olduğu; % 77'si "normal"
olduğu; % 71'i "iyi" olduğu görüşünde. % 73'ü za-
man zaman çocuğa karşı şiddetin** herhangi bir tü-
rünü kullandığını itiraf etmiştir.

- Çocuklar annelerinden yılda ortalama 7.2 kez dayak
yemekteler.

- Üç yaşındaki çocukların % 86'sı, beş yaşındakilerin
% 82'si, on ile on dört yaşları arasındakilerin % 54'ü
ve on beş ile on yedi yaşları arasındakilerin % 33'ü
anababalarının kullandıkları şiddete maruz kalmış-
lardır.

---

*) Türkçe'ye **"Kapalı Kapılar Ardında: Amerikan Ailesinde Şiddet"**
olarak çevrilebilir. ÇN.

**) Bu çalışmada şiddet "fizksel acı verme niyetiyle yapılan bir hareket"
olarak tanımlanıyor. Taciz eden şiddet de "vurma, yumruklama, tek-
meleme, dövme, sert bir cisimle vurma gibi başkalarını yaralama olasılığı
yüksek hareketler" olarak tanımlanıyor.

Aynı çalışma çocuklara uygulanan fiziksel cezalardan çoğunun hafif bir tokattan çok daha şiddetli olduğunu ortaya çıkarmıştır:

- 3.1 ile 4.0 milyon arasındaki çocuk anababaları tarafından yumruklanmış, dövülmüş ya da tekmelenmiş.
- 1975 yılında 1.0 ile 1.9 milyon arasındaki çocuk yumruklanmış, dövülmüş ya da tekmelenmiş.
- 1.4 ile 2.3 milyon arasındaki çocuk büyüme dönemlerinde dövülmüş.

Yazarlar çocukların neredeyse ayda bir kez anababalarının kullandığı şiddete maruz kaldıklarını öğrenince çok şaşırdıklarını itiraf ettiler. Bu bulgularının ardından "taciz, pek çok çocuk için kronik bir olgu olma yolunda" sonucuna varmak zorunda kaldılar.

Bu bulgulara sizin tepkiniz de belki benimki gibi olmuştur. Ben, bu bulguların bizi, disiplin yanlılarının inandırmaya çalıştıkları gibi, çocuklarımıza karşı aşırı hoşgörülü bir ulus olarak gösterdiğine inanmıyorum. Tam tersine. "Kızını dövmeyen, dizini döver" deyişine körü körüne inanan kişilerden oluşan bir milletiz. Çocuklarını (özellikle erkek çocuklarını) gözlerden uzak yerlere götürüp döven babaların öykülerine kıkır kıkır gülen bir milletiz. Sıkı disiplin uygulamalarıyla ün yapan koçlara ve Küçükler Ligi yöneticilerine hayranlık duyan bir milletiz. Talk-show'lara çıkıp sıkı disipline, otoriter anababalara destek veren kişileri yürekten alkışlayan bir milletiz. Öğrencilerinin yüzde 3.5'ini okullarda her yıl döven bir milletiz. Arkansas'ta bu oran yüzde 12.55, Florida, Mississippi ve Tennessee gibi eyaletlerde yüzde 10'un üzerindedir (Maurer, 1984).

Aileler çocukların dövülmesini onaylıyorlar: "Hafif bir tokat çocuğa zarar vermez."; "Bana bir zararı olmamıştı, çocuklarıma neden olsun?"; "Çocukların çoğu biraz okşanmaktan hoşlanır."

Ülkemizdeki özel okulların içinde giyim ve yönetim konularında sıkı disiplinleriyle, verdikleri cezalarla övünen okullar olduğunu duydum. Bu okullara çocuklarını vermek isteyen veliler sırada bekliyormuş. İçlerinden çocuklarının onları "düzelteceğine", "olgunlaştıracağına", "büyüklerine saygı göstermeyi öğreteceğine" inandıkları askeri bir disipline sokmalarını isteyen ailelerin sayısının sandığımızdan da fazla olduğunu düşünüyorum.

Çocuklarının disipline sokulması konusunda saplantılı bir ulus olmamıza karşın, bazı anababalar çocuklarını cezalandırmak konusunda karışık duygularının olduğunu itiraf ediyorlar. Kurslarımdan birine katılan bir aile bu konuda şunları söylemişti: "Çocuklarıma dayanamayacak noktaya gelinceye kadar onlara aşırı hoşgörü gösteriyorum; sonra o kadar sert davranmaya başlıyorum ki, bu kez de kendime dayanamıyorum."

Kaçımız, anababalarımızdan dayak yerken bir yandan da onların, "Benim canım senden daha çok yanıyor." demelerini anımsamıyor? Anababaların çoğunun içlerinden çocuklarını cezalandırmaktan hoşlanmadıklarını düşünüyorum. Kendinden daha küçük ve güçsüz birini dövmekten kim zevk alır?

Ülkemizde fiziksel ceza kullanmaya karşı duyulan önyargıyı iyi bilen *Behind Closed Doors* kitabının yazarları, bundan vazgeçilmesini şiddetle savunuyorlar:

Amerikalı ailelerin çoğu fiziksel cezayı gerekli ve yararlı görüyor, çocuğu dövmenin onun için iyi bir şey olduğuna körü körüne inanıyor, ama biz, yavaş yavaş bundan vazgeçmeli ve çocuk yetiştirmede alternatif yöntemler geliştirmeliyiz diyoruz. Şiddet kullanmadan da sağlıklı, mutlu ve terbiyeli çocuklar yetiştirilebilir. ... Kısaca, milyonlarca Amerikalı çocuğa sevdiklerine karşı şiddet kullanmayı öğreten eski deneyimlerden vazgeçilebilir. (Straus, Gelles ve Steinmetz, 1980)

Ne var ki, psikologların tümü aynı görüşü paylaşmıyor. Son günlerde elime geçen Oklahoma'lı bir psikolog olan Dr. Logan Wright'ın yazdığı *Parent Power* kitabı beni şaşkınlığa düşürdü. Dr. Wright'ın kitabı 1977 yılında Amerikan Psikoloji Derneği'nin verdiği önemli bir ödül aldı. Kitap şu tümcelerle başlıyor:

Evde huzuru sağlamak isteyen her anababa denetimi elinde tutmalıdır. Ama denetimi elde tutmanın en önemli nedeni, çocuğu sevmeden ve ona destek vermeden önce onu denetiminize almanızın gerekli olmasıdır. (Wright, 1980)

Dr. Wright'ın kitabı üzerimde derin bir etki bıraktı. Okuduğum kitabı kucağıma bırakıp şunları düşündüğümü amınsıyorum: "Nedir bütün bunlar? Ülkenin seçkin bir psikoloğu neden anababalara çocuklarını sevmeden önce onları denetimleri altına almalarını öneriyor?" Okuduklarımdan duyduğum rahatsızlık beni, anababalar ve öğretmenlerle yaptığım çalışmalardan öğrendiklerimi paylaşmak niyetiyle disiplinle ilgili çalışmalarımı derinleştirmeye götürdü.

Disiplini destekleyen her kitabı okudum. Anababalık biçimi, güç kullanma, ceza ve disiplin konularında yapılmış tüm araştırma çalışmalarını içeren psikoloji literatürünü araştırdım. Bu konuda yapılmış çok sayıda araştırmaya rastladım. Tüm bu çalışmaları bu kitapta size aktardım.

Çalışmam sırasında disiplin konusunun aslında çok karmaşık olduğunun farkına vardım. Bu karmaşıklığı çözmek ve konuyu daha iyi anlayabilmek için öğrendiğim her şeyi, disiplini ve disiplinin çocuklar üzerindeki etkisini anlama çalışmaları yapan kişilerle paylaşmaya karar verdim. Bu bilgi alışverişinin sonucunda bu kitap ortaya çıktı. Kitabın birinci bölümünde disiplin konusunu derinlemesine tartıştım. Örneğin, pek çok yazarın göz ardı ettiği bir gerçekle karşılaştım: Disiplinin iyi ve kötü olmak üzere birbirinden farklı birkaç çeşidi vardı. Disiplinin pek çok kişi için, evdeki kedi ve köpeklerine kullandıkları biçimde ödül ve ceza kullanmakla eşdeğer olduğunu gördüm. Ödüllerin gençler üzerinde etkili olmadığını ve cezaların işe yaraması için şiddetli olması gerektiğini öğrendim. Çok karmaşık düşüncelerle karşılaştım; çünkü disiplin konusundaki kitapların "otorite"nin çok farklı türlerinden haberleri yoktu. Hafif cezaların bazen çocuklara ödül gibi, ödüllerin de ceza gibi geldiğini anladım. Cezanın çocukların saldırganlıklarını engellemediğini, tersine saldırganlıklarının nedeni olduğunu keşfettim.

Cezalandıran disiplinin yerine evde ve okulda kullanılabilecek etkili yöntemlerden söz edeceğim. Bunların hepsi, güç kullanmadan, gençlerin kabul edilemeyen davranışlarını değiştirmelerinde etkinizi artıracak; yetişkinlerin kurduğu disiplinin yerine çocukların iç denetimlerini getirecek; yetişkinlerin çocukları denetlemelerinin yerine çocukların kendi kendilerini denetlemelerini sağlayacak kuralların yetişkinler tarafından değil birlikte konulmasına yardımcı olacak; çatışmalara kazan-kaybet yaklaşımı yerine kazan-kazan yaklaşımı getirecek yöntemler. Kitabın ikinci bölümünde yukarıda sözünü ettiğim daha etkili, daha demokratik ve daha insancıl yöntemleri açıklayıp örneklemeyi amaçladım.

Disiplinle ilgili yaptığım araştırmalar sırasında, gençlerin içki içmek, uyuşturucu kullanmak, sigara içmek, okulu bırakmak, içkili araba kullanmak, evlilik dışı ilişkiye girmek ve hamile kalmak, tecavüz etmek, intihar etmek gibi kabul edilemeyecek davranışlarını ortadan kaldırmak için toplum olarak yanlış stratejiler uyguladığımız çok açıkça ortaya çıktı. Bu davranışların artarak sürmesi, evde ve okulda çocuklarımıza geleneksel disiplin uygulamalarımızın işe yaramadığının yeterli kanıtıdır. Aslında, şimdiki biçimiyle çocuklarımızı disiplin altına alma çabalarımız bu istenmeyen davranışların belki de asıl nedenidir.

Bu ciddi sorunları çözmek için uygulanan alışılagelmiş stratejilerin hep çocuğa bir şey yapmak olduğunu gördük. Örneğin, anababalar, okuldaki otoriteler, polis, çocuk mahkemeleri ve hükümetler alkol ve sigara içimini, uyuşturucu bağımlılığını tedavi edici programları; bu davranışların tehlikelerini gençlere gösteren korkutucu ve eğitici kursları; gençleri bunlara "hayır" demeye ikna edici programları; caydırıcı cezaları artıran yasaları; danışmanlık programlarını; gençlere daha sert ama sevgi dolu yaklaşılmasını sağlayacak programları yeğliyorlar.

Toplumumuzu zayıflatan ve gençlerimize zarar veren bu tür davranışların başlıca nedenlerini öğrendikçe, bunları önleyebilmek için yapacağımız tek şeyin başka bir strateji uygulamak olduğuna iyice inandım. Yeni startejiyle, çocuklarla ilgilenen yetişkinlerin ailelerini, okulu ve gençlerin bulunduğu kurumları yönetebilecekleri yeni bir yol öğrenmelerine yardım edilecek. Ve bu stratejiyle yetişkinlere çocuklarla ilişkilerinde daha çok demokratik ve daha az otokratik olabilecekleri beceriler öğretilecek.

DİSİPLİN NEDİR?
DİSİPLİNİ ANLAMAK

bir

Terimleri Tanımlamak
ve
Anlamlarını Açıklamak

Çok beğendiğim profesörlerden biri öğrencilerine sürekli,"Aklıbaşında bir tartışma istiyorsanız, terimlerinizi tanımlayın." derdi. "Disiplin"i tartışanların bu terimin tanımını yapmadıklarını ve bu nedenle tartışmalarının pek çok yanlış anlamayla sonuçlandığını biliyorum. İleriki sayfalarda çok sık karşılaşılan bu yanlış anlaşılmayı açıklığa kavuşturarak gölgede kalmış noktaları netleştirmeyi umuyorum.

İSİM VE YÜKLEM

Her şeyden önce disiplinin isim ve yüklem biçimleri arasındaki farkı anlamak çok önemlidir. İsim olarak "disiplin" sözcüğünden, çoğunlukla kural ve yönetmeliklere uygun sergilenen düzen ve gösterilen davranış ya da eğitimle elde edilen davranış -"sınıfta disiplin" , "iyi bir basketbol takımının disiplini"- anlaşılır.

Disiplinin isim olarak kullanılışında pek tartışma çıkmaz. Herkes ondan yanadır. Sözcük düzeni, işbirliğini, kuralları tanıyıp onlara uymayı ve başkalarının haklarına saygı göstermeyi akla getirir.

Random House Sözlüğüne göre disiplin altına almak "eğitim vererek ve denetim altında tutarak boyun eğdirmek ve düzene sokmak" ya da "cezalandırmak, düzeltmek, dayakla yola getirmek" anlamına geliyor.

Öğretmen derste konuşan çocukları dersten sonra okulda tutarak onları disipline soktu.

Çocuklar evde disipline sokulmazlarsa, öğretmenlerin başına dert olurlar.

Disiplinle ilgili yapılan tartışmalarda, evde ve okulda disiplin sağlamanın tek yolunun, anababa ve öğretmenlerin çocukları denetim altında tutmaları, cezalandırmaları ve dayakla yola getirmeleri olduğu üzerinde durulur.

Elimde bu yaygın inanışın yanlışlığını gösteren çok sayıda kanıt var. Aslında evde ve okulda disiplin sağlamanın en etkisiz yolu çocukları disiplin altına almaya çalışmaktır. Araştırmalar, "disiplinli" öğretmenlerin sınıftan ayrılır ayrılmaz ya da tahtaya döner dönmez sınıfın disiplininin bozulduğunu göstermiştir. Evde de böyledir. Bunun yanısıra, çocukları disiplin altına alma, cezalandırma ya da cezalandırmayla tehdit etme gibi güç kullanmayı gerektirdiği için çocuklar karşı koyarak, isyan ederek ya da yalan söyleyerek bu güce karşı kendilerini savunurlar.

Yapılan başka araştırmalar cezanın çocukta şiddet duygusunu ve agresif tutumu ortaya çıkardığını göstermiştir. Böyle çocukların, evde hiç cezalandırılmayan ya da çok az cezalandırılan çocuklara oranla arkadaşlarına karşı daha sert davrandıkları ve agresif oldukları gözlenmiştir. Başka bir araştırmada, araştırmanın yapıldığı yıl anababaları tarafından cezalandırılmayan çocukların ancak yüzde 20'si kardeşlerine karşı saldırgan davranırken, cezalandırılan çocukların yüzde 100'ünün saldırgan davrandığı görülmüştür (Straus, Gelles and Steinmetz, 1980).

Kanımca, disiplin sözcüğünün isim ve yüklem biçimleri arasındaki farkı anlamanın çok önemli başka bir nedeni daha var: Disiplin konusundaki tartışma aslında, çocukların yapmalarını istediğimiz şeylerle (sonuçlar) değil, onlarla nasıl başetmemiz gerektiğiyle ilgilidir. Çoğumuz çocukların düzenli, işbirliğini seven, evde ve okulda başkalarının haklarına saygılı bireyler olmaları konusunda anlaşırız; ne var ki, hepimizin üzerinde anlaştığı bu disiplini sağlamak için disiplin altına almanın en iyi yol olup olmadığı konusunda aramızda çok derin ayrılıklar vardır.

DENETLEMEYE KARŞI ÖĞRETME

Yüklem olarak kullanıldığında bile disiplinin birbirinden tümüyle farklı iki anlamı vardır. Birincisinin amacı denetlemektir. İkincisi öğretmek, eğitmektir. Sözlükte bu anlam "uygulayarak ve anlatarak eğitmek" olarak açıklanır. Rodale Eşanlam Sözlüğünde bu tür disiplin için aşağıdaki terimler kullanılır:

eğitmek, antrenman yaptırmak, öğretmek, ders vermek, bilgi vermek, aydınlatmak, ahlakını düzeltmek, bilgilendirmek, yetiştirmek, tekrarla kafaya sokmak, aşılamak, hazırlamak, önderlik etmek, bir şeyin esaslarını öğretmek, alıştırmak.

Tartışmalara pek neden olmayan bir disiplin biçimi bu. Yukarıda sözü edilenleri yetişkinlerin kullanmaya istekli olmasını kimse sorgulamaz. Aslında, hepimiz çocuklara böyle bir eğitim sağlamanın etkili anababaların ve öğretmenlerin görevi olduğunu söyleriz. Hiç kimse öğreten-eğiten türdeki bir disiplini ortadan kaldırmak istemez.

Ne var ki, denetim altında tutan disiplinle ilgili hararetli ve ağır tartışmalar vardır. Önce, disiplinin bu türünün farklı eş anlamlarına bir göz atalım:

denetlemek, denetim altında tutmak, düzeltmek, yön-
lendirmek, yönetmek, hizaya sokmak, sıkı denetim
altına almak, sınırlamak, frenlemek, bastırmak, dur-
durmak, dizginlemek, gem vurmak, susturmak, zorla-
mak, engellemek, cezalandırmak, dayakla adam et-
mek, şiddetle azarlamak, ayıplamak, sitem etmek,
paylamak, eleştirmek, başkalarına ibret olsun diye ce-
zalandırmak,

Yukarıdaki sözcükler öğreten-eğiten disiplinden çok
farklı şeyler akla getiriyor. İnsanların denetim altına almak,
susturmak, sıkı disiplin altına almak, dizginlemek ve özel-
likle cezalandırmak sözcüklerini kullanırken kan basınçları
artar, sesleri yükselir.

Bu kısıtlayan-cezalandıran disiplinin ne kendi çocukla-
rım ne de başkalarının çocukları için sağlıklı olduğuna inan-
mıyorum, ama pek çok anababa ve öğretmen inatla bu di-
siplin türünü savunuyorlar. Anababalar için yazılmış kitap-
ların çoğu da çocukların bu tür disipline gereksinim duy-
duklarını, onu istediklerini, o olmazsa kendilerini güvende
hissetmeyeceklerini, anababalarının kendilerini sevmediğini
düşüneceklerini ve çocuklarla başka türlü başedilemeyece-
ğini söyler. Daha sonraki bölümlerde bunların her birini
sorgulayacağım.

Kısıtlayan-cezalandıran disiplin türünde çocukları de-
netlemek için bir çaba harcanırken öğreten-eğiten türdeki
disiplinde onları etkilemek için çaba harcanır. Çocukları et-
kilemek ve denetlemek arasındaki fark pek bilinmez, ama
çok önemlidir. Anababaların ve öğretmenlerin çoğunun tek
istedikleri gençler üzerinde etkili olabilmektir. Ancak, ne
var ki, bunu yapmaya çabalarken çoğu tuzağa düşer: Yal-
nızca etkileme yöntemlerini kullanacakları yerde emirler ve-
rirler, kısıtlamalar getirirler, cezalandırırlar ya da cezalandır-
makla tehdit ederler. Bu denetleme türü yöntemler gençleri

hiç etkilemez; onları yalnızca zorlar ya da baskı altında tutar. Çocuk bir şeyi yapmaya zorlanırsa gerçekten etkilenmez; boyun eğse bile bunu ceza korkusuyla yapar.

Gençlerin yaşamları üzerinde derin ve sürekli etki bırakmak isteyen yetişkinler, onları denetlemek için güç kullanmaktan vazgeçmeli, onun yerine yaşamlarında olumlu etkiler bırakmalarına yardımcı olabilecek yeni yöntemler edinmelidir. Gelecek bölümlerde tanımlayacağım bu yöntemler çocukların değişime gösterecekleri tepkileri azaltır, onları davranışlarını değiştirme sorumluluklarını üstlenmeye motive eder, verdikleri sözleri tutmalarını sağlar ve karşılarındaki kişilerin haklarına saygı gösterme isteklerini güçlendirir.

Şimdi size çok az bilinen bir psikolojik gerçeği, bir paradoksu açıklamalıyım: Gençleri etkilemek için güç kullanmaktan vazgeçtiğiniz zaman onlar üzerindeki etkiniz artar! Bunun tersi de söylenebilir: İnsanlar üzerinde daha çok güç kullanmaya çabaladıkça etkiniz o ölçüde azalır. Neden? Güç kullanan yöntemler karşı koyma, (söylenenleri yapmama) baş kaldırma (söylenenin tersini yapma) ya da yalan söyleme (yaptığının tersini söyleme) gibi başetme yöntemlerini geliştirir de ondan.

BAŞKALARININ KOYDUĞU DİSİPLİNE KARŞI KENDİ KENDİNE DİSİPLİN

Şimdi de temelde farklı bu iki tür disiplini birbirinden ayırt etmeye çalışalım. Birisi dıştan gelen yönlendirme ya da "başkalarının koyduğu disiplin"; öteki de kişinin kendi kendine koyduğu disiplindir. Başka bir deyişle: İç denetime karşı dış denetim.

Kendi kendine disiplin tanımına hiç kimse yabancı değildir; ama gerçekten bunun anlamı nedir? Psikologların kullandığı denetim odağı sözcüğünün burada yardımı olacağını düşünüyorum. Yapılan araştırmalar, kendi kendini disipline etmiş kişilerde denetim odağının kişinin içinde, başkalarının koyduğu disiplinde denetim odağının kişinin dışında olduğunu göstermiştir.

İç denetimin istenen bir özellik olup olmadığı konusunda fazla tartışma yoktur. Aslında, hemen hemen herkes iç denetimi olan, kendi kendini yöneten ve kendi kendini disipline eden çocuklara çok değer verir. Buna karşın bu beğenilen kişilik özelliklerinin çocuklara ve gençlere verilmesinde en iyi yolun hangisi olduğu konusunda tartışma çoktur. Tartışmaların temelini, istenilen sonucu elde etmenin yolları oluşturur.

Anababaların ve öğretmenlerin çoğu, yetişkinlerin denetimleri (disiplini) sonucunda çocukların iç denetimlerini otomatik olarak geliştirecekleri görüşünde. Bu görüş, Freud'ün çok bilinen kuramına dayanıyor: Çocuklar büyüdükçe anababalarının ve öteki yetişkinlerin bebekliklerinden başlayan denetimlerini yavaş yavaş içselleştirir ve kendi kendilerini disipline etmeye dönüştürür.

Freud'ün bu kuramını çürüten önemli bir kanıt var artık. Hergünkü gözlemlerimize göre kendi kendine disiplin böyle yerleşmiyor. "Kedi yokken meydan farelere kalır." deyişini anımsıyor musunuz? Sürekli denetleyen yetişkinler arkalarını döndükleri zaman küçükler denetimlerini kaybederler. Bazen de yetişkin otoritenin daha önce kendilerine yasakladığı şeyleri özellikle yaparlar. Küçükken söz dinleyen, boyun eğen çocuklar, büyüdüklerinde sorun yaratan ve isyankâr yetişkinlere dönüşürler. Her tür yetişkin otoritesine karşı çıkar ve öz denetimlerini sağlayamayan kişiler olurlar.

Buna karşın kendilerine özgürlük tanınan gençler kendi kendilerini denetleyebilirler. Neden? Kendi seçimlerini yapmalarına, kendi kararlarını almalarına izin verilir de ondan. Gençler yetişkinleri rahatsız eden davranışlarını, eğer yetişkinler de onlara aynı duyarlılığı gösterirlerse, kısıtlayıp denetlemeyi öğrenirler; yetişkinlerle birlikte kuralları belirlemelerine izin verilince, bu kurallara uymak için özdenetimlerini kullanırlar. Bu kitapta çocukları disipline etmekle disiplinli çocuk yaratamayacağınıza sizi inandırmayı umuyorum. Yetişkinlerin baskıcı disiplini sonucunda korkuyla boyun eğen çocuklar yetiştirildiği doğrudur; ama aynı yöntemle kendi kendilerini disipline edebilen çocuklar yetiştirilebileceği yanlıştır.

SINIRLARLA İLGİLİ ANLAŞMAZLIK

Disiplinle ilgili tartışmaların çoğunda sınırlarla ilgili başka bir anlaşmazlık ortaya çıkıverir. Anababaların ve öğretmenlerin hepsi çocukların belli sınırlarla yetiştirilmesi gerektiğinde birleşirler, ama bu sınırların nasıl konulacağının önemli olduğunu çok azı kavrayabilir.

Disiplin yanlıları şunu savunur: "Çocukların sınırlara gereksinimleri vardır ve sınırlandırılmayı isterler." Bu sözde doğruluk payı vardır. Ancak, onların yetişkinlerin koydukları sınırlara tepki verme biçimleriyle, konulmasında katkıları olan sınırlara tepki verme biçimleri arasında dünyalar kadar fark vardır! İleriki bölümlerde anababaların ve öğretmenlerin "katılım ilkesini" nasıl kullandıklarını; böylece çocukların gerçekten uyacakları anlaşmalar yapmaya, kural ve sınırlar koymaya olanak veren karşılıklı sorun çözmeye nasıl katkı sağladıklarını gösterince bunu daha iyi anlayacaksınız. Yetişkinler, çocukların kendi davranışlarına konulacak sınırları kendilerinin koymalarına izin verince, çocuklar verdikleri sözleri tutmaya daha istekli olacaklardır. Kitabı okudukça buna inanacağınızı düşünüyorum.

Her ailenin ve sınıfın belirli kuralları ve kolay anlaşılabilir politikaları olmalıdır. Çocuklar fırsat verilirse, davranışlarını belirleyecek kuralları anababaları ve öğretmenleriyle birlikte koyabilecek yetenektedirler. Sınıflar ve aileler başlarında kural koyucu olmadan da kendilerini yönetebilirler. Yetişkin otorite kuralları belirlemezse anarşi ve kaos olacağını iddia eden kitapları unutun. Söyledikleri doğru değildir.

Aslında, kural koyarken çocuklara katılım fırsatı verilince, evde eskiye oranla daha çok kural olduğu ve herkesin de bunlara uyduğu görülür. Burada üzerinde önemle durulması gereken şudur: Evde ve okulda kurallar ve sınırlar olması gerekir; ama bu kuralları ve sınırları yetişkinler tek başlarına mı yoksa çocuklarla birlikte mi koymalı?

SERT Mİ OLMALIYIM YOKSA HOŞGÖRÜLÜ MÜ?

Bu konuda acı çekmeyen bir anne/baba olacağını sanmıyorum. Öğretmenler de aynı sorunu yaşar. Sınıfta sert mi olmalılar yumuşak mı? Disiplinli mi yoksa hoşgörülü mü?

Sert olmak ya da olmamak, işte bütün sorun bu. Aslında, anababalar, eğitimciler ve öğretmenler arasında bu sorun listenin başındadır. Toplantılarda, seminerlerde, makalelerde ve kitaplarda hep aynı sorun tartışılır. (Siz hiç "Ben otoriterim." ya da "Ben çok hoşgörülüyüm." diyenlere rasladınız mı? Bunlar anlaşmazlığa düştüğünüz kişilerden saklanan sözcüklerdir.)

Sert mi yoksa hoşgörülü mü olma sorusu sosyal bilimcilerin "sahte sorun" dedikleri şeydir. Bu aslında açık bir "ya o/ya o düşücesi"dir. İki liderlik biçimi arasında seçim yapmaya gerek olmadığını anlayan anababa ve öğretmenlere çok seyrek raslıyorum. Sertlik-yumuşaklık ölçeğinin iki ucunda olmaktan başka bir seçeneğin daha olduğu pek bilinmiyor.

Çoğunuza bir kurtarıcı gibi gelebilecek üçüncü seçenek ne otoriter ne hoşgörülü, ne sert ne de yumuşak olmaktır. Bunun anlamı ölçeğin ortalarında olmak, biraz sert, biraz yumuşak olmak mıdır? Hayır, öyle değil. Seçenek ölçeğe vurulmamaktır! Bu ne demektir?

Anlatayım:

İster evde ister sınıfta olsun otoriter liderlik, denetimin yetişkinde olması; hoşgörülü liderlik, denetimin küçüklerin ellerine bırakılması anlamına gelir.

Otoriter anababalar ve öğretmenler çocukları denetler ve yönetir; hoşgörülü olanlar çocukların denetlemesine ve yönetmesine izin verir. ("Bizim çocukların dediği dediktir.") Her öğrencinin iyi bildiği gibi, okullarda öğretmenlerin büyük bir çoğunluğu denetimi elinde tutar ve çocuklardan kendilerine boyun eğmelerini ister. Hoşgörülü olanların sayısı çok azdır. Onlar denetlemez ve yönetmezler. Böyle öğretmenlerin sınıfları gürültülüdür; çocuklar kural ve sınır tanımazlar.

Hiçbir anne/baba ve öğretmen kuralsız hoşgörünün neden olduğu karışıklıktan mutlu değildir, hepsi acı çeker. Çocuklar da bundan hoşlanmazlar. (Kızımın ortaokula başladığı ilk gün eve gelip "Bu ders yılı çok kötü geçecek. Öğretmenlerimizden ikisi çok sert, ikisi de çok yumuşak." diye yakınmasını hiç unutmam.)

Gençlerin çoğunun yetişkinlerin hoşgörüsünden rahatsız oldukları bir gerçektir. Kendi istediklerini yapmaktan suçluluk duyarlar. Sevilip sevilmediklerinden emin olamazlar; çünkü düşüncesiz davranışlarının kendilerini sevimsizleştirdiğini bilirler.

Kitabın ana fikri, hem otoriter hem de hoşgörülü yetişkinler için çocuklarla başedebilecekleri çok daha kolay bir yol, geçerli ve etkili bir seçenek olduğudur. Bu seçeneğe henüz hoşuma giden bir ad bulamadım, ama başlıca öğelerini, ilkelerini belirlediğime inanıyorum. İleriki bölümlerde bununla ilgili yöntem ve becerileri anlatacağım.

Şimdilik, yeni yöntemin, yetişkinlerin çocukları algılamalarında ve onlara karşı davranışlarında bir değişime gerek olduğununun altını çizmekle yetineceğim. Değişimi gerçekleştirmek zor değildir. Yetişkinlerin yapacakları tek şey, birkaç yeni yöntem ve beceriyi öğrenmeye istekli olmaktır.

Anababalar ve öğretmenler etkili bir seçeneğin olduğunu bir kez anlayınca, "sert mi yoksa yumuşak mı olmalı" konusunda sonuçsuz tartışmalara girmeyeceklerdir. Yetişkinlere güç kullanarak denetimi sağlamanın etkili olmadığını iyice anlatarak evde ve okulda sert disiplinden yana olanlar tarafından kandırılmalarını önlemiş olacağız. O zaman anababa ve öğretmenler hoşgörünün tehlikelerini anlayınca sınırları olmayan özgürlüğün çekiciliğine kapılmayacaklardır.

"OTORİTE"NİN FARKLI ANLAMLARI

Ne zaman disiplin tartışılmaya başlansa hemen "otorite" sözcüğü ortaya atılır. Ne yazık ki, bu kavram, zaten disiplin konusunda varolan karmaşayı artırır. Disiplin uygulanmasını savunan kişiler, anababaların ve öğretmenlerin çocuklara ve gençlere otoriter davranmalarını ısrarla isterler ve çocukların otoriteye gereksinimleri olduğunu, onu istediklerini, onsuz mutsuz olacaklarını savunurlar. Evde ve okulda "otorite yokluğundan" yakınırlar. Bugünkü gençlerin geçmiş yıllardaki gençler gibi otoriteye saygılı olmalarını beklerler.

Sert disiplin yanlıları otorite olmayınca, "insan ilişkilerinde düzensizliğin ve karmaşanın kaçınılmaz olacağından" korkarlar (Dobson, 1978).

Anababalara ve öğretmenlere güce dayalı otorite kullanmalarını öğütleyenler özellikle bu otoritenin "sevecen" ya da "yumuşak" olmasına dikkatlerini çekerler. Çoğunlukla otoriteyi, liderlik sözcüğü yerine kullanırlar. Sonra da bunun yumuşak olması gerektiği üzerinde dururlar. Çok ilginçtir ki, otorite şampiyonlarının anababaların ve öğretmenlerin "otoriter" olmalarını savunduklarını hiç duyamazsınız. O sözcüğü hiç kullanmazlar.

Çocukların otoriteye saygı duyacaklarını, ona boyun eğeceklerini ve ona güveneceklerini savunurlar. Öyleyse gençlerin anababalarının ve öğretmenlerinin otoritelerine karşı çıkmalarından neden bu kadar kaygı duyarlar ve günümüz gençliğinde "otorite yokluğundan" yakınırlar (Bu da otoritenin her zaman saygıya ve boyun eğmeye neden olmadığının göstergesidir.) Yetişkinlerin güç kullanmasından yana olan kişilerin hiçbiri şu önemli soruyla ilgilenmezler: Eğer gençler yetişkinlerin güç kullanmasını istiyor, ona saygı ya da gereksinim duyuyorsa, neden onu kullanan yetişkinlere saygı duymuyor ve karşı geliyorlar?

Disiplini savunanların yazdığı makale ve kitapların hiçbirinde her otoritenin aynı olmadığı konusunda bir yazıya rastlamadım. Gerçekten dilimizde bu tek sözcüğün en az dört anlamı var. Bu nedenle sözcük üzerinde uzlaşmaya varmak çok zordur. Otoritenin tek bir anlamı olmadığını anlamadan onunla ilgili tartışamayız ya da bu karmaşık sözcüğü iyice anlayamayız. Şimdi sözcüğün dört tanımını görelim:

1. Uzmanlığa dayalı otorite. Bu tür otorite kişinin bir konudaki bilgisinden, eğitiminden, becerisinden, deneyiminden gelir. "Medeni hukukta otoritedir." "Otorite olarak konuşuyor." Çoğunlukla kazanılan otorite olarak da adlandırılır. Buna U (Uzmanlık) Otoritesi diyelim.

Ailemizde U Otoritesi çok sık kullanılır. Kızım ve eşim gömleğimin ve pantolonumun birbirine uymadığını söyleyerek değiştirmem için beni etkilerler. Bu tür konularda onların uzmanlığını kabul ederim. Her zaman olmasa da, eşim yabancı bir şehirde araba kullanırken onu yönlendirebilirim; çünkü eşim hava kuvvetlerindeyken edindiğim yön bulma becerime güvenir.

Öte yandan, tarih ve olaylarla ilgili hafızası benden daha güvenilir olduğu için doğum günlerinde hediye almak, söz verdiğim mektupları yazmak, arkadaşlarımıza verdiğimiz yemek randevularımıza uymak gibi konularda onun etkisini kabul ederim.

2. Ünvana dayalı otorite. İkinci tür otorite kişinin görevlerini ve sorumluluklarını belirleyen ve "üzerinde fikir birliğine varılmış", "karşılıklı anlaşılmış" iş tanımına dayanır. Pilotun yolcular ve personel üzerinde bu tür otoritesi vardır. Toplantıyı yöneten başkana toplantıyı açıp kapama yetkisi verilir. Polisin hız limitini aşan sürücülere ceza kesme yetkisi vardır. Öğretmen öğrencilerine kitaplarını açtırıp okutabilir. Müdür sekreterini çağırıp mektup yazdırabilir. Buna İ (İş) Otoritesi diyeceğiz. Yasallaştırılmış otorite de denebilir.

"Üzerinde fikir birliğine varılmış" ve "karşılıklı anlaşılmış" iş tanımlaması kavramı üzerinde duralım. İnsan ilişkilerinde bu tür otoritenin işlemesi için ilgili kişiler, "otorite sahibi" kişinin davranışlarının bazılarını yönetme hakkının olduğunu gerçekten kabul etmelidir. Örneğin, sekreterim "Bana bir fincan kahve getir." türünden isteğimi çok seyrek yerine getirir; çünkü bu isteğim onun iş tanımında yoktur. Ayrıca iş yerlerinde kadınlardan erkeklere çay getirmelerinin beklenmesine de karşıdır.

Ailemiz içinde İ Otoritesinin önemi büyüktür. Kimin hangi işi yapacağı konusunda uzun süreli anlaşmalarımız vardır. Haftanın üç akşamı yemekleri ben pişiririm. Bu akşamlardan birinde eşim ve kızım benden mayonezi getirmemi ve kendilerine bir bardak süt vermemi isteyebilirler. Her zaman isteklerini yerine getiririm. Kızımın köpeğimizin beslenmesi ve yıkanmasından sorumlu olması konusunda anlaştığımız için ona "Katie'yi bu akşam doyurmamışsın." ya da "Katie'nin yıkanması gerekiyor." deme hakkımın olduğu kabul edilir. Evimizin haftalık alışverişinin benim görevlerim arasında olduğu konusunda anlaşmamız olduğu için kızımın, "Portakal suyu alma. Sade gazozu daha çok seviyorum." diye bana not bırakmasını kabul ederim.

Yukarıda verilen örnekler hepimizin katıldığı karar alma toplantısının sonunda herkesin kabul ettiği yasallaştırılmış görev ve sorumluluklardır. Karşılıklı kabul, İ Otoritesine davranışı etkileyen inanılmaz bir güç vermektedir. Bu otoriteye zaman zaman "yasallaştırılmış" otorite denmesinin nedeni de budur.

3. Sözlü anlaşmalara dayalı otorite: Üçüncü tür otorite insanların gündelik ilişkilerinde yaptıkları sözlü anlaşmalardan gelir. Örneğin, kızımı arabasını tamirden alabilmesi için öğleden sonra saat 4:00'de servise götürmeyi kabul ederim. Verdiğim bu sözün işimden çıkıp onu servise götürmeye beni etkileyecek bir ağırlığı (İsterseniz buna otorite deyin.) vardır. Otoritenin bu türüne A (Anlaşma) Otoritesi diyoruz.

A Otoritesi evimizde en çok, söylediğimiz saatte eve gelemediğimiz durumlarda ortaya çıkar. Geleceğimiz saati bildirdiğimiz halde bu saatte evde olamayacaksak, durumu telefonla haber veririz. Bu anlaşmanın amacı kaygı duyulmasını önlemektir.

Yıllardır evimizde yazıya dökülmemiş bir anlaşma daha vardır. Birbirimizin odasına kapıyı vurmadan girmeyiz. Bu anlaşmanın her birimizin üzerinde güçlü bir etkisi vardır. İçimizden biri kapıyı vurmayı unutursa öteki, "Kapıyı vurmak yok mu?" diye yüzleşebilir.

Yıllardır eşimle aramızdaki anlaşmaya göre sabahları yataktan ilk kalkan mutfağa gidip kahveyi yapar, kapının önündeki gazeteyi alır, ikisini yataktakine getirir. Geç kalkan da yatağı düzeltir.

Ailemizde uygulanan öteki anlaşmalar ise şunlardır:

Eşim bitkilerle ilgilenir.

Pazar sabahları kahvaltıyı ben hazırlarım.

TV izlerken koltukta ben otururum, kanepede eşim oturur.

Ödevlerini yapıp yapmamak, ne zaman ve nerede yapacağına karar vermek yalnızca kızımın sorumluluğundadır.

A Otoritesi gücünü, verilen kişisel sözlerden alır.

Bir sonraki bölümde A Otoritesini gençleri evde ve okulda etkileyecek örneklerle daha ayrıntılı işleyeceğim.

4. Güce dayalı otorite. Bu otorite bir kişinin başka bir kişi üzerindeki gücünden gelir. Buna G (Güç) Otoritesi diyorum. Anababaların ve öğretmenlerin otoritelerini kullanmaları gerektiğinden, çocukların otoriteye "saygısından", evde ve okulda "otoritenin kalmadığından", çocukların otoriteye uymaları isteğinden, günümüzde çocukların "otoriteye karşı geldiğinden" söz edildiğinde, hep bu otorite akla gelir. Kurumlardaki "otorite hiyerarşisi"den söz edilince de G Otoritesini anlatmak isteriz.

İkinci bölümde, yetişkinlerin çocukları denetimleri altında tutabilmek için ödül ve cezayı nasıl kullandıklarını, bunun neden işe yaramadığını ayrıntılarıyla anlatacağım. Ayrıca, G Otoritesinin zararlı etkilerini göstereceğim. Şimdilik, bu dört farklı otoritenin neden olduğu karmaşanın bir bölümünü açıklığa kavuşturmak istiyorum.

U Otoritesiyle başlayacağım. İnsan ilişkilerinde uzmanlığa dayalı otorite değerli ve zararsızdır. Çocuklar ve yetişkinlerin çoğu uzman kişilere saygı duyarlar. Onlardan öğrenecekleri şeyler vardır, onların danışmanlığına başvururlar, öğütlerini dinlerler. Anababalar ve öğretmenler (disiplin yanlıları ve çocuk yetiştirme kitaplarının yazarları da içinde olmak üzere) günümüz çocuklarının otoriteye saygı göstermediğinden yakınırken G otoritesini düşünürler. Aslında yakındıkları, çocukların yetişkinlere itaat etmemesidir. Başka bir deyişle çocuklar salt onlar söyledi diye yapmamaları istenen şeyi yapmamazlık etmezler.

Çocuklar hangi konuda olursa olsun uzman kişilere çok saygılıdır. Aslında yetişkinlerin uzmanlığını çoğunlukla gözlerinde büyütürler. Küçük çocuklar bunu daha çok yapar. Anababalarının herşeyi bildiklerini düşünürler. Doktorların, diş doktorlarının, öğretmenlerin, koçların, marangozların vb. bilgi ve becerilerinin çokluğundan adeta dehşete düşerler.

Çocukların İ Otoritesine yaklaşımları nedir? Yetişkinlerin işleri gereği sahip oldukları rollerinden ve görevlerinden gelen otoritelerine çoğunlukla saygı duyarlar. Öğrencilerin sıraya girmesini söyleyen öğretmenin isteği hemen yerine getirilir; verdikleri ev ödevleri yasal kabul edilir. Pilotların turbulans nedeniyle yolcularından emniyet kemerlerini bağlamalarını istemesi, yolcuların da ona uyması gibi, çocuklar da otomobili kullanan yetişkinin kemerlerini bağlamalarını söylemesini kabul ederler. "Şimdi ayağa kalkıp Milli Marşımızı söyleyelim." diyen yetişkine çocuklar hemen ayağa kalkarak uyarlar. Ailemizin baş aşçısı olarak annemin hepimizin saygı gösterdiği İ Otoritesi vardı. İsteklerine çok seyrek karşı çıkardık: "Yemek zamanı. Haydi içeri gelin." "Masayı hazırlayın." "Yemeğinizi sıcakken yiyin." "Etin birazını sandöviçleriniz için ayırın." "Masayı toplayın." vb.

Çocuklar G Otoritesine saygı gösterir mi? Gösterdiklerini sanmıyorum. İstemediğim şeyleri bana yaptırmak için baskı yapan ve güç kullanan öğretmenlere saygı duyduğumu hiç anımsamıyorum. Kendisine sürekli güce dayalı ceza veren ya da vermekle tehdit eden bir yetişkin için iyi düşünen bir genci henüz tanımadım. Çocuklar da yetişkinler gibi güç kullanan kişilerden korkarlar, ama onlara saygı duymazlar. Yoksa neden onlara karşılık versinler, dirensinler, onlardan uzaklaşsınlar, onlara yalan söylesinler ve onlardan nefret etsinler? Yetişkinlerin tüm bunları gençlik deneyimlerinden bildiklerini düşünüyorum.

Bu konuda yaptığım bir konuşmanın ardından anababaların bana sordukları sorulardan otorite sözcüğüyle ilgili bilgilerinin net olmadığını anladım. "Anababaları ve öğretmenleri otoritelerini kullanmamaları için zorluyorsunuz. Çocuklarına değerlerini ve inandıkları şeyleri öğretmek onların görevi değil mi?" Bu soru otoritenin iki anlamı arasındaki karmaşayı gösteriyor: G Otoritesi ve U Otoritesi. Anababaları ve öğretmenleri G Otoritesini kullanmamaya zorlarken, uygun gördükleri her zaman U Otoritesini kullanmaları gerektiğini savunduğumu açıkladım. Aslında, daha önce de belirttiğim gibi, çocuklar büyüklerinin öğütlerine, yargılarına ve görüşlerine gereksinim duyarlar ve onların değer verdikleri ve inandıkları şeyleri merak ederler.

Başka bir biçimde bunu şöyle açıklayabilirim: Yetişkinin otorite (U Otoritesi) olması, yetişkin-çocuk ilişkisini zedelemez; ama otoriter sistem yanlısı (G Otoritesi) olması, daha sonra göreceğimiz gibi, ilişkiye zarar verir.

İleriki bölümlerde, U Otoritesinin, İ Otoritesinin ve A Otoritesinin en etkili biçimde nasıl ve ne zaman kullanılacağını anlatacağım. Şimdi yalnızca G Otoritesinin çocukları denetlemede etkisiz olduğunu, buna karşın U, İ ve A Otoritelerinin onları etkilemenin en etkili yolu olduğunu söylemekle yetineceğim. Denetleme ve etkileme arasındaki fark, çok önemlidir. Bunu daha sonra açıklayacağım.

"YUMUŞAK OTORİTE" MİTİ

Disiplin yanlılarının G Otoritesini yumuşak gösterme çabalarındaki evrensel yaklaşım disiplin ve otoriteyle ilgili yeni bir karmaşaya neden olmaktadır. Disiplin yanlıları anababalara ve öğretmenlere sevgiyle, yansız ve "çocuğun yararına olduğunu akılda tutarak" cezalandıran disiplini güvenle kullanabileceklerini söylüyorlar. Yansız olduğunuz sürece sert, sevgi dolu olduğunuz sürece katı, diktatörce yaklaşmadığınız sürece denetleyici, çok aşırıya kaçmadığınız sürece cezalandırıcı olmanın hiçbir zararının olmadığını savunuyorlar.

Bunlara inananların sayısı çoktur; çünkü bunlar, cezalandırmaktan yana olan anababaların ve öğretmenlerin inanmak istedikleri şeylerdir. Yetişkinler, çocukları denetimlerinde tutmak için, güce dayalı disiplin kullanmalarını haklı gösterme ve suçluluk duygularını hafifletme gereksiniminde olduklarından, yaptıklarının çocuklara duydukları sevgiden kaynaklandığına ve onların iyiliği için olduğuna inanmak isterler. Güce dayalı yöntemleri kullanmalarını haklı göstermek amacıyla sonuçların zararsız olmasına çabalarlar.

Güce dayalı otorite yumuşak olabilir mi? Denetleyen, çocuğun yararına ve yumuşak bir biçimde hareket ettiğini düşünüyorsa, evet. Ne var ki, eğer, "Güce dayalı disiplin gerçekten çocuğun yararına mı, yani bunun kendi yararına olduğunu çocuk hisseder mi?" diye sorarsanız, "Pek hissetmez." derim. 5. Bölüm'de çocukların G Otoritesiyle başetmek ve ondan kurtulmak için kullandıkları yöntemleri belgeleyerek göstereceğim. Çocukların cezalandıran disiplini kendi yararlarına olarak algılamadıklarını savunuyorum.

Çocuk Psikoloğu ve gazeteci John Rosemond'un yazdığı *Parent Power** adlı kitaptan başka hiçbir yerde sözcüklerin bu kadar anlamsız ve belirsiz kullanıldığını görmedim. Anababalardan "yumuşak diktatörler" olmalarını ve çocuklarından kendilerine boyun eğmelerinde ısrarlı olmalarını istiyor. Dört tür otorite arasındaki önemli farkı artık anladığınıza göre Rosemond'un kitabından alınan aşağıdaki yazıda iki anlama da gelebilecek sözcükleri ve belirsizlikleri bulabilir misiniz?

---

*) Türkçe'ye **"Anababanın Gücü"** olarak çevrilebilir. ÇN.

Yumuşak Diktatörler, güçlerinin kendilerini güvende hissetmelerinin güvencesi olduğunu anlayan nazik otoritelerdir. Çocuklarını doğalarında varolan otoriteyle yönetirler. Onlara yönergeler dağıtmaktan hoşlanmazlar. Zorunlu oldukları için yönetirler. Etkilerini hissettirmek için çocukların yüreklerine korku salmaları gerekmez. Otoritedirler, ama otoriter değil... Çocuklarının özgürlüklerini kısıtlarlar, ama despot değildirler... Çocuklarımız bize bağımlı olduğu sürece yaşamlarının denetimini onlara bırakmamalıyız. Çocuklar anababalarına boyun eğerek saygı gösterirler. Anababalar da çocukların kendilerine saygı göstermelerinde ısrarlı davranarak onlara saygı gösterirler... İtaatı öğrenmek çocuğun bağımsızlığını güçlendirir. Anababasından korkan çocuk ona itaat etmez. İtaatlı çocuklar korkak değildir. (Rosemond, 1981)

Bu bölümde ve gelecek bölümlerde bulanmış "otorite suyunu" temizlemeyi ve kafalarını karıştıran belirsizlikten kurtulmak için yardım arayan kaygılı anababa ve öğretmenlere yardımcı olmayı umuyorum.

iki

Geleneksel
Ceza-Ödül Yöntemi

Disipline etmek yüklemi için bulduğumuz anlamları anımsayalım: Yönlendirmek, yönetmek, hizaya sokmak, sıkı denetim altına almak, sınırlamak, dizginlemek, vb. Her tanımda bir tür denetleme var. Her biri güç kullanmayı akla getiriyor. Pek çok yetişkinin çocukları "disipline sokmak" deyince akıllarına gelen, onları denetleyebilmek için güç kullanmaktır. Güce dayalı denetimin nasıl işlemesi gerektiğine bir göz atalım.

Denetleyenlerin amacı, kendilerini, denetledikleri kişiden sorumlu tutacak ve onlara hükmedecekleri bir yere yerleştirmektir. Denetlediklerinden de yumuşak başlı olmalarını, kendilerine boyun eğmelerini, karşı koymamalarını beklerler.

Dobson'ın The Strong-Willed Child[*] (1978) kitabında yukarıda anlatılanlar çok açık biçimde gözler önüne serilmiştir:

Çocuk Tanrı'nın otoritesine boyun eğmeyi anababasının evdeki liderliğine, onların sevecen otoritesine boyun eğerek öğrenir... Böylece yaşamda karşılaşacağı başka türdeki otoritelere -öğretmenlerine, polislere, işverenlerine- boyun eğmeyi de öğrenmiş olur.

---

[*] Türkçe'ye **"Dik kafalı Çocuk"** olarak çevrilebilir. ÇN.

Dobson'a göre, itaat eğitimi çocuğu, ileriki yıllarda karşılaşacağı yetişkin otoritesine evde hazırlıyor.

Bu tür disiplinin denetleyenin istediği belirli davranışların yerleşmesine neden olduğu unutulmamalı. Amaçlar ve sonuçlar hep denetleyen tarafından belirlenir. Denetleyenlerin çocuğun yararına olmayan sonuçlar seçebilecekleri akıldan çıkarılmamalıdır. Niyetleri iyi olabilir. Büyürken, "Bunu senin iyiliğin için yapıyorum." ya da "Büyüdüğün zaman yaptıklarım için bana teşekkür edeceksin." sözlerini çok işitmişsinizdir. Anababaların, öğretmenlerin, patronların, diktatörlerin çoğunun güç kullanmalarını bu mantıkla haklı göstermeye çalıştıklarına tanık olmuşumdur.

Çocuklardan daha büyük, daha akıllı, daha deneyimli ve daha iyi eğitimli oldukları için en iyisini kendilerinin bildiğini sandıklarından eminim. Disiplin yanlısı yazarların çoğunun gerekçeleri kutsal kitapların mantığına dayanır. "Ama kutsal kitap öğretir, ben inanırım." der James Dobson okurlarına.

Öğretmenin, dersini bölen ve öğretmesini engelleyerek kendisini kızdıran öğrencisini sınıftan atmaya karar vermesi gibi, denetleyen kişilerin bazen denetledikleri kişiden çok kendi yararlarına olabilecek sonuçlar seçme olasılıkları da vardır. Bu kişilerin aslında kendi gereksinimlerini karşılayacak şeyler yaparak denetledikleri kişiye yardım ettiklerini düşünerek kendilerini aldattıkları da olur çoğu zaman. Güçle karşı karşıya kalan gençlerin bunun kendi yararlarına olduğunu algılayanına pek rastlamadım.

DENETLEYEN KİŞİLER GÜÇLERİNİ NEREDEN ALIRLAR?

Denetleyen kişilerin güçlerini nasıl elde ettiklerini iyi anlamalıyız. Neden çoğunlukla başarılı olurlar? Güçleri nereden gelir? Herkes bilir ki bu güç, havucu (ödüller) ve sopayı (cezalar) kullanmalarından gelir.

Verecek ödüle sahip olmak, güç kaynaklarından biridir. Çocuğum çok açsa, yemeği (ödülü) ona masayı hazırlatmak için ödül gücü olarak kullanabilirim: "Jimmy, masayı hazırlarsan, yemeğini yiyebilirsin." Kızım yeni bir elbise almayı çok istiyorsa, "Bu hafta odanı temiz ve düzenli tutarsan, istediğin elbiseyi sana alırım." diye söz verebilirim. Bu, çocuğun gereksinimini karşılayacak sonuç için söz vererek denetimdir.

Gücün öteki kaynağı acı çektirecek, yoksun bırakacak, çocukta rahatsızlık yaratacak araçlar kullanmaktır. Çocuğumun sebze yemesini istiyorsam onu, "Sebzeni bitirinceye kadar masadan kalkmak yok. TV de izleyemezsin." diye tehdit edebilirim. Bu, çocuğun istediği şeyi yok sayarak denetimdir ve "cezalandırıcı" ya da "caydırıcı" olarak algılanacaktır.

Ödüller ve cezalar, disiplin yanlılarına disipline etme, denetleyen kişilere denetleme, diktatörlere zorla kabul ettirme gücü verir.

Aşağıdaki şekil yetişkinlerin çocuklar ve gençler üzerindeki bu iki güç kaynağını gösteriyor: (+) ödüller, yani havuçlar; (-) cezalar, yani sopalar. G ise gücü gösteriyor. Yetişkin-çocuk ilişkisinde hemen hemen her zaman büyük bir güç farklılığının olduğunu vurgulayabilmek için farklı büyüklükte iki daire çizdim. Yetişkin kişinin çocuğu ödüllendirip cezalandırma olanakları, çocuğun yetişkini ödüllendirip cezalandırma olanaklarından elbette daha fazladır. Ancak çocuklar ergenlik dönemine girince durum değişmeye başlar.

Çocukluk döneminde yetişkinler onların gereksinim duyduğu pek çok şeye sahiptir: Yiyeceğe, giyeceğe, içeceğe, oyuncağa, boyama kitaplarına, paraya, şekere, çikolataya, çiklete, pusetlerinde gezdirilmeye, uykudan önce masallar okunmaya, kucaklanmaya, öpülmeye, sevilmeye...

YETİŞKİN

ÇOCUK

Bunun tersi olarak pek çok cezaya da sahiptirler. Yetişkinler, yukarıda sözü edilen ödüllerin birinden yoksun bırakarak çocuğu cezalandırmanın yanı sıra onu odasına kapatarak, bağırıp çağırarak, tokatlayarak, "Cennete gidemeyeceksin." "Tanrı seni cezalandıracak." "Genç yaşta ölümüme neden olacaksın." türünden sözlerle küçücük yüreklerine korku salarak, istemedikleri yemekleri zorla yedirerek, onlarla hiç konuşmayarak ve hepinizin çocukluklarından anımsayacağı daha onlarca davranışla fiziksel ceza da verebilirler.

Anababaların ve öğretmenlerin verecek pek çok ödül ve cezaları vardır. Bunları nasıl kullanırlar?

ÖDÜLLER NASIL VERİLMELİ?

Ödüllerin etkili olması her zaman yerine getirilmesi gereken üç koşula bağlıdır:

1. Denetlenen kişinin denetleyenin denetimine girebilmesi (denetleyenin istediği davranışı yapması) için onun elindeki bir şeyi çok fazla istemesi gerekir.

2. Denetleyen kişinin verdiği ödül çocuk tarafından gereksinimini karşılayan bir şey olarak görülmelidir.

3. Denetlenen, ödülü almak için denetleyen kişiye bağımlı olmalıdır. (Denetlenen gereksinimini kendi kendine karşılayamamalı.)

Denetleyenlerin ödülleri iki biçimde kullanma seçenekleri vardır. (1) İstedikleri şeyi çocuğun yapması koşuluyla ödül için söz verebilirler; (2) Çocuğun istedikleri davranışı yaptığını gördükten sonra beklemediği anda onu ödüllendirebilirler. Birinci seçeneği örnekleyelim: Çocuğunuzun yatmasını istiyorsunuz, "Ağlamadan şimdi gidip yatarsan, sana masal okuyacağım." diye söz veriyorsunuz. İkinci seçeneği örnekleyelim: Öğretmen öğrencinin yerinde doğru dürüst oturmasını istiyor. Çocuğun bir süre yerinden kalkmadığını gözlemledikten sonra yüzünde mutlu bir tebessümle, "Aferin, uslu uslu yerinde oturuyorsun." diyor.

Çocukları ödül kullanarak denetim altında tutmak davranış biçimlendirme, edimsel koşullanma, olumlu pekiştirme, davranış yönetimi gibi çeşitli isimler alır. (Davranış biçimlendirme ve davranış yönetimi gibi terimler ceza yoluyla denetim için de kullanılabilir.) Hangi ad altında olursa olsun ödüllendirerek denetlemenin temel yöntemi, çocuğun yararına olduğu düşünülen bazı belirli davranışların yerleştirilmesine çalışmaktır. Ödüllendirilen davranış yinelenir ilkesi mantıklıdır.

Sonuç ya da teknik dille bağımlılık, denetlenen tarafından mutluluk verici ve hoş olarak algılanmamakla birlikte ödüllendirme kulağa yumuşak gelmiyor mu? Okullarda, hastanelerde ve çeşitli çocuk bakım yerlerinde yapılan çok sayıda deneyin kanıtladığı gibi, yöntemin işe yarayabileceği konusunda kuşku yok. Ödül kullanma otistik, şizofren, bedensel ve zihinsel engelli ve bakımevlerinde yaşamak zorunda olan çocuklarda bazı istenmeyen davranışların değiştirilmesinde başarılı olmuştur.

Ne var ki, bu davranış biçimlendirme yöntemi, daha sonraki bölümlerde anlatacağım gibi, ciddi sınırlamalar getirir ve çoğunlukla işe yaramaz. Şimdilik çocuğun davranışını olumlu sonucu planlayarak ve ödüllendirerek değiştirip biçimlendirmenin ilke olarak doğru olduğunu ama bunu yapmanın göründüğü kadar kolay olmadığını vurgulamakla yetiniyorum. Aslında, yatağını ıslatma ya da oyuncaklarını kırma gibi tek bir davranışı değiştirmek çok karmaşık ve zaman alan bir dizi önceden belirlenmiş basamakların uygulanmasını gerektirir. Üstelik, denetleyenin ödüllendirmeyle ilgili teknik bilgisi olmalı ve bunu sürekli ve doğru olarak nasıl uygulayacağını bilmelidir. Daha sonra anlatacağım gibi ödüllendirerek denetleme, çocukta, anababaların ve öğretmenlerin hiç de hoşlanmadıkları bazı kötü yan etkiler ortaya çıkarır. Tüm bu sorunlar nedeniyle, üçüncü bölümde göreceğiniz gibi bu yöntem hem tehlikeli hem de güvenilir olmaktan uzaktır.

CEZA NASIL VERİLİRSE ETKİLİ OLUR?

Ödül gibi ceza da çocuğun davranışını denetlemede bazı belirli koşullar gerektirir:

1. Denetlenen cezayı yoksun bırakıcı, tehlikeli ve acı verici olarak algılamalıdır. (Gereksinimlerine taban tabana zıt olmalı.)

2. İstenmeyen davranışın yok edilmesi için yeteri kadar caydırıcı olmalıdır.

3. Denetlenen cezadan kaçamamalı ya da gereksinimini karşılayabilmek için denetleyenle bağımlı bir ilişki içinde olmalıdır.

Ceza da iki biçimde işe yarayabilir. Birincisi, çocuk davranışını değiştirmezse, yetişkin onu cezalandırmakla tehdit eder. "Şimdi ağlamayı kesmezsen, sana öyle bir dayak atarım ki, bir daha unutamazsın." der. İkincisi, çocuğun yaptığı "kabul edilemez" bir davranışın sonucunda ceza verir. "Sana parka bisikletle gitme dedim, beni dinlemedin. Bir hafta bisikletine binmeyeceksin."

Ceza vererek denetlemenin de davranışı biçimlendirme, uzak tutma eğitimi, davranış yönetimi, disipline sokma gibi çeşitli adları vardır.

Buradaki temel ilke şudur: Cezalandırılan davranış sonlanır.

Ancak cezalandırma hiçbir zaman yukarıda söylendiği gibi basit ve kısa yoldan sonuca giden bir olgu değildir. Bu yöntemi zorlaştıran koşulların olduğunu dördüncü bölümde anlatacağım. Bunlardan bazıları cezanın zamanlaması (Kabul edilemeyen davranışın hemen ardından gelmeli.) ve cezanın şiddetidir (Ceza yeteri kadar şiddetli değilse, işe yaramaz.) Ceza yoluyla denetlemenin çok önemli yan etkileri vardır. Yetişkin-çocuk ilişkisini zedeler ve çocuğa fiziksel ve psikolojik zarar verir.

ÖDÜL VE CEZAYLA DENETLEMENİN KOŞULLARI

Demek ki, ödül ve cezayla denetlemede, denetleyenin ya çocuğun gereksinimlerini karşılayabilecek ya da gereksimlerinden onu yoksun bırakabilecek olanaklara sahip olması gerekiyor. Denetleyen, gereksinim karşılama ve gereksinim yoksunluğunu dıştan yönlendirerek gerçekleştiriyor. Kullandığı araçlara özel adlar veriyor ve onları dağıtırken tüm sorumluluğu yükleniyor. Böylece, ilişkide ağır basan taraf ve sorgulanamayan kişi oluyor. Bu, koşulların her zaman eşit olmadığı bir ilişki türüdür.

Daha da önemlisi, davranışların kabul edilebilir ya da edilemez olduğunu belirleyen kişi denetleyendir. Hangilerinin ödülle yerleştirilmesine hangilerinin cezayla ortadan kaldırılmasına o karar verir. Bazı davranışların ödüllendirilmesi ya da cezalandırılmasına denetleyenin ve denetlenenin birlikte karar verip anlaşması gibi istisnalar da vardır.

Bu tür denetimin işe yaraması için çocuğun denetleyenin vereceği ödüllere bağımlı olması ve verilecek cezadan korkması gerekir. Aynı zamanda gereksinimlerini karşılayamayacak ya da verilecek cezalardan kaçamayacak kadar ilişkiye sıkı sıkıya bağlı olmalıdır.

Örneğin, anne, çocuğa bazı küçük işlerini ve ev ödevlerini yaptırmak için ödül olarak şeker veriyorsa, çocuk şekeri kendi elde edecek yaşa gelince onun üzerindeki gücünü kaybeder. Çocuk büyüdükçe ve para kazanmaya başladıkça, anababalar çocukları üzerindeki güçlerinin çoğunu kaybettiklerini görürler.

Oğlunu küfür etmekten vazgeçirmek için dayak atan bir baba da, genç dövülemeyecek kadar büyüyüp güçlenince gücünü kaybedecektir. Bu durumla her evde ve her okulda karşılaşılır. Çocuklar büyüdükçe, geliştikçe, cezadan kaçmanın yollarını öğrendikçe anababalar ve öğretmenler güçlerini kaybederler. Gençleri denetimleri altında tutabilmek için yeteri kadar şiddetli ve caydırıcı ceza bulmakta zorlanırlar.

Pek çok anababanın, "Jan eskiden çok uslu bir çocuktu, ama büyüdükçe onu denetleyemez olduk." dediğini işitiyorum. Artık onu denetleme güçlerini kaybettiklerini söylemek istiyorlar. Çocuklarını nasıl etkileyeceklerini hiçbir zaman öğrenmedikleri için şimdi kendilerini yetersiz hissediyorlar. Daha sonra çocukları etkilemek ve denetlemek arasındaki farkı göstereceğim. Şu anda yalnızca çocuklar büyüdükçe koşullar değiştiği için, anababaların ve öğretmenlerin güçlerinin büyük bir bölümünü kaybettiklerini vurgulamak istiyorum. Karşınızdakilerin size bağımlı olmadıkları, sizden korkmadıkları ve ilişkileri koparabilmeyi göze aldıkları sürece onları denetleyemezsiniz.

Pek çok ilişkide bu koşullar vardır. Esirleri özgürlüklerine kavuşturan yasalardan önce eski sahip-esir ilişkisinde de vardı. Sendikaların bulunmadığı Endüstri Devrimi öncesinde kurumların çoğunda işveren-işçi ilişkilerinde de vardı. Herkesin yaşayarak gördüğü gibi öğrenciler her zaman alacakları notlar ve övgüler için öğretmenlerine bağımlıdırlar ve verecekleri cezalardan korkarlar. Ne var ki, işçiler sendikalarının desteğini aldıkça, öğrenciler büyüdükçe, denetleyenlerinin gücü azalır.

Evlilik ilişkisinde kadın için de durum farklı değildir. Son zamanlara kadar, ev kadınlarının çoğunun parasal özgürlükleri yoktu, eşlerine bağımlıydılar. Eşlerine karşı koyacak kadar atılgan davranmaya korkuyorlardı. Boşanmaları neredeyse olanaksız olduğu için denetlenen rolüne istemeden katlanıyorlardı.

Dini liderlerin cemaatleri üzerinde güçleri vardır. Diktatörler de vatandaşlarını denetimleri altında tutarlar. Kişilerin yüreğine beklenmedik cezaların korkusunu salar, mutlak bağımlılığı güçlendirir ve gruptan ayrılmak isteyenleri şiddetle engellerler.

Ancak birbirine denk olmayan güce dayalı ilişkiler zayıf ve kısa sürelidir; çünkü güç denetleyenin gücünü zayıflatan zıtlıkları körükler. En çok rastlanan zıtlıklardan biri düşünce ayrılığıdır. Güç peşinde koşan kişi bir gün rahata kavuşacağının düşlerini kurar kurmasına ama, o gün hiç gelmez; çünkü o gün gelemeden ya gücü elinden alınır ya da bu dünyadan göçer gider.

Gençlerin, anababalarının kendilerini değiştirmelerine, kendi düşüncelerine göre biçimlendirmelerine ve yine kendi düşüncelerine göre doğru saydıkları biçimde davranmaları için kendilerine baskı yapmalarına karşı geldiklerini görürüz. Bunlar olup biterken anababalar, çocukları üzerindeki denetimlerini neden yitirdiklerini bilemez, şaşırıp kalırlar.

İÇ DENETİME KARŞI DIŞ DENETİM

Yetişkin-çocuk ilişkilerindeki denetimin iki türü (dış denetim ve iç denetim, dış disiplin ve iç disiplin) arasındaki farkı derinlemesine inceleyeceğiz. Ödül dağıtan anababa ve öğretmenler, çocukları denetlemek için dış ödüller kullanırlar. Ancak, çocuklarının kendi ödüllerini (içten gelen ödüller) bulma yeteneklerini artırmaya çalışanlar onların iç denetimlerini geliştirmelerine yardım ederler.

Ceza veren anababa ve öğretmenler, çocuklarının kendi deneyimlerinin olumsuz sonuçlarından ders çıkartarak iç denetimlerini geliştirmelerine izin verme yerine dış denetim kullanırlar. Toplumumuz gençlere yoğun biçimde dış denetim uygulayarak onların iç denetimlerinin yetersiz kalmasına neden olmaktadır. Çocuklarımızı disipline etmeye can atarız, ama ne yazık ki iç disiplinlerini geliştirmeleri için onlara hiç yardımcı olmayız. 10. Bölüm'de yetişkinlerin neden dış denetimden vazgeçemediklerini anlatacağım.

Bildiğim kadarıyla, EAE ve EÖE ödül ve ceza kullanarak çocukları dıştan denetlemekten vazgeçen tek yöntemdir. EAE ve EÖE'nin dışında anababa ve öğretmenlerle ilgili kitapların yazarları ve eğitim programları övgüyü de içine almak üzere ödül kullanmaya destek verir. Cezayla denetim altında tutmaya gelince, pek çok kişi fiziksel cezayı yürekten onaylar. Bazıları cezanın sık ve çok şiddetli olmaması konusunda uyarılarda bulunur. Bu konularda kitap yazan ve eğitim programları hazırlayan yazarlar, değişik sözcükler kullansalar da, fiziksel olmayan cezalara destek verirler.

Bir grup davranış psikoloğu "tiksinme koşullandırılması" ve "kaçınma eğitimi" terimlerini kullanırlar. Sayıları oldukça kabarık başka bir grup, anababalara "doğal ve mantıklı" yollar kullanmayı öğretir. Çocuk yetiştirme kitaplarında kök salıp iyice yerleşen bu düşünce Adler felsefesi (Psikoanalist

Alfred Adler) ya da Dreikurs yaklaşımının (*Children: The Challenge** [Dreikurs ve Soltz, 1964] ve *Challenge of Parenthood*** [Dreikurs, 1948] adlı tanınmış kitapların yazarı Rudolf Dreikurs) destekleyicileri tarafından ortaya atılmıştır.

Çocuk yetiştirmede Dreikurs yaklaşımının aklı başında ilkelerinin zenginliği göz önüne alınınca, Dreikurs kuramının dış denetim bileşenlerinin zayıf ve elle tutulacak yanlarının olmaması beni her zaman şaşırtmıştır. Neden böyle düşündüğümü anlatayım:

Kuramdaki temel kavram (daha önce bizim "bağımlılık" dediğimiz) sonuçlardır. Dreikurs anababalara ve öğretmenlere çocukların "yaramazlıklarının" sonucuna katlanmaları gerektiğini anlatıyor. Yetişkinlerin kurgulamadığı ancak kendiliğinden olagelen sonuçlara "doğal sonuçlar" diyor. Örneğin: Ayakkabılarının bağlarını bağlamayı unutan çocuk bu unutkanlığının sonucunda düşer ve dizini yaralar. Çektiği acı (ceza) doğal bir sonuçtur. Dreikurs, çocukların bir dahaki sefer de ayakakabılarını bağlamayı öğrenemeyecekleri korkusuyla, anababaları, örneğin çocuğu teselli ederek, cezayı hafifletmemeleri için uyarır. Örnekteki gibi acı veren bir doğal sonuç çocukların çoğu için cezalandırıcı olacak ve aynı davranışı (ayakkabılarının bağlarını bağlamama) yapmalarını önleyecektir.

Çocuklar bu tür olaylardan dersler çıkarır. Aldıkları dersler iç denetimlerini geliştirir ("Bir daha takılıp düşmemek için ayakkabılarımın bağlarını bağlamayı unutmamalıyım."). Çocuğun biraz canı yansa da bu acı anababa-çocuk ilişkisini hiçbir biçimde etkilemeyecektir.

Ne var ki, Dreikurs Tabiat Ana'ya bir seçenek olarak yetişkinlerin amaçlı kurguladığı ve yönettiği "mantıklı sonuçları" önermeye kendisini zorunlu hisseder. Dreikurs'un

---

*) Türkçe'ye **"Çocuklar: Meydan Okuma"** olarak çevrilebilir. ÇN

) Türkçe'ye **"Anababalığın Zorluğu" olarak çevrilebilir. ÇN

verdiği örneğe göre, akşam yemeğine geç gelen çocuk, yaptığının mantıklı sonucuna katlanmalı ve yemek yemeden yatmalıdır.

Dreikurs'un "mantıklı sonuç" düşüncesinin ceza sözcüğünün farklı bir söylenişi olduğunu şimdi daha iyi anlıyorum. Çocuk yaramazlık yapar, anababa da bu yaramazlığı için çocuğu cezalandırmaya karar verir. Bana göre, çocuğun mantıklı sonuca katlanmak zorunda bırakıldığını söylemek, çocuklarını cezalandırdıktan sonra suçluluk duyan anababaların bu duygularını hafifletmek için kullandıkları cezayı haklı gösterme çabalarından başka bir şey değildir. Ceza Dreikurs'un çocuk yetiştirme yönteminde her zaman vardır, yalnız onu "mantıklı" göstermeye çalışmaktadır.

Anababa eğitim programlarının çoğunun temelinde yetişkinlerin sonuç kurgulaması yer alır. En yaygın olarak bilinenleri de Olumlu Anababalık (Positive Parenting), Etkili Anababalık için Sistemli Eğitim (Systematic Training for Effective Parenting [STEP] ve video bant eşliğinde Etkin Anababalık (Active Parenting) programlarıdır. Sözü edilen bu programlar, iletişim ve çatışma çözme becerileri de içinde olmak üzere konularının büyük bir bölümünü Etkili Anababa Eğitimi (EAE)'nden almışlarsa da çocuklar üzerinde ceza uygulanmasından yana olmaları, onları EAE'den temelden ayırır.

Çocuğun akşam yemeğine geç gelmesinin sonucu olarak yemek yemeden yatmasının hiçbir biçimde "mantıklı" olmaması gerektiğini savunuyorum. Bana çok "doğal" gelen bizim evdeki sonuç kızımın bir şeyler atıştırması ya da yemeğini kendi hazırlayıp yemesi olabilir. Ama onu yatağa yemek yedirmeden göndermek düşünülemez bile! Bu görüş, mantıklı olmak bir yana, su katılmamış cezalandırıcı disiplinle denetim altına alma biçimidir.

Bu nedenle, mantıklı sonuç kavramının ne EAE'de ne de EÖE'de yeri vardır.

Bu konuda son bir söz daha söylememe izin verin. Kitaplarında ceza kullanılmasını savunan ve sonuçların kullanılan araçları haklı göstermesi için çaba harcayan kişilerin çoğunun, aslında çocukları cezalandırmak düşüncesinden nefret ettiklerine inanmaya başladım. Anababaları ve öğretmenleri kızgınlıklarına yenilip sık ve ağır ceza vermemeleri yönünde uyarmaları onların ceza vermeye duydukları gizli antipatinin kanıtıdır.

Yine de psikologlar cezanın caydırıcılık görevini yerine getirebilmesi için çocuğa acı verecek kadar şiddetli olması gerektiğini bilir. Cezayla ilgili çalışan araştırmacılar cezanın hem sık verilmesini hem de şiddetli olmasını söyler. İki seçkin araştırmacı akademik dille bu görüşü şöyle anlatıyor:

Cezanın sürekliliği yoksa cezalandırılan tepki [davranış] ilk haline döner. Ancak, ceza yoğun bir uyaran tarafından gerçekleştirilince [anlamı: acı verdiği zaman], ilk hale dönüş uzun bir süre ertelenebilir [koşullanmış tepkinin kaybı]. (Risley ve Baer, 1973)

Günümüzün anababaları ve öğretmenleri ceza kullanılmasından yana olan yazarlardan çok kötü öğütler almaktalar. Sözü edilen yazarlar önce okurlarının cezalandırıcı disipline gereksinimleri olduğunda diretirler, ama sonra az ve seyrek verilirse işe yaramayacağını söylerler.

Anababalardan pek de yerine getirilemeyecek bir şey isterler: "Kızgın olduğunuz zaman ceza vermeyin." Bu cümlenin tercümesi şudur: "Kızgınlığınız geçinceye kadar beklemezseniz vereceğiniz ceza çok şiddetli olur." Ne var ki, bu düşünce, "Ceza, kabul edilemeyen davranışın hemen ardından gelmeli ve caydırıcı olması için şiddetli olmalı." diyen araştırma bulgularına ters düşmektedir.

Böyle koşulların, davranış değişimi teknolojisinde, iyi eğitim almış uzmanlar tarafından yönetilen laboratuvar ortamı dışında yapılamayacağını savunuyorum. Bu konuda sizi yine de ikna edememişsem Krumboltz ve Krumboltz'un *Changing Children's Behaviour** (1972) kitabını öneriyorum.

3. Bölüm'de çocukları denetim altına almaya çalışırken ödüllerin neden etkili olmadığını açıklayacağım. 4. Bölüm'de de cezanın tehlikelerini ve eksik yanlarını göstereceğim.

---

*) **"Çocukların Davranışlarını Değiştirmek"** diye Türkçeleştirilebilir. ÇN.

Ödüllerin İşe Yarayacağına Neden Güvenemeyiz?

Çocukların davranışlarını denetlemek için ödül kullanılması o kadar yaygın bir uygulamadır ki etkili olup olmadığını tartışmak pek akla gelmez. Öğretmenler öğrenciye istediği yere oturma hakkı tanıma, kendilerine yardımcı seçme, iyi ödevleri ilan tahtasına asma, yıldız ya da yüksek not verme gibi, öğrenciyi denetleyen ödülleri cömertçe kullanırlar. Öğretmenlerin çoğu, çocukları kendi istedikleri gibi davranmaları için şu sözlerle överler: "Çiçekleri çok güzel çizmişsin." "Ödev kâğıdın çok düzgün." "Bugün hepiniz çok uslusunuz."

Anababalar da, özellikle küçük çocuklarda ödülü çok kullanırlar. İşlerini yaptırmak için onları parayla kandırırlar; tabaklarındaki sebze yemeğini bitirmeleri için rüşvet olarak tatlı verebileceklerini söylerler; dişlerini her gün fırçalamalarını özendirmek için banyo aynasına yıldız yapıştırırlar; ödevlerini yaparlarsa onlara hediye almaya söz verirler. Öğretmenler gibi övgüler yağdırırlar: "Sen çok cici bir çocuksun, bana hep masayı kurarken yardım edersin." "Babana bugün bana nasıl yardım ettiğini anlatacağım." "Odanı tertemiz yapmışsın, aferin"

Ödüllerin çok sık kullanılması, yetişkinlerin istediklerini onlara yaptırmada etkili bir yöntem olarak düşünülmesine neden olur. Gerçekten öyle midir? Ödülün öteki yüzünü de burada tartışmak isterim. Ödüllerin anababalar ve öğretmenler tarafından bu kadar sık kullanılması aslında onların pek işe yaramadıklarını kanıtlıyor. Tersi olsaydı, sınıflardaki disiplinsizliklerden, anababaların çocuklarının "istenmeyen davranışlarıyla" baş edememelerinden hiç söz eder miydik? Ödül yöntemleri pek başarılı olmuyor. Bunun çeşitli nedenleri var:

ÖDÜLLE DENETİM TEKNİĞİ

Çocukları denetlemek için kullanılan ödülün etkili olması teknik bir beceri gerektirir. Çok az anababa ve öğretmen bu tekniğe ulaşabilmiştir. Sonuçlarının ödüllendirici olduğunu çocuklara hissettirerek onların istenmeyen davranışlarını değiştirmek bir bilim dalıdır. Davranış değiştirme tekniğini tam olarak anlayan bilim adamlarının sayısı ise çok azdır. Bu bilim adamları da yıllarını insan ya da hayvanların tek bir davranışı üzerinde laboratuvar deneyleri yaparak geçiren doktor psikologlardır.

Bu uzmanlar ödülün istenilen davranışın hemen ardından verilmedikçe işe yaramayacağını kanıtlamışlardır. (Yerde yuvarlandıktan sonra köpeğe bisküvitini vermezseniz, bir daha yerde yuvarlanmaz.) Davranış mühendislerinin de ödül dağıtırken sistemli bir program izlemeleri gerekir. Ayrıca, deney yapan kişiler denetleyecekleri kişilerin gereksinimlerini karşılayacak ödülleri dikkatle seçmelidirler. Deneyler sırasında deneğin gerçekte değişip değişmediğinin anlaşılabilmesi için istenilen davranışın hangi sıklıkla yinelendiği kaydedilmelidir. Denetleyiciler istenmeyen davranışı bilmeden ödüllendirmemelidir. Örneğin, sınıf içinde arkadaşlarını güldürmeye çalışan çocuk öğretmenin dikkatini çeker (ödüllendirme). Ödül vererek davranış değiştirme en iyi eğitimcinin bile çok zamanını alır. Çocuğun tuvalet terbiyesi alması gibi tek bir davranışı bazen birkaç ayda öğrenir.

Davranış değiştirmenin çok karmaşık ve zaman alıcı bir iş olduğundan hâlâ kuşku duyuyorsanız, on yıldan beri Oklahoma Tıp Fakültesinin Çocuk Psikolojisi Bölüm başkanlığını yapmakta olan Dr. Logan Wright'ın *Parent Power* adlı kitabından alınan aşağıdaki bölümü okuyun. Dr. Logan çocukları ödül ve ceza ile denetlemek gerektiğini savunuyor:

Gün içinde akıl ve ruh sağlıklarını kaybetmek istemeyen her anababa denetimi elinde tutmalıdır. Ancak denetimi ele geçirmenin en önemli nedeni, çocuğu gerçekten sevip ona katlanmaya başlamadan önce denetiminiz altına alabilmektir. (Wright, 1980)

Wright daha sonra çekingen bir çocuğa kapıya gelen kişileri karşılamasını öğretmenin en uygun biçimini tanımlar:

Her şeyden önce işe kendinize çekingen olmamanın ne anlama geldiğini sorarak başlayın. Bunu kendinize amaç edinin. Çocuğun rahatsızlık duymadan ne yapabilmesini istersiniz? Amacınız olmadan değişimi ödüllendirmenizin olanağı olmadığı için bu soru çok önemlidir. Önce, o yaştaki bir çocuğun tanımadığı kişileri karşılaması, kendini tanıtması, onların isimlerini sorması ve anababası gelinceye kadar onlarla kalması gerektiğini düşünüyorsanız, bundan sonraki adım çocuğun rahatsızlık duymadan neler yapabildiğine karar vermektir. Diyelim ki, evden bir kişi kapıya yanıt verirken çocuk onu uzaktan izleyebilir. Daha sonra çocuğun karşılama törenini yakından izleyebilmesi için ödül vererek kapıya yaklaşması sağlanmalıdır. Böyle zamanlarda her zaman yapılan yanlış, sabırsız davranarak kapıya gelmesi için çocuğa seslenmektir. Bu davranış bazen işe yarar, ama çocuk için zararlıdır. Bazen de işleri çok kötüye götürür. Öyle ki, çocuk kapıya uzaktan bile bakamaz olur. Misafirlerin geldiğini görür ya da işitirse, ortadan kaybolur. Sabırlı olun, çocuğunuzdaki iyiye doğru gelişmeleri ödüllendirirseniz yenileri gelecektir. Kapıya yaklaşmasını söylemeden, kendiliğinden yaklaştıkça onu ödüllendirin. (İşleri hızlandırmak için arkadaşlarınızın evinize daha sık gelmelerini sağlayabilirsiniz.) Bir süre sonra, çocuk kendi isteğiyle sizinle beraber kapıya gelip misafirlerinizi karşılayacaktır. (Wright, 1980)

Bu yönteme tepki gösteriyorum; çünkü bir tek davranışı değiştirmek için bu karmaşık ve zaman alıcı işler yapılacaksa zamanında yatmak, oyuncaklarını kırmamak, dağıttıklarını toplamak, elbiselerini yerlere atmamak, küçük kardeşini dövmemek, ağzını kapatarak yemek yemek, her gün dişlerini fırçalamak, okula geç kalmamak için sabahları erken kalkmak, nerede olduğunu bildirmek için eve telefon etmek gibi yüzlerce davranışı çocuğa öğretmek için anababaların yeteri kadar zamanları olacak mı? Otuz kişilik bir sınıf öğretmeninin bu yöntemi kullandığını düşünmeye çalışın. Ben düşünemiyorum.

Bu karmaşık yöntemin işe yaraması için harcanacak zaman ve uygun koşulların hazırlanması göz önüne alınınca, ödüllendirerek davranış değiştirmenin anababalar ve öğretmenler için uygun bir yöntem olamayacağına inanıyorum. Uzmanlar, bu yöntemle öğrenme zorluğu çeken çocukları yürütmede, otistik çocuklara gözlüklerini çıkartmamayı öğretmede, şizofren çocukları konuşmaya başlatmada büyük başarı sağlamışlardır. Ne var ki, uzmanların başarısını anababalardan ve öğretmenlerden beklemek anlamsızdır.

Açıkça görülüyor ki, benimle aynı düşüncede olmayan kişiler de vardır. Dr. Wright gibi, bazı kişiler anababalara ve öğretmenlere davranış değiştirmenin karmaşık tekniğini öğretmeye çalışan kitaplar yazmışlardır. Kitaplar okunabilir ve anlaşılabilir. Ancak anababaların ve öğretmenlerin, yöntemi etkili bir biçimde kullanabilecek sabır ve zamanlarının olduğundan kuşkuluyum. Davranış değiştirme, bu konuda eğitim almış uzman bir kişinin laboratuvar ortamında, sıkı denetim altında yalnızca tek çocukla uzun zaman harcamasını gerektiren teknik bir işlemdir. Daha basit yöntemler denenmiş ve başarısız olmuştur.

ANABABALARIN VE ÖĞRETMENLERİN ÖDÜLLE İLGİLİ KARŞILAŞTIKLARI SORUNLAR

Anababalar ve öğretmenler çocukları ödül vererek denetim altına almaya çalışınca, çok çetin sorunlarla karşılaşırlar. Bu nedenle çoğu ödüllendirmekten vazgeçer, cezalandırmaya başlar. Ödüllendirmenin doğasında bulunan sorunları bir kez daha anımsayalım.

Ödüller Değerlerini Yitirince

Anababalar çocuklarına Christmas öncesinde birkaç ay uslu çocuk olurlarsa Noel Baba'nın onlara güzel armağanlar getireceğine söz verirler. Küçük çocukların çoğu için birkaç ay yaramazlık yapmadan durmanın pek olanağı yoktur. Uzak gelecekte alınabilecek bir ödülün etkisi azalır. On iki, on üç yaşlarımdayken babam, yirmi bir yaşıma kadar sigara içmezsem bana altın saat almaya söz vermişti. Bu söz, sigaraya yirmi bir yaşımdan önce başlamama engel olamadı; çünkü o zaman altın bir saatin benim için pek bir değeri yoktu. Hele bir de onu almak için o kadar süre beklemek saatin çekiciliğini iyice azaltmıştı.

Kabul Edilemeyen Davranış Ödüllendirilince

İlkokul öğretmenlerimin birkaçı sınıfta uslu durmam için her tür ödül yöntemini denemişlerdi. Sorun, yaptığım soytarılıkların sınıf arkadaşlarımın hoşuna gitmesi ve onları eğlendirmesiydi. Onların tüm dikkatlerini üzerimde topluyordum, bu da benim için büyük bir ödüldü. Öğretmenimin kabul edemediği bu davranışım için arkadaşlarımdan bir tür destek alıyordum. Bu destekle davranışımı daha sonraki yıllarda da artırarak sürdürdüm. Denetleyiciler, kendilerinin kabul edemedikleri davranışlar için çocukların başkaları tarafından ödüllendirilmelerini her zaman önleyemezler.

Çocuklar Kendi Ödüllerini Elde Edince...

Çocuklar kendi ödüllerini alınca ödülendirilmeleri işe yaramaz. Büyüdükçe gereksinimlerinin karşılanması için anababa ve öğretmenlerine bağımlılıklarını azaltmanın yollarını bulurlar. "Bu hafta ödevlerini düzenli olarak yaparsan, hafta sonu seni sinemaya götüreceğim." sözü çocuğun sinemaya gidecek parası ve onu götürecek bisikleti olmadığı yaşlarda etkili olabilir. Ama harçlık alacak ve ulaşımlarını sağlayabilecek yaşlara gelince, anababalarının denetimine boyun eğmeden istedikleri kadar sinemaya gidebilirler. Kendi çocukluğumu anımsıyorum. Dokuz yaşıma gelmeden, çimleri biçerek ve çilek toplayarak haftada birkaç dolar kazanıyordum. Üstelik, arkadaşlarımla yakınımızdaki sinemaya bisikletlerimizle gidebiliyorduk. Denetleyicilerin ödüllerinin etkili olabilmesi için çocukların ödüllerini kendi kendilerine alamamaları gerekir. Köpeğin karnı doyduktan sonra ona kemik vererek yerde yuvarlanmasını öğretebilir misiniz?

Ödülleri Kazanmak Çok Zor Olunca...

Ödülün bedeli çocuk için çok yüksek olunca davranış değişimi çoğunlukla başarısızlıkla sonuçlanır. Not verme sistemini örnek olarak alalım. Öğretmenler "çan eğrisini" kullanınca, öğrencilerin yaklaşık yüzde ellisi ortalamanın altında not alır. Herkesin bildiği gibi, bunun anlamı bazı çocuklar için yüksek not alma olasılığının sıfır olmasa bile çok az olmasıdır. Öğrenciler yüksek not alma olasılıkları azalınca çalışmaktan vazgeçerler. UYARI: *Ödüller çocukların erişemeyecekleri kadar yüksekte olmamalı.*

Kabul Edilen Davranış Ödülsüz Kalınca...

Anababalardan, çocuklarının kabul edecekleri bir davranış yapmaları için tepelerinde bekleyip sonra da onları ödüllendirmelerini beklemek çok saçmadır. Anababaların çok meşgul olmaları, çocuğun evde olmaması çoğu davranışlarının gözlenememesine neden olur. Bu nedenle anababaların yapılan her iyi davranışı ödüllendirmeleri olanaksızdır. Hele öğretmenlerin, bir sınıf dolusu öğrenciyle uğraşırken yapılan her iyi davranışı görmeleri iyice zordur. Bu nedenle ödül dağıtımında tutarlı olmaları da beklenmemelidir. Ne var ki, uzmanlar, özellikle davranış değiştirme çabalarının başlangıcında denetleyenin ödüllendirmeyi iyi davranışın hemen ardından yapması gerektiğini vurgularlar."Paketlerini taşıdığı için Jimmy'ye teşekkür etti. Dün ben taşıyınca bana teşekkür etmedin?" diyen bir çocuğu hiç duydunuz mu? UYARI: *Kabul edilen davranış ödülsüz kalınca, yerleşmesi çok uzun zaman alır.*

Çocuklar Yalnız Ödül Almak İçin Uğraşınca

"Resmim güzel olmuş mu?"

"Öğretmenim, ödevimi iyi yapmış mıyım?"

"Bugün yaramazlık yaptım mı?"

"Odamı topladım. Gördün mü?"

"Tabağımdakilerin hepsini bitirdim. Daha çok dondurma yiyebilir miyim?"

Yukarıdaki tümceler anababaların ve öğretmenlerin, çocuklara yaptıkları her iyi davranış için bir ödeme yapıl- masını beklemeleri gerektiğini öğrettiklerini göstermektedir.

Okullarımızdaki not sisteminin zararlı etkilerinden biri de, bazı öğrencileri becerilerini ve bilgilerini geliştirmeye motive etmekten çok not arsızı yapmasıdır. Bu tutum "not için çalışmak" diye bilinir. *Öğrenci çalışmanın ve öğrenmenin verdiği zevk ve doyumu (iç ödül) almak yerine dış ödül için çalışır.*

Not almak için çalışma öyle uç noktalara gelir ki, öğrenci "iyi not alabilmek" uğruna kopya çeker, arkadaşlarının ödevlerini aşırır, yalnız sınavlardan önce çalışır, vb.

Büyük bir mutlulukla ve logolarının heyecan verici yaratıcılığıyla kendi evini zevkle yapmaya uğraşan ve yalnızca yaptığı işten iç ödülünü alan küçük bir çocuğu izlerken şunları düşündüm: Burada bir değerlendirme yapılacaksa, değerlendirme yalnız ve yalnız o çocuğun kendi değerlendirmesi olmalıdır.

Bunu şimdi başka bir olayla kıyaslayalım. Çocuk kilden hayvan figürleri yapıyor ve sık sık "Atım iyi olmuş mu?" "Atın kafası böyle mi olur?" "Doğru yapıyor muyum?" diyerek işini anababasına gösteriyor. Bu gibi çocukların değerlendirme kaynağı anababaları ya da öğretmenleridir. (Psikologlar buna "dış değerlendirme odağı" derler.)

Övgü dış ödüldür ve çocuk üzerinde etkili olduğu bilinir. Sık övgü alan çocuklar anababalarını mutlu edebilecek şeyleri yapmayı, mutsuz edebilecek şeylerden kaçınmayı öğrenirler. Bazı anababalar için bu çok istenen bir davranıştır; ama böyle çocuklar yeniliğe kapalı, kendi kendini yönetemeyen, yaratıcılığı gelişmemiş kişiler olmaya adaydırlar. Değişmekten çok, uyumu öğrenirler. Yeni bir şey denemektense, kendilerine övgü getirecek kalıplara uyarlar.

Çocuklara çok ödül vermenin tehlikeli yanları da vardır. Ödül olmazsa yaptıkları işlerden zevk alamaz, başarı duygusunu tadamazlar. Bu durumun en üzücü yanı da başkalarını mutlu etmek için yaptıkları işlerden ödül alamama, onların bu tür davranışlardan tümüyle vazgeçmelerine neden olmasıdır. Böyle olunca yalnızca bir şeyler yapmanın zevkinden yoksun kalmış olurlar.

Övgü, not, özel ayrıcalıklar gibi ödüllerle çocukları motive etmek ve denetim altında tutmak onların içten gelen kendi motivasyonlarını zayıflatır ve etkinliklerden vazgeçmelerine neden olur. Kendi dışından gelen motivasyon çocuğu etkilemediği gibi onun için yıkıcı da olur.

Alfie Kohn, *No Contest: The Case of Against Competition* (Kohn, 1986)* adlı kitabında, rekabetin olumsuz etkilerini kanıtlayan bir çalışmasını anlatıyor. Çalışmada çocuklara çözmeleri için bir bulmaca veriliyor. Bir grup çocuğa bulmacayı arkadaşlarından daha çabuk çözmeleri söyleniyor. Öteki gruba hiçbir yönerge verilmiyor. İki gruba da belli bir zaman veriliyor ve bulmacayı çözmeye çalışırken kendilerine ilginç gelen şeyleri yazmaları isteniyor. Bu çalışmanın sonucunu araştırmacı şöyle özetliyor:

> Başka bir grubu yenmeye çalışmanın doğasında dış etki vardır, bu da kişilerin iç motivasyonlarını azaltır. ...Bir etkinlik sırasında kişilere yarışmaları söylenince, etkinlik artık kişisel zevk için yapılmaktan çıkar ve kazanmanın bir aracı olarak görülmeye başlanır. (Deci ve ark., 1981)

Okullarımızın saygıdeğer eleştirmeni merhum John Hold, dıştan gelen ödüllerin okul çocukları üzerindeki zararlı etkisini görmüştü:

---

*) **"Yarışmaya Karşı Bir Tartışma"** diye Türkçeleştirilebilir. ÇN.

Yıldızlı notlar, takdir, teşekkür gibi küçük ödüller için, daha doğrusu utanılması gereken başkalarından daha iyi olma duygusu için, çocukları yarışmaya zorlayarak onlardaki öğrenme sevgisini yok ediyoruz. (Holt, 1982)

UYARI: *Ödül, özellikle övgü alışkanlığı, çocuğun motivasyonunu zayıflatabilir.*

Ödül Yokluğu Ceza Gibi Algılanınca...

Yeni bir şapka alan kadının öyküsünü duymuşsunuzdur. Aldığı yeni şapkayı giyen kadın kocasına, "Yeni şapkamı beğenmedin mi? Onunla ilgili hiç güzel bir söz söylemedin." der. Demek ki, çocuğu denetim altında tutmak için övgü ve iltifat birlikte söylenmelidir. Çocuklar sık sık övülmeye alışmışlarsa, övgü almadıkları zaman kaygılanırlar.

Okulda öğretmenler övgülerini çoğunlukla birkaç iyi öğrenci için kullanınca geri kalan çoğunluk ödül alamamayı cezalandırılma olarak algılar ve çalışma için çaba göstermeyi bırakırlar. Şimdi bazı çocukların neden ödül peşinde koşuyormuş gibi görüldüklerinin daha iyi anlaşıldığını umuyorum.

Yapılan çalışmalar ödülün etkisinin zaman içinde zayıfladığını da kanıtlamıştır. Evde çok kullanılan övgünün etkisinin o ölçüde az olduğu görülür. Övgüye "alışan" çocuklar onu önemsemezler. Eleanor Maccoby ve John Martin *Handbook of Child Psychology** adlı önemli kitapta bu bulguları şöyle yorumluyorlar:

Anababanın övgüsünün etkili olması isteniyorsa, o zaman ya kullanmada cimri davranılmalı ya da sayısı yavaş yavaş artırılarak kullanımı sıklaştırılmalıdır. Benzer sorunlar ödül kullanırken de görülür.

---

*) **Çocuk Psikolojisinin El Kitabı** adıyla Türkçeleştirilebilir. Ç.N.

Düzenli verilirse sürekli beklenir, verilmediği zaman cezalandırılma olarak algılanır. Buna karşılık sık verilince kanıksanır ve ödüllendirme olarak görülmez. (Maccoby ve Martin, 1983)

UYARI: *Hiç ödül almamak ceza gibi algılanabilir; çok fazlası da etkisini azaltır.*

ÖVGÜNÜN DAHA DERİN ÇÖZÜMLEMESİ

Davranış değişimi uzmanları birincil ve ikincil ödüller arasındaki fark üzerinde duruyorlar. Birincil ödüller çocukların yiyecek, su, ısınma, temas gibi yaşamsal gereksinimlerini karşılar. Anababalar için davranış yönetimi konularında kitap yazanların çoğu, çocukların davranışlarını denetlemek için birincil ödüllerin kullanılmasına önemli kısıtlamalar getirilmesinden yanadır. Neden? Çünkü çocuklar büyüyünce bu gereksinimlerini kendileri karşılar ve anababalar bunları kullanarak çocuklarını denetleyemezler. Ayrıca, çocuğa yemek ve suyu bir şeyi yapması için ödül olarak vermek onu sömürmek ve acımasız davranmaktır. Hiçbir normal anababa bu yolu denemez. (Ne yazık ki, gazetelerde böyle davranan anababaları okuyoruz.)

Anababanın güç kullanmasından yana olanlar bu nedenle çocukları büyümüş anababalara stratejilerini değiştirip ikincil ödülleri kullanmalarını öğütlerler. Çocuklarını kucaklayıp öpmeli, onları tanımalı ve özellikle de övmelidirler. Dr. Logan Wright *Parent Power* adlı kitabında şu açıklamayı yapar:

Ne var ki, birincil ödüllerin evde yaşıyan büyük çocuklar üzerindeki etkisi kısıtlıdır. Çocuk aç değilse yemeğin ödül değeri yoktur. Birincil ödüller daha çok küçük çocuklar üzerinde etkilidir. İkincil ödüller yaşamdaki iyi şeyleri içerir. Bunlar başarı, övgü, çocuğa tüm dikkati verme, onu öpüp kucaklamadır. (Wright, 1980)

Wright ve öteki davranış bilimcilerin iletileri açıktır: Çocuklarınızın biyolojik gereksinimlerini gidermede başarısız olup onları artık denetleyemediğinizi gördüğünüz zaman uğraşınızdan vazgeçmeyin. Hâlâ başka gereksinimlerinden yararlanarak kullanabileceğiniz daha pek çok gücünüz var.

Ama anababaların ve öğretmenlerin gerçekten ikincil ödüller için çok güçleri var mı? Övgü konusunu ele alarak bunu yakından inceleyelim.

Daha önce, bir kişiyi ödülle denetleyebilmek için, denetlenen kişinin bir şeyi çok istemesi ve bu nedenle denetleyene boyun eğmesi gerektiğini vurgulamıştım. Burada sorulacak sorular şunlardır: Övgü çocukların çok istediği bir şey midir? Çocuklar övgüye duydukları gereksinim için yetişkinlerin isteklerine boyun eğmeye hazırlar mı? Deneyimlerime dayanarak, özellikle büyük çocuklarda, buna pek bel bağlamamanızı öneririm.

Çocukları denetlemek için övgüyü araç olarak kullanmak bir kandırmacadır. Kulağa çok hoş gelen övgünün nasıl oluyor da çocuğun kötülüğüne olduğu görülemiyor? Övme insanın çok kolayına gelir. Anababalar ve öğretmenler çocukları cezalandırdıkları zaman duydukları suçluluğu onları övdüklerinde duymazlar. Övgü herkesin istediği, gereksinim duyduğu bir şeymiş gibi gelir insana. Bütün bu nedenlerle çok sık kullanılır. Yetişkinlerin, çocukların yapmalarını istedikleri şeyleri övgünün onlara yaptıracağına büyük güvenleri vardır. Babamın eskiden söylediği gibi, "Çocukları öv, onlara istediğini yaptır." Acaba yaparlar mı?

Övgüyü çocukları denetleme yöntemi olarak kullanmanın gereğinden çok önemsendiğine inanıyorum. Aslında çoğu zaman etkisizdir ve yetişkin-çocuk ilişkisine zarar vermektedir.* Ayrıca, övgü çocuktaki bir dizi istenmeyen antisosyal kişisel özelliği ortaya çıkarabilir. Bunun nedenini anlamak için önce övgünün tanımında anlaşmalıyız.

Övgü Nedir?

Benim övgü tanımım şöyle: Kişinin, davranışının ya da başarılarının olumlu değerlendirmesini içeren sözlü bir ileti.

Bu iletilere örnek verirsek:

"Hiç yaramazlık yapmadın."

"Gün geçtikçe iyi bir tenis oyuncusu oluyorsun."

"Arkadaşlarınla gitmemekle doğru bir iş yaptın."

"Saçların çok güzel."

"Güzel resim yapıyorsun."

"Oyun tekniğini gerçekten çok ilerlettin."

"Ödevlerini daha iyi yapıyorsun."

"Akıllı bir çocuksun. Yüksek not alabilirsin."

"Çok doğru bir iş yaptın."

Yukarıdaki örneklerde tüm cümlelerin sen zamiri içerdiğine dikkat ettiniz mi? "Sen"in ardından da görünüş, davranış, başarı, kişisel özelliklerle ilgili olumlu bir değerlendirme geliyor. Daha sonra bu "Sen-iletileri"ni tümüyle farklı olumlu başka iletilerle karşılaştıracağım. 1964 yılında onlara "Ben-iletileri" adını vermiştim. Örnek: "Bu akşamki yardımın benim için çok değerliydi; çünkü yorulmuştum." Bu tür olumlu Ben-iletisi övgü tanımına girmez ve Sen-iletisi'nin yaptığı istenmeyen olumsuz etkiyi yapmaz. Çocukları denetlemek için övgü kullanmanın ortaya çıkardığı sorunlara bir bakalım.

---

*) ***Harvard Business Rewiev*** (Farson, 1963)'da yazdığı bir makalede övgünün etkisiz oluşunun nedenlerini ilk kez gözler önüne seren Richard Farson'a teşekkür borcum var. TG.

Övgü İçindeki "Gizli Gündem"

Herkesin anımsayacağı gibi anababalar, öğretmenler ve öteki yetişkinler övgüyü öncelikle gençleri değiştirmek için kullanırlar. Amaçları, onların iyi çalışmalarını, kibar davranmalarını, görünümlerine dikkat etmelerini motive etmektir. İyi ve doğru olduğunu düşündükleri davranışların yerleşmesini sağlamaktır. Bu bakımdan, her övgü tümcesinin ardında çocuğu değiştirmek için söze dökülmemiş bir amaç gizlidir. Ben buna "gizli gündem" diyorum; çünkü yetişkinin amacı hiçbir zaman açıkça belirtilmez.

Baba on iki yaşındaki kızına, "O elbisenin içinde çok güzel görünüyorsun," deyince, söze dökmediği gizli gündemi, "Keşke blucin yerine daha sık elbise giysen." olabilir. Öğretmen, "Çocuklar, bugün çok uslu ve çalışkansınız." derse, gizli gündemi büyük bir olasılıkla, "Neden her gün böyle değilsiniz?"dir.

Babamın erkek kardeşimle bana, "Bugün bahçede bana çok yardımcı oldunuz." dediğini anımsıyorum. İkimiz de babamın daha önce sözünü ettiğim doğruluğu kanıtlanmış ilkesini kullandığını biliyorduk: "Çocukları öv, onlara istediğini yaptır."

Çocukları öven yetişkinlerin niyeti yalnızca çocuklara kendilerini iyi hissettirmek değildir. Büyüklerin kendilerini de iyi hissettirecek davranış değişikliğini gerçekleştirmektir. Çocuklar çoğunlukla bu övgülerin ardındaki gizli gündemi anlarlar.

Öyleyse övgü, övgüyü yapanın yararı ve iyiliği için kullanılır. Anne/baba ya da öğretmen çocuğu övünce, tutumu, "Çocuğumun kendisini iyi hissetmesi için onu övüyorum." olabilir; ama aynı zamanda, "Kendimi iyi hissetmek için çocuğu değiştirmek istiyorum." da olabilir. Çocuklar övgüyü bu biçimiyle kullanan anababaları ve öğretmenleri yönlendirici, denetleyici ve dürüst olmayan kişiler olarak algılar.

Çocuklardaki yüksek başarı nedenlerini araştıran üç araştırmacı, 6. ve 7. sınıflarda okuyan 311 öğrenciyi sosyal bilgiler, fen, matematik ve dil bilgisi derslerinden sınadılar. Aynı çocukların anababalarına da çocuk yetiştirme konusunda uzun bir anket uyguladılar. Bulgular ilginçti:

Çocuklarına yakın ve sıcak ilgi gösteren ve onların atılganlıklarını engellemeyen annelerin çocukları sınavda yüksek notlar aldılar. Çocuklarını sık sık cezalandıran annelerin çocukları ise daha düşük not aldılar. Övgüyü çok kullanan babaların çocuklarının özellikle fen derslerinden ve dil bilgisinden düşük not almaları ilginçti. Araştırmacıların açıklaması şöyleydi: *Çocuğunu sürekli öven anne/babanın bunu onu boyun eğmeye zorlamak amacıyla yaptığı kesindir. Böyle bir övgünün içten olmadığı ve hakedilmediği çocuk tarafından bilinir.* (Barton, Dielman ve Cattell, 1974)

Övgü Eleştiriyi Nasıl İletir?

Çocukları değiştirmenin gizli gündeminin altında eleştiri vardır. Aşağıdaki konuşmalara bir bakalım:

ANNE: Bugün arabayı daha dikkatli kullanıyorsun.

JAINE: "Bugün daha dikkatlisin" ne demek? Ben her zaman dikkatliyim.

ANNE: Her zaman dikkatli olduğunu düşünmüyorum.

JAINE: Şimdiye kadar tehlikeli olabilecek ne yaptım? Söyle bakalım.

Yukarıdaki senaryoya pek çok ailede rastlanır. Anne/baba över; çocuk eleştirildiğini ve anne/babanın söze dökülmemiş kendisini değiştirme isteğini hisseder. Buna çok sık rastlanılır; çünkü övgü yönlendiricidir, çocuğun istenmeyen davranışını kabul edilebilir olanla kıyaslayarak o davranışı denetleme ya da biçimlendirme isteğini dolaylı olarak anlatır.

Çocukların, içinde eleştiri ıması bulunan övgüyle yaşadıkları her deneyim, anababalarının gerçek niyetlerini anlamalarına kesinlikle yardım eder.

Çocuklar da yönlendirilmekten hoşlanmaz. Kendilerini denetleyecek kılık değiştirmiş ve özellikle dolaylı eleştiri içeren iletilere çok kızarlar. Aslında, övgü iletilerini görüp gizli iletiyi tanıyınca, "Bugün arabayı çok dikkatli kullanıyorsun." gibi olumlu bir tümce önemsenmez. Bu nedenle yukarıdaki örnekte olduğu gibi Jaine, arabayı dikkatli kullandığının söylenmesinden mutlu olmak yerine eleştirildiğini hisseder ve savunmaya geçer. Daha sonra övgüyü unutacak, yalnızca eleştiriyi anımsayacaktır.

Pek çok kişinin düşüncesinin tersine, övgü çoğunlukla çocuğu kabullenmeme öğesi içerir. Öğretmen öğrenciye, "Bugün çok dikkatle dinlediğin için dersi iyi anladın." deyince, ileti, "Çoğu zaman dikkatsizsin." diye anlaşılır.

Çocuğun gözünde övgünün, ast ve üst, yargılayan ve yargılanan gibi bir ilişki tanımı da vardır. İlişkide yargılayan ve değerlendiren rolünü üstlenince, değerlendirdiğim kişiye karşı kendimi üstün hissettiğimi deneyimlerimden biliyorum. Aslında, bu davranışlarımla daha bilgili, deneyimli ve akıllı olduğumu söylüyorum. Tenis maçından sonra kızıma, "Tatlım, bugün çok iyi oynadın." dersem, onu yargılayacak kadar iyi bir oyuncu olduğumu ima ediyorum demektir.

Övgünün kendinizi övdüğünüz kişinin üzerine çıkardığını anlamanız için kemana hiç dokunmamış bir kişi olarak çok ünlü bir keman sanatçısının verdiği resitali dinlediğinizi düşleyin. Sanatçıya, "Tekniğiniz hatasız, yorumunuz harikaydı." derseniz, sözünüzün ne kadar komik kaçacağını düşünebiliyor musunuz? Siz de benim gibiyseniz, bu övgü iletisini göndermezsiniz; çünkü keman çalmada sizden fazlasıyla üstün bir kişiyi yargılayacak nitelikte olmadığınızı bilirsiniz. "Yeteneğinize hayran oldum." ya da "Konserinizi zevkle dinledim." diyebilirsiniz.

Övgünün her zaman çocukta aşağılık duygusunu yerleştirme tehlikesi vardır. Övgünün etkili olabilmesi ilişkide bir tarafın ötekinden açıkça daha üstün olmasını gerektirir. Yetişkinler bazen övgüyü, eleştiri iletisi göndermeden önce çocuğu yumuşatmak amacıyla kullanırlar. Örneklere bakalım:

"Sally, eskiye göre daha iyisin; ama biraz daha çok çalışman gerekiyor."

"Pete, bulaşıkları yıkamana sevindim; ama yerlerine kaldırmamışsın."

Bu ikili iletilerin olumlu değerlendirme bölümü çoğunlukla işitilmez (ya da unutulur) ve yalnızca eleştiriye tepki verilir.

Yumuşatma iletilerine, bazen küçük çocuklarla başa çıkmada etkili bir yol olarak önerilen "sandviç tekniği" adı veriliyor. Bu teknikte, verilmek istenen ileti, iki övgü iletisinin arasına "sıkıştırılıyor".

"Katie, çok çalıştığını görüyorum, ama yine matematikte yanlışlar yapıyorsun. Oysa kafana koyunca her şeyi yapabilecek bir yapın olduğunu biliyorum."

"Mark, dişlerin bir ay öncesine göre daha beyaz, ama yatarken onları fırçalamayı unutuyorsun. Dişlerinin arasında kalan yiyeceklerin bütün gece boyunca onları çürüteceğini bilecek kadar akıllısın."

"Bu akşam çok hoş görünüyorsun, Phillip. Saçlarını tarasaydın, daha hoş olurdun, ama yine de kendine eskiye göre iyi bakıyorsun."

Sandöviç tekniğini çocukların farketmesi zor değildir. Anababalarından ve öğretmenlerinden bu tür ileti aldıklarında, gerçek niyetin onları övmek değil eleştirmek ve kabul edilemeyen davranışa dikkatlerini çekmek olduğunu anlarlar.

Övgü Çocuğun Kendini Değerlendirmesine Uymayınca...

Çocuklar, kendi değerlendirmelerine uymadığı zaman yapılan övgüyü önemsemezler; çünkü onlara gerçek gelmez. Örnek:

ANNE: Kumdan kaleni ne güzel yapmışsın.

JIMMY: Hiç de güzel değil. Sally'ninki daha güzel.

BABA: Judy, çok güzel oynuyorsun. Kısa zamanda topa daha hızlı vurabileceksin.

JUDY: Aman baba, topa kötü vurduğumu sen de biliyorsun. Hiçbir zaman iyi bir oyuncu olamayacağım.

Çocuk övgünün "gerçekdışı" olduğunu anlayınca, yetişkinin kişisel bütünlüğüyle ilgili kuşkuya düşecektir. Yapılan övgüye aşağıdaki gibi yanıtların verildiğini kaç kez duymuşuzdur:

"Hiç de iyi değil."

"Güzel değilim."

"Beni kandırmak için öyle söylüyorsun."

"Resmim çok kötü oldu."

"Çok daha iyi yapabilirdim."

Övgü, çocuğun kendisiyle ilgili görüşlerine uymuyorsa, yetişkinin duygularını kabul etmediğini ve kendisini anlamadığını düşünür. Bu düşünce, özellikle övgü, yaptığı iş ya da gelişmeyle ilgili olumsuz duygularını açıklamasının hemen ardından gelince daha kesinleşir. Böyle zamanlarda övgü anne/baba-çocuk arasındaki iletişimde engel oluşturur. Çocuklar anababalarının ve öğretmenlerinin kendilerini kötü hissettiklerini anlamadıklarını düşününce, onlarla daha fazla konuşmaya gerek duymazlar. Bu nedenle, yetişkinler yersiz övgülerle çocuklarına danışmanlık yapabilme fırsatlarını kaçırmış olurlar. Aşağıdaki konuşmada, Susie'nin annesinin yaptığı övgünün onun okuldaki sorunuyla ilgili konuşmasını nasıl engellediğine dikkat edin:

SUSIE: Keşke şimdi ilkokulda olsaydım.

ANNE: Neden öyle düşünüyorsun, canım?

SUSIE: Bu okulda Dawn'dan başka hiç yakın arkadaşım yok.

ANNE: Sınıfta seninle arkadaş olmak isteyecek pek çok kişi olduğundan eminim.

SUSIE: Öyleyse neden hiç arkadaşım yok? Söylesene.

ANNE: Yeni bir okulda arkadaş edinmek zaman alır. Sen aklına koyduğunu her zaman yaparsın. Onlara biraz daha yakın davranmayı dene.

SUSIE: Anne, anlamıyorsun! Uğraşıyorum. Tamam, artık konuşmayalım.

Kişi sorununu paylaşırken onu övmek iletişim engelidir. Şöyle bir deney yapın: Arkadaşınız sorununu sizinle paylaşırken onunla ilgili olumlu bir değerlendirme yapın. Sonra bu değerlendirmenizin iletişimi nasıl engellediğini gözlemleyin. Hemen kendini savunmaya başlayacaktır.

Mutsuz bir kişiye yapılan olumlu bir değerlendirme, kişinin o andaki gerçek duygularının inkâr edildiği düşündürür ve tepki alır. Övgü bu nedenle aşağıdaki gibi yanıtlar verilmesine yol açar:

"Anlamıyorsun."

"Neler hissettiğimi bilseydin bunu söylemezdin."

"Senin için söylemesi kolay."

"Keşke senin gibi iyimser olabilsem."

Övgü Kardeşler Arasındaki Rekabeti Artırır

Çocukluğunuzda sınıf arkadaşlarınızdan ya da kardeşlerinizden biri övüldüğü zaman neler hissettiğinizi anımsarsınız. Kıskanmışsınızdır, darılmışsınızdır, hatta kızmışsınızdır. "Onu benden daha çok seviyorlar." duygusunu hissetmişsinizdir.

Anababanın sık övgü kullandığı ailelerde çocuklar arası rekabet çok fazladır: "Benim yaptığım resim senin yaptığından daha güzel." Kendilerini kardeşlerinden daha iyi göstermek için yalan bile söylerler: "Barbie oyunu hileyle kazandı."

Anababaların ve öğretmenlerin her zaman her çocuğu eşit olarak övmeleri olanaksız olduğundan çocuklar, yetişkinlerin kendilerine haksızlık yaptığını düşünürler ya da kendilerini daha iyi göstermeye çalışırlar: "Benim uçurtmam Eric'in uçurtmasından daha yükseğe çıktığı halde ona neden uçurtmasını çok güzel uçurduğunu söyledin?"

Biraz kendimden söz etmek istiyorum. Annemin ve babamın beni ağabeyim John'dan daha fazla övdüklerini anımsadıkça üzülürüm. Onun ne kadar incindiğini şimdi anlıyorum. Büyürken, hatta yetişkin bir insan olduğunda bile kendini onlara beğendirmek için çok çabaladı, ama başardığı zamanlar çok az oldu. Tüm yaşamı boyunca onları düş kırıklığına uğrattığına ve benim de onların gözdesi olduğuma inandırıldı. Kendisine saygı duymadı. Annem ve babam övgünün ne kadar tehlikeli olduğunu bilselerdi, ağabeyim bu kadar acı çekmeyebilirdi.

Övgü Karar Verme Yeteneğinin Gelişmesine Engel Olur

Çocuklar büyürken ve ileriki yaşamları için önemli kararlar almak zorundayken anababalarının onayına ve övgüsüne bağlı kalmaları, çıkarlarına uygun karar vermelerini engelleyebilir. Meslek seçiminde yapılan yaşamsal yanlışların nedeni anababaların arzusuna uymaktır. ("Annemle babam avukat olmamı istedi; aslında ben sanatçı olmayı yeğlerdim.") Anababaların çoğu çocuklarının kendilerini mutlu edecek seçimler yapmalarını içtenlikle isterler. Övgünün, kendine güven duygusunun gelişmesini ve bağımsız karar verme yeteneğini engellediğini fark etmezler.

ÖVGÜYE SEÇENEKLER

İnsan ilişkilerinde karşınızdaki kişinin söylediği bir sözün ya da yaptığı bir şeyin sizde beğenme, rahatlama, sevgi gibi olumlu duygular uyandırması doğaldır. Böyle durumlarda övgü kullanmadan nasıl tepki veririz? Övgü yerine kullanılabilecek ve olumsuz duygulara meydan vermeyecek başka seçenekler de var.

Olumlu Ben-iletisi

Seçeneklerden biri karşıdaki kişiye davranışının sizde neden olduğu duyguyu açık ve net bir biçimde iletmektir. Etkililik Eğitimi sınıflarımızın tümünde katılımcıları birbirlerine övgü yerine böyle iletiler göndermeye zorlarız. Olumlu Ben-iletileri dediğimiz bu tümcelerle içinizden geçenleri karşınızdakiyle paylaşırsınız:

"......ınca kendimi iyi hissediyorum."

"......ınca çok şaşırdım."

"......ınca rahatladım."

"......ınca çok hoşuma gitti."

"......ınca heyecanlandım."

Övgünün ise, karşınızdaki kişinin görünümü, söylediği ve yaptığıyla ilgili bir tümce olduğunu aklınızdan çıkarmayın.

Kulağa Sen-iletisi gibi gelir ve ardında yargılama ya da değerlendirme bulunur:

"Çok iyi bir iş yaptın."

"Çok düzenlisin."

"Konuşman harikaydı."

"Cildin çok güzel."

Ben-iletileri kendinizle ilgili bilgiler iletir. Karşıdakini değerlendirmez. Değerlendirme pek çok soruna neden olan övgünün bir parçası olduğu için Ben-iletisiyle arasındaki fark çok önemlidir. Bu önemli farkı aşağıdaki örnek tümcelerde bulabilir misiniz?

Olay: Yedi yaşındaki çocuğunuz bugün arkadaşlarınızla birlikteyken sizi hiç rahatsız etmeden kendi kendine oyalandı:

"Misafirlerim varken çok uslu oturdun." (ÖVGÜ)

"Bugün misafirlerimle rahatça ilgilenebildim." (OLUMLU BEN-İLETİSİ)

Olay: On iki yaşındaki çocuğunuz siz söylemeden doğum günü partisinin ardından evi temizledi:

"Partiden sonra evi temizlemen çok düşünceli bir davranış." (ÖVGÜ)

"Her yeri temizlediğini görünce çok rahatladım, çünkü çok yorgundum ve o karışıklığı nasıl toparlayacağımı kara kara düşünüyordum." (OLUMLU BEN-İLETİSİ)

Olumlu Ben-iletisi gönderme alışkanlığınızı pekiştirmek için aşağıdaki alıştırmayı yapabilirsiniz. Sol sütunda övgü sözcükleri var. Her birini okuyun ve onların yerlerine, sağdaki sütuna çocuğunuzun davranışının sizde bıraktığı etkiyi bildiren Ben-iletilerini yazın. Size yardımcı olmak için iyi bir Ben-iletisi düzenlemenin formülünü veriyoruz: Çocuğunuzun davranışının sizde yarattığı duyguyu ve üzerinizde bıraktığı somut etkiyi belirtin. Önce verdiğimiz örneği okuyun:

Sen-iletisi	**Ben-iletisi**
1. Aferin sana. Kahvaltıdan sonra kirli tabaklarını bulaşık makinasına koymayı unutmadın.	1. Kahvaltıdan sonra kirli tabaklarını bulaşık makinasına koymak zorunda kalmayınca başka işlere zamanım arttı.
2. Hergün çöp dökme sorumluluğunu yerine getiriyorsun.	2.
3. Aklını kullandın, içki içileceğini bildiğin o partiye gitmedin.	3.
4. Tam bir hanımefendi gibi misafirlerin paltolarını asmalarına yardım ettin.	4.
5. Oyunda kaybedince sportmence davranıyorsun.	5.

Olumlu Ben-iletileri inanılır olmalıdır. Bu nedenle, o andaki gerçek duygularınızı dürüstçe iletmelisiniz. Doğal, gerçek ve gizli gündemsiz hazırlanan Ben-iletileri amaca uygun iletilerdir. "Doğal" derken önceden tasarlanmamış, hemen, o andaki duyguları iletmekten söz ediyorum. "Gerçek" sözcüğüyle anlatılmak istenen, sözlerinizin gerçek duygularınıza uymasıdır. "Güzel bir kartla doğum günümü hatırlamana çok sevindim." derseniz, size hediye alınmadığı için düşkırıklığına uğramadığınızı kesinlikle belirtmiş olursunuz. "Gizli gündemsiz" diyerek, gönderdiğiniz

Ben-iletisinin eğitmek, değerlendirmek ve çocuğun davranış değiştirmesini söylemek gibi bir amaç taşımaması gerektiğini söylüyorum. Aşağıda bunun örneklerini göreceksiniz:

"Bugün saçının biçimini her zaman taradığından daha çok beğendim."

"Ev işlerini düzenli yaptığını görmek beni çok mutlu ediyor."

"Değişiklik olsun diye yapmaya başladığın bir işi bitirmek için zaman ayırman hoşuma gidiyor."

"İşte bunlar seninle gerçekten gurur duymamı sağlayacak notlar."

Etkin Dinleme

Övgüye başka bir seçenek de çocuğun söylediklerini ve yaşadıklarını empatik anlama ve kabul ileten sözlü tepkidir. Önce kulağınızla dinler, sonra da ağzınızla anladığınızı kanıtlarsınız. Bir annenin övgü isteme etkisinden kurtulamamış çocuğunu etkin dinlemesine bir örnek verelim:

TOMMY: Odamı artık düzenli tutabiliyorum, değil mi?

ANNE: Galiba öyle olduğunu düşünüyorsun.

TOMMY: Evet, eskisinden biraz daha iyi.

ANNE: Birkaç fark söyleyebilir misin?

TOMMY: Evet, ama hâlâ çöp sepetini boşaltmayı unutuyorum.

ANNE: Sepeti boşaltmayı sevmediğin için hatırlamakta zorlanıyorsun.

TOMMY: Öyle oluyor. Hatırlamak için birşeyler yapmalıyım.

Yukarıdaki konuşmada Tommy'nin annesi çok özel bir tavır takındı. Değerlendirme yapmadı, oğlunu övmedi, soruna hiç bir biçimde karışmadı. Yalnızca işittiği Tommy'nin duygularını ona yansıttı: "İlerleme kaydettiğini düşünüyorsun." "Değişikliği kendin de görebilirsin." "O işi yapmak zor geldiği için hatırlamakta zorlanıyorsun." Böyle yapacağına, "Evet, gerçekten büyük bir gelişme görüyorum, Tommy. Seninle gurur duyuyorum." gibi bir tümceyle oğlunu övebilirdi. Ama o Tommy'i dinleyip onun duygularını anlamayı seçti. Oğlunun ne düşündüğünü öğrendi; eğer Tommy'yi övseydi konuşma daha başlarda bitiverirdi. Tommy'ye verdiği yanıtlar Etkin Dinleme dediğimiz özel yanıtlardır: Önce dinler sonra da duyduklarınızı kendi sözcüklerinizle "geri iletirsiniz". Etkin Dinleme'nin Tommy'yi çöp sepetini boşaltmasıyla ilgili sorununa çözüm bulmaya nasıl yönlendirdiğine dikkat edin.

Anne/baba Olumlu Ben-iletisi yerine Etkin Dinleme'yi neden yeğleyebilir? Çünkü Etkin Dinleme kullanmanın bazı önemli yararları vardır. Bunlardan biri Tommy'yle yapılan konuşmada gösterildi. Tommy'nin odasını düzenli tutmada gösterdiği çabayı annesinin farkedip farketmediğini sormasının ardından hemen kendi değerlendirmesini yaptığı dikkatinizi çekti mi? Annesi onu etkin dinleyerek sorunun gerçek sahibini değerlendirme odağı olarak tutmayı sürdürdü.

Bunun yararı nedir? Neden çocuk değerlendirme odağı olarak tutulur? Bunu yapmanın iki önemli yararı vardır: (1) Çocuğun kendi sorununa çözüm bulmasına kapı açılır; (2) Anne/baba çocuğun sorumluluk duygusunun gelişmesine olanak verir.

Çocukları denetlemek amacıyla ödül ya da övgü kullanmanın çözümlemesini özetlemek istiyorum. Ödül ve övgü kullanmak tehlike yaratır. Davranış mühendisliği konusunda uzman değilseniz, bu yöntem sizin için çok karmaşık ve zaman alıcıdır. Çocuklarınız niyetinizi anlayacak ve sizi bir sahtekâr olarak görecek. Çocuklarınızda görmek istemediğiniz başkasına bağımlı olma, kıskançlık gibi bazı davranışların onda yerleşmesini kolaylaştıracaksınız. Çocuklarınız sizi yargılayan ve değerlendiren bir kişi olarak tanıyacak, bu da onların sizinle kuracağı açık ve dürüst iletişimi engelleyecek; böylece çocuklarınızın kendi sorunlarını çözebilen, kendi kendilerini değerlendirebilen ve yönetebilen kişiler olmalarına yardımcı olma fırsatını kaçırmış olacaksınız.

Çocuklarınızın ara sıra gerçekten içinizi ısıtan, sizi çok mutlu eden bir davranışıyla ya da bir sözüyle karşılaştığınız zaman, onları yargılamadan ve değiştirmeye çalışmadan yalnızca o andaki duygularınızı açık yüreklilikle söylemenizin onların çok hoşuna gideceğini unutmayın. Çocuğunuzu denetleme niyetiniz olmadığı o zamanlarda, söyleyeceklerinizin onları gerçekten etkileyeceğini göreceksiniz. Bu tür iletiler önceden planlanamaz; doğal olarak dudaklarınızdan dökülüverir. Bunları söylerken kusursuz bir Ben-iletisi kurmasanız da olur.

"O elbisenin içinde sanki ışık saçıyorsun."

"Yaptığın resme bakmaya bayılıyorum."

"Ben alışverişteyken bulaşıkları yıkamışsın. Çok düşüncelisin."

"Arasıra yaptığın incelikler beni çok sevindiriyor."

"Saçlarının bu kesimi sana çok yakışmış."

Arada sırada söyleyiverdiğimiz planlanmamış bu övgü tümceleri için başka bir terim bulmamız gerekiyor.

dört

Cezanın Tehlikeleri ve Yetersizlikleri

Behind Closed Doors: Violence in the American Family (Straus, Gelles, Steinmetz, 1980) adlı konusunda bir dönüm noktası olan kitapta yazarlar, görüştükleri anababaların yüzde 84-97'sinin çocuklarını dövdüklerini söylüyorlar. Anneler ortalama iki ayda bir bu eylemi yineledik, itiraf etmişler. Demek ki, dayak Amerikalı ailelerde sıkça kullanılıyor.

Fiziksel cezanın kullanılma oranının yüksekliği ödüllerin etkisizliğini doğruluyor. Evlerin çoğunda anababalar istenilen davranışın ödüllendirilmesinin işe yaramadığını görünce, ondan vazgeçip istenilmeyen davranışları cezalandırmaya başlıyorlar.

Fiziksel cezanın yanısıra odaya kapatma, akşam yemeği vermeden yatırma, yaptığı yaramazlığı telafi etmek için fazladan çalıştırma, en sevdiği oyuncakla oynamasını ya da bisikletine binmesini yasaklama, zorla yemek yedirme, sevmediği yemeği bitirinceye kadar masadan kalkmasına izin vermeme, arkadaşlarının önünde çocuğu aşağılama, küçük düşürücü sıfatlar kullanma, bağırıp çağırma, yok sayma gibi başka tür cezaları kaç anababanın kullandığını bilmiyoruz, yalnızca tahmin edebiliyoruz. Anababaların yüzde yüzüne yakınının, çocukları denetim altında tutabilmek için cezanın herhangi bir türünü ilk yöntem olarak kullandığından eminim. Beni dinlemeye gelen anababalara kaçının çocuklarına hiç ceza vermediğini sorduğumda en fazla bir kaç el kalkar.

Araştırmalar ABD'deki 1976 yılında dayak yiyen bir buçuk milyon öğrenci sayısının 1982 yılında 792.556'ya düştüğünü gösteriyor. Dayak yiyenlerin ülke ortalaması yaklaşık yüzde 3,5'dur (Maurer, 1984). Okullardaki durumun evlerden pek farklı olmadığı görülüyor. Ancak, bu sayıya kayıtlara geçmeyen başka saldırıları da eklemeliyiz: Sarsma, itekleme, tekmeleme, fırlatma, ağzını sağlığa zararlı maddelerle yıkama, tuvalete gitmesine izin vermeme, çocuğu kasıtlı olarak suç işlemeye kışkırtma, arkadaşlarının çocuğa kötü davranmalarına göz yumma, sıraya bağlama, ağzını bantlama, teneffüslerde ya da öğle tatilinde dışarı çıkmasını yasaklama, sınıfın bir köşesinde saatlerce ayakta tutma.

Okullarda küfretme, azarlama, yeteneksizliği ya da görünüşüyle ilgili onur kırıcı sözler söyleme, alay etme, aşağılama, yardıma gereksinimi olan çocuğu görmezden gelme, bir kişinin davranışı nedeniyle tüm sınıfı cezalandırma, bir çocuğu günah keçisi yapma gibi cezalar da uygulanmaktadır.

Anababaların ve öğretmenlerin çocukları cezalandırmak için kullanabilecekleri sayısız yol var. Sık sık kullanıldığı açıkça görülen bu yolların etkileri acaba ne kadardır?

Cezada psikologların "görünüm geçerliliği" adını verdikleri bir durum vardır; yani ceza görünüşte işe yarar gibidir. Bir süpermarkette anne/babasının poposuna attığı bir tokatın hemen ardından çocuğun istenmeyen davranıştan vazgeçtiğini herkes görmüştür. Sınıf içinde de öğretmenin cezalandırma tehdidiyle çocukların yaramazlığı, bir süre için bile olsa engellenebilir. Bu nedenle cezalandırmayla tehdit etme ya da cezalandırma, çocukların davranışlarını bir süre için değiştirir. Ne var ki, cezanın işe yaraması ve etkisini kaybetmemesi için bazı özel koşulların varolması gerekir. Ancak anababaların ve öğretmenlerin bu koşulları yerine getirmeleri sanıldığı kadar kolay değildir.

CEZANIN ETKİLİ OLMASI İÇİN UZMANLIK GEREKİR

Çocukları denetlemede etkili olabilmesi için ceza uygulanması uzmanlık gerektirir. Anababaların ve öğretmenlerin bu yüksek teknolojik yöntemi kullanmada uzman olabilmeleri için gereken eğitimi almadıkları biliniyor. Bu nedenle, verdikleri cezanın etkili olma şansı yok. Psikiyatrların ruhsal dengesi bozuk, akıl hastalığı olan gençlere yardımcı olabilmek amacıyla acı verici yöntemleri başarıyla kullandıkları doğrudur. Ama bu yöntem aşağıdaki koşullara her zaman uyulduğu laboratuvar benzeri bir ortam ve sürekli denetim gerektirir. Koşullar şunlardır:

1. Bir kez cezalandırılan davranış her zaman cezalandırılmalıdır.

2. Ceza istenmeyen davranışın hemen ardından verilmelidir.

3. Ceza başka çocukların yanında verilmemelidir. (Verilirse, çocuk utanabilir ve cezayı verene karşı saldırgan davranabilir.)

4. Cezalandırılan davranış hiçbir zaman ödüllendirilmemelidir.

5. Çocuklar çok şiddetli ve çok sık cezalandırılmamalıdır. (Şiddetli cezaya çarptırılan çocuklar içe kapanır. Denemekten vazgeçer, okulu terkeder, evden kaçar, takımdan ayrılır, alkol ya da uyuşturucuya sığınır.)

Bunlar hem evde anababalar hem de okulda öğretmenler için uyulması kolay ilkeler değildir.

Birinci ilkeyi ele alalım: *Bir kez cezalandırmışsanız her zaman cezalandırın.* Öğretmenlerin çoğu bu ilkeyi her gün çiğner. Hangi öğretmen arkadaşıyla fısıldaşan her öğrenciyi cezalandırabilir? Cezalandırdı diyelim, öğretime zamanı kalır mı? Tanıdığım öğretmenlerin çoğu kendilerini iyi hissettikleri günler de çocukların yaramazlıklarını görmezden gelirken, sinirli oldukları günlerde aynı davranışları cezalandırıyorlar. Tutarlı değiller, öğretmenlerin çoğu böyle; çünkü onlar insan!

İkinci ilkeyi düşünelim: *Cezayı davranışın hemen ardından verin.* Davranış değiştirme alanında uzman sayılan psikologlar cezanın en etkili olduğu anın, istenmeyen davranışın hemen ardındaki zaman dilimi olduğunda birleşiyorlar. Cezalandırmadaki gecikme etkisini azaltır (Azrin ve Holz, 1966). Ceza üzerine yapılmış altmıştan fazla araştırmayı gözden geçiren psikolog Anthony Bongiovanni okullardaki öğrencilere ceza verilmesiyle ilgili şunları söylüyor:

> Öğretmenlerin, istenmeyen bir davranış olur olmaz üzerine atlamaya hazır beklemesi gerekecek. Böyle bir becerinin sınıf çalışmasını nasıl etkileyeceğini insan merak ediyor doğrusu? ... Okullarda uygulanan şiddetli cezayla ilgili yapılan bir araştırma cezanın davranışta kalıcı bir değişiklik yaratmada etkisiz olduğunu, öğrenciye ve cezayı veren kişiye zararlı olduğunu, maksimum etki için gerekli denetimlerin ışığında hiç de pratik olmadığını gösteriyor. ... Güce dayalı cezanın, zaman aldığı ve eğitimin amaçlarına ters düştüğünü de ortaya çıkarıyor. (Bongiovanni, 1977)

Sınıfın penceresinden dışarı bakan bir öğretmen, arkadaşını döven bir öğrenciyi görürse ne yapmalıdır? Uzmanlara göre, öğrenciyi cezalandırmak için dışarı çıktığında ikinci ilkeye göre çok geç kalmış olacak. Ama öğretmen bir iki saniyede çocuğun yanına ulaşabilecek kadar hızlı bir koşucu olsa bile, onu arkadaşlarının yanında cezalandırması gerekecek ki, bu da üç numaralı ilkeye yani, *başkalarının önünde çocuğu cezalandırmayın*, ilkesine ters düşecek.

Dördüncü ilkeyi düşünelim: *Daha önce cezalandırılmış davranışı hiç ödüllendirmeyin*. Ceza vermede tutarlı olmanın zorluğuna değinmiştim. Cezayı uygulayan iki ayrı kişinin de birbiriyle tutarlı olması zordur. Şu örneğe bir bakalım: Anne caddede kay kay yapan yedi yaşındaki Larry'yi cezalandırır. Üç gün sonra Larry caddede babasına kay kayıyla yaptığı cambazlıkları gösterir. Babası oğluyla gururlanır ve, "Bunlar senin yaşındaki bir çocuğun yapamayacağı kadar zor numaralar." der. Larry aynı davranışı için hem cezasını hem de ödülünü almıştır. Böylece dördüncü ilke çiğnenmiş olur.

Okulda da çocuğun çeşitli öğretmenleri arasında davranış tutarsızlıkları çok yaygındır. Her öğrenci hangi öğretmenin sert hangi öğretmenin hoşgörülü olduğunu kısa zamanda öğrenir. Sınıfın birinde cezalandırılan bir davranış başka bir sınıfta ödüllendirilebilir. Bu tutarsızlık uzun vadede cezanın etkisini önemli ölçüde zayıflatır.

Beşinci ilke: *Çok sık ve şiddetli verilen ceza, çocuğun içine kapanmasına neden olur*. Psikologlar yaptıkları öğrenme deneylerinde denek olarak kullandıkları farelere karmaşık bir labirentte yollarını bulmalarını öğretirken, fareler her defasında yolun sonuna geldiklerinde ödüllendirilirler. Birkaç yıl önce, meraklı bir psikolog, farelerin öğrenme zamanlarını kısaltabilmek düşüncesiyle ödül yerine ceza vermeyi denedi. Bunun için labirentteki çıkmaz yolların girişine elektrik akımı olan ızgaralar yerleştirdi. Yanlış yollara yönelen farelere hafif elektrik akımı verdi. Yeni koşullarda fareler ödüllendirilenlere kıyasla yollarını daha çabuk öğrendiler. Bu sonuç, deneyi yapan psikoloğa akımın şiddetini artırarak öğrenme zamanını daha kısaltabileceğini düşündürdü.

Ne var ki, sonuç hiç de beklediği gibi olmadı. Şiddetle cezalandırılan fareler denemekten vazgeçtiler. Acı veren cezaya maruz kalmamak için labirentin çeşitli yerlerinde yan gelip yattılar. Köpekler de aynı davranışı sergiler. Şiddetle cezalandırılan köpek ya bir yere gizlenir ya da kaçıp gider. Çocuklar ve gençlerde de durum farklı değildir. Çok sık ve şiddetli cezalandırılırlarsa, kaçış yolları ararlar. Yeteri kadar büyüdüklerinde evden kaçarlar. Öğretmenlerinin cezalarına ya da azarlarına, arkadaşlarının alaylarına dayanamayan ve zayıf not almak istemeyen öğrenciler denemekten vazgeçer ve okulu bırakırlar. Bazen kaçış alkol ya da uyuşturucu bağımlılığına kadar uzanabilir.

"ŞİDDETLİ OLMAYAN CEZA KABUL EDİLEBİLİR"

Çocukları cezalandırmadan yana olanlar verdikleri cezanın yumuşak ve sevgi dolu olduğunu, şiddetli cezanın zalimlik ve insanlık dışı bir davranış olduğunu söylerler. Bu sözler cezayı savunanlara sertliklerinde yumuşak bir görünüm olduğu düşüncesini yerleştirir. Böyle bir yaklaşımın ne kadar akılcı olduğu sorusunu sormak yerinde olmaz mı?

Her şeyden önce, araştırmacılar yumuşak cezanın caydırıcılığının olmadığını görmüşlerdir. Çocuğa hafif ceza uygulayan her anne/baba ya da öğretmen çocuğun hiçbir şey olmamış gibi aynı davranışı yinelediğini öfkeyle izlemişlerdir. Şu örneğe bir bakalım: Laurie erkek kardeşinin oyuncak kamyonunu elinden çekip alınca, annesi eline vurur ve oyuncağı Laurie'den alıp kardeşine verir. Laurie şaşırır, ama annesinin yüzüne suçlu suçlu bakıp sırıtarak oyuncağı yine kardeşinin elinden alır.

Bu olayda Laurie'nin eline vurulan tokat, onu oyuncağı alma isteğinden vazgeçirecek kadar güçlü değildir. Bu durum annede bir kararsızlık yaratır: Ya Laurie'yi oyuncağı almaktan vazgeçirmek için onu daha şiddetli cezalandıracak ya da Laurie'nin oyuncak kamyonu almasını görmezden gelip bebeğe başka bir oyuncak verecektir. İkinci çözüm bebeği yatıştırır, ama Laurie'ye de küçük bir bedel karşılığında istediğini yapabileceğini öğretir.

Laurie'nin annesi burada daha sonraki bölümlerde göstereceğim iki seçeneği kullanabilir. Laurie'le Ben-iletisi göndererek yüzleşebilir ("Oyuncak kamyonu elinden alınınca Jimmy'nin nasıl mutsuz olduğunu hissedebiliyorum."); Laurie ve Jimmy arasındaki sorunu çocukların çözmelerine yardımcı olabilir (VII. Bölüm'de anlatılan Kaybeden-yok Yöntemi).

Psikologlar Laurie'nin kardeşinin elindeki oyuncağı çekip almasının hafifçe cezalandırılmasıyla aslında ödüllendirildiğini söylerler; çünkü annesinin dikkatini üzerine çekerek ödülünü almıştır. Öğretmenler sınıflarda her gün benzer durumlarla karşılaşırlar. Aşağıdaki olay buna iyi bir örnektir:

Steve sınıfın köşesindeki kâğıt sepetinin başında yepyeni kalemini kalemtıraşıyla gürültülü bir biçimde aça aça minicik bırakır. Bu arada öğretmenini öfkelendirirken, arkadaşlarını eğlendirir. Öğretmen sertçe yerine geçmesini, yoksa dersten sonra okulda cezaya kalacağını söyler. Steve hiç istifini bozmadan açılması gereken bir kaleminin daha olduğunu söyleyerek kalem açmayı sürdürür. Arkadaşlarının daha çok gülüşmelerine neden olur.

Öğretmenin dersten sonra onu okulda cezaya bırakacağı tehdidini yinelemesi bile, onu yaptığından caydırıcı güçte değildir; çünkü aynı davranış için arkadaşlarından doyurucu bir ödül almıştır. Steve için verilecek ceza işlediği suça değerdi. Bu, çocuklar arasında hafif cezalara verilen yaygın bir tepkidir.

Psikolog Thomas Power ve öğrencisi M. Lynn Chapieski'nin 1986 yılında yaptıkları bir çalışma, hafif cezaların beklenen sonuca ulaşılmada etkisiz kaldığını göstermiştir. Çalışma sırasında anneleriyle oynayan on dört aylık on altı çocuk gözlendi. Çocukların ellerine aldıkları her objeyi anneleri geri almaya çalıştı. Çocuk objeyi alır almaz eline hafifçe vurulması ya da onu elinden alma çabaları başarılı olmadı. Cezalandırılan bebeklerin bu kez kırılabilecek objeleri ellerine aldıkları ve engellemelere uymadıkları görüldü. Yedi ay sonra aynı bebeklerin gelişimini ölçen bir test uygulandı. Cezalandırılan bebekler disipline sokulmaya çalışılmayanlara göre daha başarısız oldular. Araştırmacıların dediklerine göre, "Cezalandırılan bebekler görme/algılama ve sorun çözme yeteneklerini geliştirecek alıştırmaları daha az yapıyorlar."

CEZAYI ŞİDDETLENDİRMENİN TEHLİKELERİ

Her anababa ya da öğretmen verdiği ilk hafif cezanın işe yaramadığını görünce bir sonrasını daha şiddetli vermek ister. "İtaatsizlik" ya da "inatçılık" gibi görülen kızgın tepki karşısında ceza daha da şiddetlendirilir. O da işe yaramazsa, daha şiddetlisine başvurulacaktır. Artık tehlike büyümekte ve "çocuk istismarı alanı"na yaklaşılmaktadır.

Anababalar ve okul çalışanları disipline sokmak için çocuklara acı veren cezalar uygulayabiliyorlar. *Behind Closed Doors* yazarlarının yaptığı bir çalışmaya göre her yıl yüz çocuktan dördü anababalarının kendilerine uyguladıkları ceza nedeniyle yaralanma tehlikesi içinde yaşıyor. Çocukları tekmeleyerek, ısırarak, yumruklayarak, yakarak, döverek, bıçak ya da silahla cezalandırıyorlar (Straus, Gelles, Steinmetz, 1980).

Şok edici istatistik bilgilerine göre araştırmanın yapıldığı yıl 1.4 ile 1.9 milyon arasındaki çocuk anababalarından fiziksel ceza görmektedir. Daha da kötüsü, yukarıda adı geçen cezalandırma düzenli bir biçimde ve sık sık yinelenmektedir.

Şikago'da kurulmuş Çocuk İstismarını Önleme Ulusal Komisyonu'nun yayınladığı istatistikler de ABD'de çocuk istismarının ne kadar yaygın olduğunu göstermektedir:

- 1987 yılında 2.25 milyon olay olduğu tahmin edilmektedir. Olayların çoğu bildirilmediği için sayı daha da yüksek olabilir.
- 1986 yılında 1.200 çocuk istismardan ölmüştür.
- Her iki dakikada bir, bir çocuk annesi, babası ya da ikisi tarafından dövülmektedir.

Tıp doktoru Lesli Taylor ve Dr. Adah Maurer *Think Twice: The Medical Effect of Physical Punishment** adlı insanı dehşete düşüren kitapçıklarında fiziksel cezanın neden olabileceği yaralamaları belgeleriyle gösteriyorlar:

Başa alınan darbelerden: Kanama, beyin travması, beyinde hasar, kafatasında çatlak, kulak yırtılması, retinada kanama, beyin fonksiyonlarının yitirilmesi.

Sarsılmadan: Omur kırıkları, beyinde hasar.

Karın ve göğüs bölgesine alınan darbelerden: Akciğer lezyonu, darbe sonucu solunum yetersizliği, kaburgalarda kırıklar, iç organlarda aşırı kanama, karaciğerde yırtılma, dalak patlaması, mide ya da kalın barsakta fıtık, on iki parmak barsağında kanama, pankreas iltihabı, mesanede kanama.

Dayaklardan: Kırıklar, eklem çıkıkları, çürükler, kuyruk sokumunda ve kalça kemiğinde zedelenme ve kırık, siyatik sinirinde zedelenme, bacaklarda felç, üreme organlarında yaralanma.

---

*) **"Durup Bir Kez Düşünün: Fiziksel Cezanın Sağlığa Etkisi"** diye Türkçeleştirilebilir. ÇN.

Düşüncemi doğrulayacak bir araştırmaya şimdiye kadar rastlamadım ama, anababaların bu derece şiddetli bir ceza uygulamadan önce çocuklara hafif cezalar verdiklerini düşünüyorum. Verdikleri hafif cezaların çocuklara boyun eğdirmediğini gören anababalar, öfkeyle onları yaralayabilecek şiddette cezalara yöneliyorlar. Şiddet kullanmalarına şu sözlerle mazeret bulduklarını sanan anababalar da var:

"İplerin kimin elinde olduğunu onlara gösterdim."

"Yaptığının yanına kâr kalacağını düşünmesini istemedik."

"Savaşı kazanmasına izin vermemeye kararlıyız."

"Disiplinin işe yaraması için onu erken yaşlarda disipline sokmaya başladık."

Zincirleme olaylar çocuk istismarına kadar gider. Çocuklara karşı kullanılan bu insanlık dışı cezalandırma çoğunlukla disiplin adına yapılır ve "anababanın otoritesine" saygı gösterilmeli, çocuklar anababalarına boyun eğmeli, anababalar "kaybetmemeli" gibi inanışlarla disiplin uygulamaları haklı gösterilir.

A. Kadushin ve J. Martin'in yazdığı *Child Abuse: An Interactional Event*[*] adlı kitapta çocuk istismarının eksiksiz ve bilimsel çözümlemelerinden biri yapılır ve bu anababaların davranış ve kişisel özelliklerinin bir özeti verilir:

Çocuk istismarı yapan anababalar, çocuklarının bireyselliklerine ve duygularına empatik yaklaşmadan, onların davranışlarıyla ilgili değişmez beklentileri olan sert disiplinli kişilerdir. Onlara göre anne/baba, çocuğun "sahibi", onu istediği kalıba sokmakla sorumlu ve onun iyiliği için kendince doğru kararları vermeye hakkı olan bir kişidir. ... Bu tür anababalar küçücük

---

[*] **"Çocuk İstismarı: Etkileşimsel Bir Olay"** diye Türkçeleştirilebilir. ÇN.

bir bebeğin davranışını bile kasıtlı olarak kendilerine itaatsizlik gibi algılarlar. O zaman kullandıkları sert disiplini haklı görürler. (Kadushin ve Martin, 1981)

Okullarda da, hafif cezalar öğrenciyi yaptığı yaramazlıktan caydırmayınca, daha şiddetli cezalar uygulanır. Bunlar Kaliforniya Berkeley'de yayımlanan *Newsletter of the Committee to End Violence Against the Next Generation*'da* anlatılmıştır. Anlatılanlardan bazı örnekler:

Pittsburgh'un "en iyi" ilkokullarının birinde iddiaya göre yedinci sınıftan bir öğrenci yanındaki arkadaşına bir şeyler fısıldıyor. Bunu gören öğretmen öfkeden çıldırıyor ve çocuğu boynundan kavradığı gibi duvara çarpıyor.

Vermont'ta altıncı sınıftan bir öğrenci arkadaşına vurduğu gerekçesiyle okul müdürü tarafından dövülüyor. Müdür çocuğu yumruklayarak onu oturduğu sıradan yere düşürüyor. Daha sonra karnını, sırtını ve bacaklarını tekmeliyor. Saçlarından çekiyor. Çocuğun her tarafı çürüyor.

Missouri'de, sigara içerken yakalanan üç öğrenciye ya dayak ya da sigaraları yeme seçeneği veriliyor. Öğrencilerden ikisi sigarayı yemeği yeğliyor ve sonucunda üç gün hastanede yatıyorlar. Yediği tütün birinin ülserine dokunuyor ve durumu kötüleşiyor.

Okullarda yaygın bir uygulama olan öğrenciyi okuldan uzaklaştırma cezasının da potansiyel tehlikeleri vardır. Okuldan uzaklaştırılan öğrenciyi çoğu zaman bir de anababası döverek cezalandırır. Bunun yanısıra kendilerine

---

*) **"Genç Kuşağa Karşı Şiddeti Sonlandırma Komitesinin Bülteni"** diye Türkçeleştirilebilir. ÇN.

güvenlerini ve benlik saygılarını yitirirler; derslerinden geri kalırlar; okula yabancılaşırlar. Şiddetli cezaların tümü zararlıdır.

KEDİ ORTADAN YOK OLUNCA...

Cezanın (ya da cezalandırmakla tehdit etmenin) çocukları bazı davranışları yapmaktan alıkoyduğu zamanlar vardır. Ancak bu caydırıcılık, cezayı veren kişinin çocuğun yanında bulunduğu sürece devam eder. Cezayı veren anababa ya da öğretmen oradan ayrılır ayrılmaz, davranış belki de eskisinden daha sık ya da daha olumsuz yönde yinelenir. Bu olgu sınıflarımızda çok yaygındır. Yapılan araştırmalardaki anababaların ve öğretmenlerin anlattıkları, söylediklerimi doğrular.

Iowa üniversitesinden Ronalt Lippitt ve Robert White'ın yaptığı klasik bir çalışma, otoriter liderlerin yönettiği bir kulüpte çocukların, demokratik liderleri olan çocuklara kıyasla daha saldırgan ve çevreye zarar verici davranışlar sergilediklerini göstermiştir. Demokratik liderlerin başkanlığındaki çocuklar, liderleri odadan ayrılmadan önce başladıkları etkinliklerini yalnız kaldıklarında da sürdürme eğilimi göstermişlerdir. Öte yandan otoriter liderlerin yönetimindeki çocuklar denetimsiz kalır kalmaz yasaklanan davranışlarına geri dönmüşlerdir (Lippitt ve White, 1943). Yapılan deneylerin filmlerini izlediğimde iki grup çocuk arasındaki çarpıcı farkı görünce çok etkilenmiştim.

Yetişkinlerin dıştan denetimi, çocuklara kendi kendilerini denetleme becerisini öğretmenin en kötü yoludur. Ceza çocukların kendilerini disipline sokmalarını sağlamaz.

CEZA SALDIRGANLIĞI ARTIRIR

Cezanın çocukların saldırgan davranışlarını değiştireceğine ilişkin geleneksel "sağduyu" inanışının tam tersine, güce dayalı cezanın aslında çocuklarda saldırganlığa neden olduğu kanıtlanmıştır.

Çocuğu cezalandırma onun gereksinimlerini karşılamasını engeller. Engellenmeye gösterilen tepki de saldırganlıktır. Psikologlar ikisi arasındaki ilişkiyi yıllar önce bulmuşlar. Önce hayvanları sonra da çocukları ve yetişkinleri kullanarak laboratuvar deneyleri düzenlemişler. Bu deneylerde, deneklerin çok gereksinim duydukları şeyleri (yiyecek, oyuncak v.b.) elde etmelerine izin verilmemiş. Engellenen denekler karşılarındaki kişilere karşı saldırgan davranışlarda bulunmuşlar. Bu deneylerin sonucunda psikologlar "engellenme-saldırganlık" kuramını geliştirmişler (Dollard ve ark., 1939). Bu kuram günümüzde sosyal bilimciler tarafından bazı saldırgan davranışların tanımlamasında kullanılmaktadır.

Günlük yaşamımızda engellenme-saldırganlık kuramının örneklerini çok sık görebiliriz: Maçı kaybeden tenis oyuncusu elindeki raketi yere fırlatır; çocuk oyuncağını alan arkadaşına vurur; baba dinlenirken kendisini rahatsız eden çocuğunu tokatlar; otomobili kullanmasına izin verilmeyen genç kapıyı çarparak evden çıkar; tartışan karı-koca tabakları yere fırlatır.

Cezanın sık kullanıldığı ailelerde hiperagresif ve hiperaktif çocuklar yetişir. Bundan da anlaşılacağı gibi ceza saldırgan davranışları engellemez, artırır. Burada bir kısır döngü vardır: Saldırgan davranış cezalandırılır; ceza daha saldırgan bir davranışa neden olur; daha saldırgan bir davranış daha sert bir ceza gerektirir; daha...

Ceza çocuklardaki saldırganlığı artırdığı gibi onlara model de oluşturur. Yetişkinlerin yaptıklarını taklit ederek öğrenen çocuklar, onların cezalandırmalarından aşağıdaki dersleri alırlar:

İnsan ilişkilerinde güç kullanma ve şiddet uygun ve kabul edilebilir bir davranıştır.

Güçlülerin yaptıkları doğrudur.

Sevdiğimiz kişilere şiddet uygulayabiliriz.

İstediğini elde edemezsen, onun için mücadele etmelisin.

Çatışmaları büyükler ve güçlüler kazanır.

Anababaların güç kullanması gençlere, ev içinde ve dışında kendilerinin de güç kullanabileceğini öğretir. İnsanlarla ilişkilerinde güç kullanmanın kabul gördüğünü onlara aşılayarak canlı bir yaşam deneyimi verir. Böylece her kuşak, ailelerinde yaşadıkları şiddeti model alarak onu öğrenir.

Behind Closed Doors: Violence in the American Family kitabının yazarlarının (Straus, Gelles ve Steinmetz, 1980) yönettiği ülke çapında yapılan bir anketten aşağıdaki bulgular elde edilmiştir:

Ergenlik dönemlerinde dayak yiyen erkeklerin dayak yemeyenlere kıyasla eşlerini dövme oranları dört kat daha fazladır.

Çocukken dövülmüş kocalar dövülmeyenlere oranla eşlerini yüzde 600 daha çok dövüyorlar.

Şiddet kullanılan evlerde büyüyen dört anababadan birinin çocuğunu yaralama tehlikesi var.

Anababalarının dövmediği çocukların yalnızca yüzde yirmisi kardeşlerine karşı saldırgan davranırken, anababalarından dayak yiyenlerin yüzde yüzü kardeşlerine kötü davranıyor.

Fiziksel ceza kullanmanın gülünçlüğünü hiçbir şey birkaç yıl önce The New Yorker dergisinde gördüğüm karikatür kadar açıkça anlatamazdı: Baba küçük oğlunu dizlerine yatırmış poposunu pataklarken bir yandan da söyleniyordu, "Kardeşine bir daha vuracak mısın?"

CEZALAR DA TÜKENİR

Çocuklar gençlik çağına ulaşırken onları cezayla denetimleri altında tutan yetişkinler de yavaş yavaş güçlerini kaybederler. Anababaları kadar güçlü olmaya başladıkça, çocuklara karşı kullanılacak cezanın her türü anlamsız olacaktır; çünkü kullandıkları şiddete karşı şiddetle karşılaşacaklardır. Lise öğretmenlerinin de etkili cezaları tükendiği için elleri boş kalır.

Karşı şiddetle karşılaşma olasılığı çok açıktır, ama anababaların çoğu, çocukları iyice büyüdükten sonra bile onları cezalandırmaya çalışırlar. On beş ile on yedi yaşları arasındaki gençlerin yaklaşık üçte biri anababalarından dayak yiyorlar. Bu ailelerin çoğunda çifte standart uygulandığını düşünüyorum; çünkü anababalar çocuklarını dövmekte kendilerini özgür görüyorlar, ama çocukların anababalarını dövemeyeceğini söyleyen kurallara uyacaklarına da safça güveniyorlar.

Çocuklar onlu yaşlarına girince şiddet kullanmayan cezalar bile etkilerini yitirir. Kabul edemediğiniz bir davranışı için kızınızın otomobilinizi kullanmasına izin vermezseniz, o çıkar ya arkadaşının arabasına biner ya da otostop yapar. Oğlunuza bir hafta odasından çıkmama cezası verirseniz, geceleri odasından sessizce kaçtığını keşfedersiniz. Kızınıza beğenmediğiniz o gençle arkadaşlık yapmamasını yoksa onu cezalandıracağınızı söylerseniz, onunla gizlice buluşacaktır, belki eskisinden de sık.

Olayların neden böyle geliştiğini anlamanın tek yolu cezanın işe yaraması için gereken koşulları anımsamaktır. Birinci koşul, cezanın caydırıcı olabilmesi için çocuğa acı verecek şiddette olmasıydı. Ama çocuklar ergenlik çağına ulaştıklarında anababaların ellerinde onlara acı verecek cezaları kalmaz. İkincisi, cezalandırılmamak için çocuğun yetişkinden kaçamamasıydı. Ergenlik çağına girmiş gençler bu işten kolayca sıyrılabilirler. EAE sınıfındaki bir annenin, "On altı yaşındaki oğlumu sigaradan vazgeçirmenin tek yolu onu yatağına zincirlemek." diyerek onun karşısındaki güçsüzlüğünü itiraf edişini anımsıyorum. Bu anne, sonunda, pek çok anababanın önemsemediği gerçekle yüzleşiyordu. Çocuklar anababalarının sürekli denetimlerinden kaçacak yaşa geldiklerinde, anababalar çok güvendikleri güçlerini büyük ölçüde yitirirler.

Anababaların bu gerçeği anlamamaları kendilerini ve çocuklarını trajik sonlara götürür. Çocukların yetişme çağında evlerde yaşanan stres ve gerginliğin en önemli nedeninin, anababaların artık hiç güçlerinin kalmadığı zamanlarda bile çocuklarına karşı güç otoritelerini kullanmaya çalışmaları olduğuna kuvvetle inanıyorum. Çocuklarını etkileyemediklerinde, "Neler oluyor? Neden disiplin artık işe yaramıyor?" diye sorarlar. Güçsüzlüklerinin onları etkisiz bıraktığının farkına varamazlar. Çocukları küçükken onları denetimleri altında tutabilmek için sürekli güç kullanmalarının sonucunda çocuklarını nasıl etkileyebileceklerini hiçbir zaman öğrenemezler. Çocuklar büyüyünce sert disipline karşı çıkar ve dilediklerini yaparlar. Bu dönemde de anababalar çok hoşgörülü olmakla suçlanırlar. Aslında onlar hiç de hoşgörülü değillerdir; onlar güçlerini yitirmiş otoriter anababalardır.

Okullarda öğretmenler de güçlerini yitirirler. Ortaokuldan başlayarak, gençler güce dayalı disipline karşı çıkar ya da onu önemsemezler. Öğretmenlerin elinde dersten sonra çocuğu okulda alıkoymak, müdüre şikayet etmek gibi caydırıcılığı olmayan etkisiz cezalar kalır.

GÜCÜ KULLANANIN ÖDEMESİ GEREKEN BİR BEDEL VARDIR

Güç kullanılarak eli ayağı bağlanan yalnızca denetlenen kişi değildir; denetleyen de güç kullanmasının bedelini öder. Lord Acton'ın söylediği gibi "Güç çöküştür, mutlak güç mutlak çöküştür." Buradaki çöküş elbetteki gücü kullananın çöküşüdür.

Dünyayı denetimleri altında tutanlar, denetim altında tuttukları kişilerin tehdidini sürekli olarak hissederler. Tarihteki otoriter rejimlerde görüldüğü gibi, bir yerde "baskı ile yönetim" bir norm ise, orada fikir ayrılığı ve isyan kaçınılmazdır. Fikir ayrılığı bastırılırsa, bir süre yatışır, sonra yeraltına iner ve daha sonra isyan biçiminde patlar. Bu bakımdan gücün doğasında değişkenlik vardır. Marilyn French'in *Beyond Power** adlı kitabında dediği gibi:

> Dünyaya hükmedenler rahat yüzü görmezler. ... Sürekli tedirgindirler... Köleyi iş başında tutmak için başında durmalısınız ya da başına bir sorumlu kişi getirmelisiniz. Sonra köle ve köleden sorumlu kişinin işbirliğini önlemek için bir gözetmen atamalısınız. Daha sonra da üçünün işbirliği yapmaması için... Hükmeden kişi için güvenli bir yer yoktur; ne güvenliği ne rahatı ne de huzuru vardır. Başkalarını denetlemek için duyduğu şiddetli dürtü ters teper ve onu tuzağına düşürür. ... (French, 1985)

Başkalarını denetim altında tutmak için güç kullanmak zaman alır, pahalıdır ve işleyip işlemediğinden emin olmak için can sıkıcı eylemler gerektirir. Baskı ilk bakışta evlerde ve okullarda zaman almıyormuş gibi görülebilir. Ama anababalar ve öğretmenler yapılmasını istedikleri şeylere karşı bir direnmeyle karşılaşırlar. Aynı zamanda denetledikleri çocukların, kurallarına boyun eğdiklerinden emin olmak için yaptıklarını yönlendirmeleri ve daha sonra da boyun eğmeyenlerle ilgilenmeleri gerekecektir. Kurallar koyup tek yanlı kararlar almak fazla zaman gerektirmez, ama bunlara uyulup uyulmadığının denetlenmesi sanıldığından da çok zaman alır. Uzun yıllar danışmanlığını yaptığım bir şirketin başkanı bu konuda şunları söylemişti:

---

*) **"Gücün Sonu"** diye Türkçeleştirilebilir. ÇN.

Çatışmaları çözerken güç kullandığım zamanlar hemen kararlar verebildiğim için kendimle övünürdüm. Asıl sorunum aldığım kararları uygulatmak için harcadığım zamandı; çünkü karşılaştığım direnci yenebilmek için, kararları alırken harcadığım zamanın neredeyse on katını harcıyordum.

Alınan bir kararda payı olmayan kişinin o kararı uygulamak için motivasyonu düşüktür. Denetleyen kişinin aldığı kararı denetlediği kişiye kabul ettirmesi hem zor hem de zaman alıcıdır. Bunun en etkili örnekleri okullarda görülür. Öğretmenler ders sırasında zamanlarının yüzde yetmiş beşini öğrencilere kendi kurallarını ya da yönetimin kurallarını zorla kabul ettirmek için harcarlar.

Güç kullanan liderlerin ödemeleri gereken başka bir bedel de çalışanlarıyla yabancılaşmalarıdır. İlişkileri kötüleştiren iki faktör vardır. Birinci faktör, insanların korktukları kişilere karşı sıcak duygular beslememeleridir. İkincisi, baskıcı liderlerin özellikle çalışanlarıyla yakın ilişkiler kurmaktan kaçınmalarıdır; çünkü çalışanlar arasında gözdeleri olduğunun sanılmasını istemezler. Otoriter liderlerin kendilerini tepelerde yapayalnız hissetmelerine şaşmamalı. Aynı yalnızlığı anababaların ve öğretmenlerin de yaşamaması için bir neden göremiyorum.

Otoriter liderlerin işlerinin çok stresli olduğu ve bunun da sağlıklarına zarar verdiği kabul edilir. Denetleyen bir kişi olmanın bedeli çoğunlukla yüksek tansiyon, ülser, kalple ilgili sorunlar, uykusuzluk ve aşırı alkol kullanmaktır. Gücün, gücü kullanan kişiyi "hasta" etme olanağı var mıdır?

Hiç kuşkunuz olmasın, evet. Güç kullanan kişiler her zaman tetiktedir. Güçlerini kaybetme kaygısı onları kuşkucu ve güvensiz yapar. Daha da önemlisi başkalarının kaybetmesi pahasına kazandıkları zafer onlarda suçluluk yaratır. Şirket ve okul yöneticilerine, öğretmenlere yıllarca danışmanlık yaparak kazandığım deneyim, bana, güç kullanan kişilerin kendi güvensizlik, kaygı, gerginlik, kuşku ve paranoya cehennemlerini kendilerinin yarattıklarını gösterdi.

Çoğunlukla gözardı edilen başka yüksek bir bedel de çalışanların grubun çalışmasını etkileyip üretimi düşürecek davranışlar geliştirmeleridir. Bu davranışlar denetleyenin iş güvenliğini azaltır. Davranışların en zarar verici yönlerinden biri, çalışanların liderle iletişimlerini belirgin biçimde azaltmalarıdır. Otoriter liderlerin, "Kimse bana birşey anlatmıyor." ya da "Her şeyi en son duyan kişi ben oluyorum." diye yakındıklarını duyarsınız. Çalışanlar cezalandırılma ya da liderin kendi çözümünü onlara zorla kabul ettirme korkusuyla sorunlarını ona anlatmak istemezler. "Patron bilmezse, başım ağrımaz." diye düşünürler. "Patrona yalnızca duymak istediklerini söyle." gibi kendini korumaya alıcı davranışlar iş yerinde, sınıfta nerede olursa olsun grubun etkisini azaltır.

Otoriter liderlerin gruplarında yağcılık çok sık görülür. İş çevrelerinde sürekli patronun tarafını tutanlara "evet efendimci"ler adı takılır. Evet efendimcilerin davranışları nedeniyle yöneticiler, çalışanların düşüncelerinden ve şirkette olup bitenlerden habersiz kalırlar, bu da sorunları farketme becerilerini azaltır.

Baskı altındaki iş yerlerinde, sınıflarda ve evlerde kişiler arasında rekabet vardır. Özellikle iş yerlerinde, güç savaşlarına, arkadan konuşmalara ve dedikodulara tanık olunur. İnsanların birbirleriyle çekişmesi ve mücadelesi, etkili ve üretken gruplar için gerekli olan işbirliği ve ekip oyununun karşı tezidir. Liderleri güç kullanan gruplar için "ekip kurmak" boş ve elde edilemez soyut bir kavram olur.

Grup üyeleri, kendilerini psikolojik ya da fiziksel olarak ortamdan uzaklaştırmanın yollarını bularak baskıcı liderlerle başetmeye çalışırlar. Grup toplantılarında bazı üyeler kasıtlı olarak susarlar; öğrenciler tahtaya kalkmak istemezler; gençler odalarına kapanarak anababalarının denetiminden kaçarlar. Aynı içgüdüyle bazı çocuklar okulu bırakırlar.

Toplumumuz içinde, anababalardan başlayarak ülkemizi yöneten liderlere kadar herkes, güç kullanmanın yüksek bedelini ödemekten hemen vazgeçmelidir. Çok uzun zamandır güce tapıyoruz; çok uzun zamandır onun etkili olduğunu düşünüp kendimizi aldatıyoruz. Zararlı etkilerini, kısıtlamalarını, yıkıcılığını neredeyse hiç önemsemedik. Güç yaratıcılığı ve üreticiliği bastırıyor; denetlenenin ve denetleyenin sağlığını ve mutluluğunu tehdit ediyor; kendisini yok eden ve yerini alan başka güçler üretiyor; yaratıcılık için gerekli olan fikir ayrılığını köreltiyor; güveni, dostluğu, yakınlığı ve sevgiyi yok ediyor. Güç denetleneni köleleştirdiği gibi denetleyeni de tuzağına düşürerek etkisizleştiriyor.

beş

Çocuklar Denetlenmeye
Nasıl Tepki Verirler?

Bir insan başka birini denetimi altına almaya çalışınca, tepki almayı beklemelidir. Gücün kullanılabilmesi için iki kişi arasında özel bir ilişki olmalıdır. Bu ilişki içinde biri güç kullanırken öteki tepki verir.

Disiplin yanlılarının yazılarında bu açık gerçekle ilgilenilmez. İlişkide iki kişiden biri olan çocuğu her zaman verdikleri formülün dışında bırakırlar. Onun, anababasının ve öğretmeninin denetimine nasıl tepki vereceğine değinmezler.

"Anababalar sınırları belirlemeli." diye dayatırlar, ama çocuğun, gereksiniminin yok sayılmasına nasıl tepki göstereceğiyle ilgili hiçbir şey söylemezler.

"Anababalar otoritelerini kullanmaktan korkmamalıdır." diye akıl verirler, ama çocuğun bu baskıya tepkisinden pek söz etmezler. Disiplin yanlıları, çocuğu iletişimden çıkararak onun anababasının baskısına isteyerek ve sürekli boyun eğeceği ve istenileni yapacağı izlenimini vermeye çalışırlar.

"Sert ama adil olun." "Çocuğunuzun size itaat etmesinde ısrar edin." "Gerektiğinde onu tokatlamaktan çekinmeyin." "'Hayır' diyeceğiniz zamanlar da olmalıdır." "Sevgiyle disipline edin." "Onu yönetmeye hakkınız olduğunu gösterin."

Bu sözler anababalara güç kullanmalarını öğütleyen kitaplardan alınmıştır. Bu kitapların ortak yanı çocukların denetlenmeye nasıl tepki gösterebileceklerine değinmeden güce dayalı disiplini savunmalarıdır. Başka bir deyişle güce dayalı disiplini savunanlar hiçbir zaman disiplini, neden ve sonuç olgusu, etki ve tepki olayı olarak algılayıp aktarmazlar.

Böylece bütün çocukların başlangıçta anababalarına ve öğretmenlerine sonra da karşılaşacakları her güç kullanan yetişkine isteyerek ve mutlu bir biçimde boyun eğeceklerini ima ederler.

Ne var ki, bu görüşü destekleyecek en küçük bir kanıta rastlamadım. Aslında, çoğumuz çocukluğumuzda, güce dayalı denetlenmeye karşı koymak için elimizden gelen her şeyi yaptık. Ondan kaçmayı, onu erteletmeyi, onu önlemeyi, ona meydan okumayı denedik. Yalan söyledik, başkalarını suçladık, saklandık, yalvardık, bir daha yapmayacağımıza sözler verdik.

Ceza veren disiplinden utandık, korktuk. Küçültücüydü ve acı veriyordu. İstemediğimiz bir şeyi yapmaya zorlanmak kişiliğimize ve onurumuza hakaretti; gereksinimlerimizin değersiz görülmesiydi.

Cezalandırıcı disiplinin tanımında gereksinim karşılamanın tersi olan gereksinim yoksunluğu vardır. Cezanın çocuk için caydırıcı olduğu zaman etkili olduğunu anımsayın. Denetleyenler ceza verirken acı vermek ve yoksun bırakmak niyetindedirler.

Öyleyse güce dayalı disiplin yanlılarının bizi inandırmaya çalıştıklarının tersine çocukların cezalandırıcı disiplini hiçbir zaman istemedikleri açıktır. Hiçbir çocuk onu "istemez", ona "gereksinim duymaz". Çocukların hiçbiri kendilerini cezalandıran anababalarını ve öğretmenlerini asla unutmazlar. Bu nedenle güce dayalı disiplini savunan kitapların yazarlarının bunu aşağıdaki cümlelerle haklı göstermeye çalışmaları bana inanılmaz geliyor:

"Çocuklar disiplini isterler, ona gereksinim duyarlar."

"Çocuklar başlarına gelecekleri, iyi ya da kötü, isterler; çünkü adalet güven vericidir."

"Ceza anababaların çocuklarını sevdiklerini kanıtlar."

"Tokatı hakettiğini bilen çocuk, tokatlanınca rahatlar."

"Çocuk disiplinle aşağılandığını düşünmez, tersine disiplinin amacını anlar ve onun içgüdüleri üzerindeki denetimini takdir eder."

"Sevgi dolu bir anne/babanın verdiği cezanın amacı çocuk için tacizinden farklıdır. ... Birisi sevgi göstergesidir, öteki düşmanlık."

"Bazı inatçı çocuklar dövülmek ister; bu istekleri yerine getirilmelidir."

"Ceza, çocukların ilişki içinde daha çok güven duymalarını sağlar."

"Disiplin mutlu aileler, sağlıklı çocuklar yaratır."

Yukarıdaki cümleler çocuklara güç kullandıktan sonra denetleyicilerin suçluluk duygularını gidermek için bir özür niyetiyle mi söylenmektedir? Cezalandıran yetişkinin gerçekten sevgi dolu olduğu ve bunu "çocuğun iyiliği için" ya da "görevi gereği" yaptığı mantığından bakınca söylenenler olası görünüyor. Çocuklara sert davranmak "Katı ama adil olun." diyerek haklı gösteriliyor; "yumuşak otokrat" olduğunuz sürece otokrat olmanız haklı görülebiliyor; "diktatör" olmadığınız sürece çocuklara baskı uygulayabiliyorsunuz; "sevgiyle yaptığınız" sürece çocuklara fiziksel ceza bile verebiliyorsunuz. İnanılmaz!

Disiplin yanlılarının cezanın yapıcı olduğunda ve iyilik için verildiğinde ısrarlı olmaları, ancak çocukların bu disiplin sonucunda otoriteye bağımlı olmalarındaki özlemleriyle açıklanabilir. Çocuklar önce anababalarına ve öteki yetişkinlere itaat etmeyi öğrenirlerse, bu konuda

başarılı olabileceklerine inanıyorlar. James Dobson
(1978) sık sık bu noktayı vurgular:

> Çocuklar anababalarının sevecen yol göstericiliğine
> boyun eğerken, aynı zamanda Tanrı'nın iyilik dolu
> yol göstericiliğini de öğrenmiş oluyorlar.
> İnatçı bir bebeği özel olarak disipline sokmaya 15-18
> aylıkken onu hafifçe tokatlayarak başlayabilirsiniz.
> ...Yinelersek, bebeğe anababasının yol göstericiliğine
> itaat etmesi öğretilmelidir; ama bu bir gecede gerçek-
> leşmez.

Sonucun, kullanılan yolları haklı gösterdiğine inanılma-
sı bilinen eski bir öyküdür. Güce dayalı disiplinden yana
olanların bazıları, çocuğun önce anababanın otoritesine,
daha sonra da başka otoritelere boyun eğmesine o kadar
çok değer verirler ki, bu sonuca varmak için kullandıkları
yolları çocuğun zararından çok yararına olduğunu göster-
mek için çarpıtırlar.

Çocukların her otoriteye boyun eğmesi umudunun yü-
reklerinde yatan aslan olduğunu sanıyorum. Oysa, çocuklar
yetişkinlerin denetimine boyun eğmez, çeşitli davranışlarla
buna karşı koyarlar. Psikologlar bunlara başetme yöntemle-
ri adını veriyor.

ÇOCUKLARIN KULLANDIĞI
BAŞETME YÖNTEMLERİ

Yıllar içinde çocukların kendilerini denetleyen kişilere
karşı geliştirdikleri başetme yöntemlerinin uzun bir listesini
yaptım. Bu liste öğretici alıştırmalar yaptığımız EAE (Etkili
Anababa Eğitimi) ve EÖE (Etkili Öğretmenlik Eğitimi) sınıf-
larımızdaki çalışmalarda oluştu. Katılımcılardan çocukluk
ve gençlik yıllarında kendilerine uygulanan baskılara karşı

kullandıkları başetme yollarını anımsamalarını istiyoruz. Her sınıfta hemen hemen aynı liste ortaya çıkıyor. Bu da başetme yöntemlerinin evrenselliğini gösteriyor. Çıkarılan listenin tümünü belli bir sıra izlemeden aşağıda veriyoruz:

1. Karşı koymak
2. İsyan etmek
3. Öç almak
4. Saldırgan davranmak
5. Kanunlara ve kurallara uymamak
6. Kızmak
7. Yalan söylemek, aldatmak
8. Suçu başkalarına atmak
9. Kabadayılık yapmak
10. Yetişkinlere karşı birleşik cephe oluşturmak
11. Yağcılık yapmak
12. Hayallere dalmak, fantaziler üretmek
13. Rekabet etmek, kaybetmekten hoşlanmamak, başkalarını kötü göstermek
14. Kaytarmak, vazgeçmek,
15. Kopya çekmek
16. Evden kaçmak, okulu bırakmak
17. Konuşmamak, yetişkinleri defterden silmek, umursamaz davranmak
18. Ağlamak, umudunu yitirmek, depresyona girmek
19. Korkmak, utanmak, yeni bir şey denemeye çekinmek
20. Sürekli onay aramak, güvensizlik hissetmek
21. Psikosomatik hastalık belirtileri göstermek
22. Aşırı yemek, aşırı perhiz yapmak
23. Boyun eğmek, uysal davranmak,
24. Aşırı içki içmek, uyuşturucu kullanmak

Anababalar ve öğretmenler sınıfta listelerini hazırladıktan ve tüm listenin kendi deneyimlerinden oluştuğunu farkettikten sonra her zaman aşağıdaki sözleri söylerler:

"Bu davranışları ortaya çıkarıyorsa, neden insanlar güç kullanmak isterler ki?"

"Bu davranışlardan hiç birini çocuğumda (ya da öğrencilerimde) görmek istemem."

"Listede olumlu tek bir davranış yok."

"Biz çocukluğumuzda güce böyle tepki vermişsek, çocuklarımız da elbette aynı tepkiyi verecekler."

Alıştırmadan sonra, bazı anababaların ve öğretmenlerin düşüncelerinde yüz seksen derecelik bir değişiklik olur. Güç kullanmanın, çocuklarının üzerinde istemedikleri etkiyi yapıp istemedikleri biçimde davranmalarına neden olduğunu görürler. Anababalar ve öğretmenler, güç kullanmakla çok ağır bir bedel ödemekte olduklarını anlamaya başlarlar: Bu bedel çocuklarının ve öğrencilerinin yetişkinlerin kabul edemeyecekleri ve psikiyatrların sağlıksız olarak adlandırdıkları kişisel özellikler ve alışkanlıklar edinmeleridir.

Başetme yöntemleri listesini okurken gördüğünüz gibi bunlardan bazıları "savaş", bazıları "kaçış", bazıları da "pes etme" tepkileridir. Bunları Savaşma, Kaçma, Boyun Eğme gibi üç bölümde düşünmek yararlı olur.

Çocukların çoğu bu üç tepkiden birini daha sık kullanır. Kız çocukları otoriteye boyun eğerken, erkek çocuklar daha çok savaşmak eğilimi gösterir. Bazıları küçükken boyun eğer, ergenlik dönemlerinde ise daha çok savaşırlar. Kaçma tepkilerine gelince, bunlar, aldıkları cezalar çok şiddetli olduğu ya da ödül kazanma şansları olmadığı zamanlarda her yaşta çocuk tarafından kullanılır. Çocuklar cezaların çok şiddetli verildiği evlerden kaçarlar. Sınıflarını geçmek için gereken notları alamayacaklarını düşünen çocuklar okulu bırakırlar.

Bu yöntemlerden her biri denetleyenin tepki vermesini gerektirir. Örneğin, savaş davranışları daha şiddetli cezanın verilmesine neden olabilir. Bunlar evlerde ve okullarda kısır bir döngüyü başlatan davranışlardır. Çocukların savaş tepkileri yetişkinlerin cezaları şiddetlendirmelerine, şiddetli cezalar çocukların daha başka savaş tepkileri vermelerine neden olur. Bu böyle sürer gider. Savaş tepkilerine daha çok suçlu çocuklarda rastlanır.

Boyun eğme tepkileri disiplinin sertleşmesine neden olmaz, ama gençlerin arkadaş ilişkilerine büyük zarar verir. Çocuklar, yağcılık yapan, iyi görünmek isteyen, başkalarını kötüleyen, yeni şeyler denemeye korkan, öğretmenin gözdesi olarak boyun eğen arkadaşlarından hoşlanmazlar. Bu tür başetme yöntemleri onlarla alay edilmesine neden olur.

Kaçış tepkileri yetişkin-çocuk ilişkisine zarar vererek hem yetişkinin hem de çocuğun yaşamlarını çekilmez yapar. Büyüklerle ve arkadaşlarıyla ilişkilerini tümüyle kesen çocuklar evden kaçar, okulu bırakır. Kaçış tepkileri çocuğu aşırı yemek yeme, uyuşturucu ya da alkol kullanma gibi sonuçlara götürür ve bu da çocuğun sağlığını olumsuz etkiler.

DENETLEYENLERE KARŞI ŞİDDET KULLANMA

Cezanın neden olduğu acı ve aşağılanmadan kaçamayan ve boyun eğmek istemeyen gençler kızgınlıklarını anababalarına ve öğretmenlerine karşı saldırgan davranışlar göstererek sergilerler. Günümüzde pek çok okulda öğretmenlere karşı şiddet kullanan öğrenci sayısındaki artış ciddi sorunlar yaratmaktadır.

Çocukların şiddet kullanması yalnız okullarda değil, evlerde de görülür. *Behind Closed Doors* kitabının yazarlarının yaptığı bir araştırmaya göre her yıl on üç ve on yedi yaşları arasındaki her üç çocuktan biri anne/babasını dövmektedir. Aynı araştırmadan aşağıya alınmış bulgular şöyledir:

> Görüştüğümüz ailelerden çocuklarına şiddet uygulamayan her 400 ailenin çocuklarından neredeyse hiçbiri anne/babasını dövmezken, anababaları tarafından dövülen çocukların yarısı anababalarını dövmektedir. (Straus, Gelles ve Steinmetz, 1980)

Gençlerin kendilerini denetimleri altında tutmaya çalışanlara neden ve nasıl karşılık verdiklerinin kanıtları bu kadar açık ve çokken, disiplinden yana olan yazarların, cezanın mutlu aile ilişkileri için gerekli olduğunda ısrarcı olmalarını anlamak güçtür. Tam tersine, ceza yetişkin-çocuk ilişkisini zayıflatır ve karşı şiddete neden olur.

GENÇLER ANABABALARINI "BOŞAYINCA"

Yetişkin-çocuk ilişkilerinde en trajik son, sıkı disiplin uygulayan anababaların çocuklarını kaybetmeleridir. Çok sayıda genç psikolojik olarak anababalarından "boşanır", yani fiziksel olarak evde yaşamalarına karşın onlarla iletişimlerini keser. Anababalarının cezalandıran denetiminden kurtulamayan ve sonu gelmeyen tartışmalardan yorgun düşen gençler içlerine kapanır, aileden uzaklaşır. Bu gençler zamanlarının çoğunu evin dışında geçirir, yalnızca yemek yemek ve uyumak için eve uğrarlar. Kendilerini anababalarına açmadıkları için anababalar onların duygularından, düşüncelerinden, değerlerinden, inançlarından ve yaptıklarından habersizdirler. Gençler denetlenmekten ve cezalandırılmaktan kaçmanın bir yolunun da, iletişimi koparmak ya da koparamıyorlarsa açık ve dürüst iletişimde bulunmamak olduğunu yaşayarak öğrenmişlerdir.

En gözüpek olanlar, anababalarının bunaltan baskısını çekmektense dış dünyanın güvensiz ve tehlike dolu ortamını yeğleyerek pılı pırtılarını toplayıp evden kaçarlar. Evden kaçan çocuklarla yapılan araştırmalar, anababaların ceza kıskacından kurtulma nedeninin büyük bir yüzdeyi oluşturduğunu göstermiştir. Bir çok genç kız evden kaçabilmek için hamile kalarak evlenmek yolunu seçmiştir.

Evden kaçan çocukların aslında evden kaçmadıkları, anababaları tarafından evden kovuldukları ancak son zamanlarda anlaşılmıştır. Anababaların gösterdikleri neden ise çocukların "başedilemez", "denetlenemez" ve "isyankâr" olduklarıdır. Çok üzücü olmakla birlikte gerçek şudur: Bazı anababalar çocuklarına boyun eğdirme güçlerini kaybedince onlardan kurtulmak istiyorlar. Bu anababalar için itaat, çocuklarıyla iletişimden çok daha önemli bir değerdir.

Yetişkinler çocuklarını denetleyecek yolların tümünü tükettiklerini farkedince, onları, "Benim evimde yaşadığın sürece benim kurallarıma uymak zorundasın. Uymazsan çıkar gidersin." türünden sözlerle tehdit ederler. Savurdukları tehditleri yerine getirmek zorunda kalan anababalar bunun bedelini çocukların evden uzaklaşmasıyla öderler.

Okullarda da kurallara uymayan öğrencileri denetlemek amacıyla onları okuldan atma ve bir süre uzaklaştırma tehditleri evrensel bir uygulamadır. Tehditler işe yaramayıp öğrenciler denetlenmeye karşı çıkınca okul yöneticileri kendi kurşunlarıyla vurulurlar: Saygınlıklarını yitirmemek için yaptıkları tehdidi yerine getirir, genci ya okuldan uzaklaştırmak ya da atmak zorunda kalırlar. Okuldan uzaklaştırılan çocuk derslerine ve ortama yabancılaşır, derslerden geri kalır ve sonuçta tümüyle kaybedilir.

SUÇA YÖNELİK DAVRANIŞLARIN
TOHUMUNU ATMAK

Anababaların en çok korktukları şey çocuklarının yasalarla başlarının derde girmesidir. Bu korku nedeniyle, çocuklarına doğruyu, yanlışı ve yetişkin otoritesine saygıyı öğretmek için cezalandırıcı disiplini kullanırlar. Cezalandırıcı disiplinin çocuklarında, yasalara saygılı vatandaşlar olmaları için gerekli ahlaki değerlerin yerleşmesine yardımcı olacağını düşünürler. Ne yazık ki, bu düşüncelerinde yanılırlar.

Korktukları şeyleri önleyebilmek için çocuklarını denetlerler, kısıtlarlar, yasaklar koyarlar, emirler verirler. Tüm yaptıkları çocukların itaat etmesine yaramazsa, cezaya başvururlar. Anababalar çocukları için kuralları kendileri koyarlar, uyulmayınca cezalandırırlar. İtaatsizlikleri affetmezler.

Katı disiplin disiplinli çocuklar yetiştirmez tersine çocukta suça yönelik davranışların ortaya çıkmasına neden olur:

- Suç işlemiş kız ve erkek çocuklarla ilgili yapılan çalışmalar, bu gençlerin ceza kullanılan ailelerden geldiklerini göstermiştir. (Martin, 1975)
- San Quentin hapishanesinde saldırgan tutukluların yüzde yüzünün, bir ve on yaşları arasında evlerinde aşırı şiddete maruz kaldıkları görülmüştür. (Maurer, 1976)
- Katillerin, çocukluklarında suç işlememiş kardeşlerinden daha sık ve daha şiddetli cezalandırıldıkları ortaya çıkmıştır. (Palmer, 1962)
- Suça yatkın gençlerin izlenmesi sonucunda seveçen anababaya sahip olanların yalnızca yüzde 32'sinin suç işlediği; babası otoriter, annesi seveçen olanların yüzde 36'sının suç işlediği; annesi otoriter, babası seveçen olanların ise yüzde 46'sının suç işlediği belirlenmiş; otoriter ve cezalandıran anababaya sahip

çocukların ise yüzde 70'inin suç işlediği saptanmıştır. (McCord ve McCord, 1958)

- Gilmartin Report'un yazarı Brian Gilmartin şöyle der: "Azılı suçluların geçmişleri incelendiğinde, onların yasalara uyanlardan daha çok anababaları ya da başka yetişkinler tarafından dövüldükleri ve fiziksel cezaların çeşitli biçimleriyle karşılaştıkları görülür." (Gilmartin,·1979)

- Oregon'da yapılan bir araştırma, okullarda, öğrencilerin neden olduğu şiddet hareketleriyle verilen cezalar arasında bağlantı olduğunu göstermiştir. Okullar ne kadar çok ceza uygularlarsa o kadar çok şiddet hareketleriyle karşılaşıyorlar. (Hyman, McDowell ve Raines, 1975)

Cezanın gelecekteki suçlu davranışın tohumlarını nasıl ektiği hâlâ tam olarak belli değildir. Aşağıda verilen faktörlerden biri ya da birkaçı bunda etkili olabilir: (1) Model oluşturma, (2) Daha önce anlatılan doyumsuzluk-saldırganlık tepkisi, (3) Tüm otorite figürlere (okul yöneticileri, anababalar, patronlar, polis) karşı duyulan düşmanlık, (4) Öç alma gereksinimi, (5) Umutsuzluk ve çaresizlik duyguları. Doğru dinamikler ne olursa olsun, çocukları cezalandırmak, onların ileriki yaşamlarında yasa tanımamaları, saldırgan davranmaları ve şiddet kullanmaları için bir ön hazırlık gibidir. Önce kardeşlerine ve anababalarına, sonra öğretmenlerine ve okul yöneticilerine, daha sonra da karşılaştıkları tüm otorite figürlerine karşı şiddet kullanırlar.

ÇOCUK MAHKEMELERİNİN BAŞARISIZLIĞI

Genci cezalandırarak denetim altına alan aileler gibi başarısız olan bir başka kurum daha vardır. Yüzyılın başlarında kurulan ve zamanında reformun bir zaferi olarak kabul edilen çocuk mahkemelerinden söz ediyorum. Bu mahkemelerin amacının, "cezalandırırken ıslah etmek; çocukları değersiz görmek değil yüceltmek; onları ezmek değil geliştirmek; onlardan bir cani değil değerli bir yurttaş yaratmak" olması bekleniyordu.

Ne var ki, son yirmi yıldır, bunların temel kavramına ve çoğunun işleyişine sert saldırılar yapılmaktadır. Bu noktaya nasıl gelinmiştir? Çocuk hukuku sistemimizi ayrıntılarıyla çözümleme yürekliliğini gösteren Charles Silberman, 1978 yılında yazdığı *Criminal Violence, Criminal Justice** adlı kitabında, bu mahkemelerin çocukları düzeltmek yerine neden daha çok cezalandırdığını belgeleriyle göstermiştir. Silberman, çocuk mahkemelerinin "çocuğun yararına" çalıştığının, onları cezalandırmaktan çok düzeltmek ve rehabilite etmek için kurulduğunun gerçek değil bir mit olduğuna inanmaktadır. 1974 yılında en az 460.000 genç ıslah evine konmuş ve ortalama on bir gün orada tutulmuşlardır. Resmi kayıtlara göre, 250.000 genç de yetişkinlerin alıkonduğu hapishenelere yerleştirilmişlerdir. Kızların % 75'i ıslah evlerine kapatılırken, erkek çocukların % 25'i çocuk mahkemelerinin görev alanına giren küçük suçlardan ceza yemişlerdir. % 10'u hırsızlık ve şiddet kullanmayla suçlanmışlardır. Silberman, elde ettiği bu istatistiksel bilgilerin ışığında yargıçların, polislerin ve gençleri göz hapsinde tutan kişilerin, gençler daha ciddi suçlar işlemeden önce "onların gözlerini korkutmak" ya da "onlara bir ders vermek" amacıyla çok sayıda genci baskı ve şiddet kullanarak kilit altına aldıkları sonucuna varmıştır.

Silberman'ın istatistiklere dayanarak elde ettiği 1974 yılına ait bulgular daha da şaşırtıcıdır. Bu bilgilere göre, 680.000 genç kız ve erkek çocuk mahkemeye çıkmayı beklerken hapsedilmişlerdir. Örneğin, Arizona'da yargılanma

---

*) **Şiddet ve Adalet** diye Türkçeleştirilebilir. ÇN.

öncesi alıkonulan gençlerin yüzde onunun yargılama sonrası toplumdan ayrı tutulacak kadar tehlikeli olduğuna inanılır (Silberman, 1978).

Böyle olmayanlar da vardır ama, ıslahevlerinin ve cezaevlerinin çoğu sıkıntılı, gençlere baskı ve ceza uygulayan yerlerdir. Gençler, ailelerinden ve özel eşyalarından ayrılmanın, belirsiz bir zaman için kapalı tutulmanın, dövülme, hatta cinsel tacize uğramanın korkularını yaşarlar.

Tıpkı anababalar ve öğretmenler gibi çocuk mahkemeleri de çocukları suç işlemekten caydırmak için tüm umutlarını baskı ve cezaya bağlamışlardır. Bu yöntemlerin çocuk mahkemelerinde evlerden ve okullardan daha çok işe yaradığını gösteren hiçbir kanıt yoktur. Aslında, alıkonma çocukları daha kızgın ve daha saldırgan yapar, öç almaya ve suç işlemeye yöneltir. Bu uygulamanın gençlerin öz saygılarını ve öz değerlerini zedelediğine hiç kuşkum yok.

Islahevlerine ve ıslahevlerindeki okullara gönderilen gençlerin rehabilite edilmekten çok insanlıktan çıkarıldıkları gibi bir görünüm var. Silberman, ıslahevleri çalışanlarının en deneyimlilerinden biri olan Austin MacCormick'in Çocuk Mahkemeleri yargıçlarına yaptığı uyarıdan aldığı şu sözleri naklediyor: "Bu ülkenin çocuk ıslahevlerindeki okullarda disiplin adı altında uygulanan yöntemleri, Alcatraz gardiyanları oradaki mahkûmlar üzerinde uygulasalar işlerini kaybederler." (Silberman, 1978).

UYARI: DİSİPLİN SAĞLIĞA ZARARLIDIR

Çocuk yetiştirmede "Kızını dövmeyen dizini döver." felsefesinden yana olanlar, disiplinin "çocuğun yararına" olduğu ve onu daha sağlıklı yapmak için gerekli olduğunu söylerler. Onlara göre disiplin, çocukların kendilerini "daha güvende" hissetmelerine, ilişkilerinde yerlerini bilmelerine, sosyal ilişkilerini güçlendirmelerine ve daha mutlu ilişkiler kurmalarına yardımcı olur. Kısaca, disiplinin akıl ve beden sağlığına katkısı olduğu düşünülür. James Dobson'ın otoriteye boyun eğmenin sağlıklı ilişkiler için gerekli olduğu kuramını anımsarsınız.

Peki, bu inanış araştırmaların ortaya koyduğu bulgularla bağdaşabilir mi? Bağdaşmaz. Şiddetli cezanın çocukları aslında hasta ettiğini gösteren bol miktarda kanıt vardır. Disiplin çocukların psikolojik sağlıkları için tehlikelidir.

- Psikolog Robert Sears'ın yaptığı deneysel bir çalışma, anababaları katı disiplinden yana olan on iki yaşındaki erkek çocukların yaşıtlarından daha sakar davrandıklarını, kendilerini cezalandırmaya ve intihara yatkın olduklarını göstermiştir. (Sears, 1961)

- Birbirinden bağımsız üç ayrı çalışmada nörotik çocukların öteki çocuklara kıyasla aşırı denetimli ailelerden geldikleri görülmüştür. (Becker, 1964)

- Kendilerini beğenmeyen çocukların annelerinin mantıklı düşünme ve tartışmadan kaçındıkları, daha çok zora ve cezaya başvurdukları görülmüştür. Çocuk eğitiminde daha az sayıda ödül, ama daha çok sayıda ceza kullanmışlardır. (Coopersmith, 1967)

- Columbia'lı psikolog Goodwin Watson 230 üniversite son sınıf öğrencisiyle yaptığı görüşmede onlara çocukluklarında ne kadar sıklıkla ve ne şiddetle ceza gördüklerini sordu. Daha çok cezalandırılan çocukların daha az cezalandırılan çocuklara oranla anababalarından daha çok nefret ettiklerini, öğretmenlerini daha çok reddettiklerini, sınıf arkadaşlarıyla ilişkilerinin daha kötü olduğunu, daha kavgacı, daha utangaç, daha kaygılı, daha mutsuz, anababalarına daha çok bağımlı, aşk ilişkilerinde daha mutsuz olduklarını saptadı. (Watson, 1943)

1971 yılında yapılan bir çalışmada, Diana Baumrind, "otoriter" diye adlandırdığı anababa davranışlarından birkaç demet belirledi. Bu gruba giren anababalar aşağıdaki özellikleri göstermektedir: (1) Çocuklarının tutum ve davranışlarını standartlara göre değerlendirmeye, denetlemeye ve biçimlendirmeye çalışıyorlar; (2) Düzenin korunmasına, geleneğe, çalışmaya, otoriteye saygıya ve itaata değer veriyorlar; (3) Anne/baba çocuk arasındaki görüş alış-verişini desteklemiyorlar; (4) Çocuğun bireyselliğini ve bağımsızlığını onaylamıyorlar. Otoriter anababaların çocuklarının okul öncesi yaşlarda onlara daha çok bağımlı oldukları görülmüştür.

Bir başka çalışmada, aynı anababaların çocuklarının arkadaşlarıyla sosyal ilişkilerinin olmadığı, içlerine kapalı oldukları saptanmıştır (Baldwin, 1948). Psikolog E. Maccoby ve J. Martin'e göre (1983) bu çocukların denetim kaynakları içlerinde değil dışarıdadır ve kendi kendilerini denetimleri zayıftır.

Yapılan sayısız araştırma çocukları cezalandırmanın onların sağlıklarına zararlı olduğunu kanıtlar. Bunun tersini düşünmek bile saçma ve gülünçtür.

Çocukları cezalandırarak disiplin altına almak duygusal yönden de zararlı olduğu için toplumumuza da zarar vermektedir. Sağlıksız büyüyen çocuklar duygusal olarak sakat, antisosyal, üretemeyen ve çoğunlukla şiddete yatkın bireyler oluyorlar.

YOLDAN ÇIKMAK VE UYUŞTURUCU KULLANMAK

Anababalar çocuklarının suç işlemesi kadar alkol kullanmalarından ve uyuşturucuya alışmalarından da korkarlar. Günümüzde bu maddelerin kullanımı yaygın olarak bir kaçış yolu gibi görülmektedir.

Eskiden yalnızca gösteri sanatçıları arasında yaygın olan uyuşturucuyu şimdi de sporcular da kullanıyor. Bu skandaldır. Janis Joblin, Elvis Presley, Judy Garland ve John Belushi aşırı dozda uyuşturucu alarak öldüler. Bunlara Len Bias ve Don Rogers gibi atletler de katıldı. Dünya yüz metre rekortmeni Ben Johnson'ın, rekoru kırdıktan sonra yapılan muayenesinde kanında uyuşturucu bulunduğu için altın madalyası elinden alındı. ABD ve Avrupa ülkelerindeki stadyumları dolduran alkolün etkisi altındaki kalabalık, yaralanma ve ölümle biten kargaşaya neden olmakta ve içkili araç kullanmanın sonucunda yapılan trafik kazaları insanların ölümüyle sonuçlanmaktadır.

Bu maddelerin satışını engellemek işe yaramıyor; çünkü her gün yenileri ortaya çıkıyor.

Alkol ve uyuşturucu bağımlılığının nedenleri karmaşık ve çeşitlidir; ama yalnızlık, endişe, acı, umutsuzluk, reddedilme ve gereksinimlerini karşılayamama gibi, yoksunluklardan kaçış olarak kullanılması nedenlerin başında gelmektedir.

Arkadaş baskısı, içme önerisinin reddedilmesiyle arkadaşın kaybedilme korkusu içkiye ya da uyuşturucuya başlamanın başka bir nedenidir. Uyuşturucu kullanmayı geri çeviremeyen, içmeyi sınırlayamayan gençlerde, kendi kendini denetleme ve iç disiplin yoktur. Yapılan araştırmalara göre, içkiye başlayan ya da uyuşturucuyu deneyenlerin içinden yalnızca yüzde beşle on arasındaki bir grup genç bunlara bağımlı olmaktadır. Bu önemli bir bulgudur. Alkol ve uyuşturucu almayı denetimleri altına alan büyük gruptan bu yüzde beş ile onu ayıran şey nedir?

En akla yakın hipotez aşırı kullanımdan uzak duran, iç disiplinleri gelişmiş bu gençlerin kaybetmeyi göze alamayacakları doyurucu, mutlu ve umut vadeden bir yaşamları vardır. Yaşamlarının denetimi kendi ellerindedir.

Alkol ya da uyuşturucu batağındaki grup için yaşam doyurucu değildir ve gelecekten umutları yoktur. Düş kırıklığı yaşarlar ve yaşamlarını denetleyememenin çaresizliği içindedirler. Öz saygılarını yitirmişlerdir. Onlar için alkol ya da uyuşturucu kullanmak umutsuzluklarından, çaresizliklerinden kolay ve çabuk bir kaçış yoludur.

Kişinin kendisi ve yaşamıyla ilgili duyguları üzerinde ekonomik ve sosyal faktörleri etkisine tanı koyarken, o kişiye evinde ve okulunda nasıl davranıldığının da çok etkili olduğunu gözardı etmemek gerektiğine inanıyorum. Evde ve okulda cezalandırıcı disiplin kullanmanın çocukların yaşamlarını nasıl çekilmez hale getirdiğini gösteren sayısız araştırmadan yalnızca bir bölümünü sizlere sunabildim. Yaşamlarından bezen çocuklar kendilerini denetlemeye çalışanlardan öç almak ve kendilerine acı veren o ortamlardan kaçmak isterler.

Anababalar ve öğretmenler çocuklar ve gençlerle iletişim için yeni yollar öğrenmedikçe, "Uyuşturucuya hayır deyin!" sloganlarının ve eğitim programlarının başarılı olacağına inanmıyorum.

DENETLEYENLER ETKİLERİNİ KAYBEDER

Anababalar ve öğretmenler çocuklar üzerinde etkilerinin güçlü olmasını isterler. İsterler; çünkü onları yanlışı doğrudan ayırt etmeyi bilen, iyi eğitimin değerine inanan, sağlıklı bir yaşam süren, insanlarla iyi geçinen, başkalarını rahatsız eden davranışlarda bulunmayan, mutlu ve üretken vatandaşlar olarak yetiştirmek yaşamlarının amacıdır. Ne yazık ki, yetişkinlerin çoğu cezalandıran disiplini seçerek gençler üzerinde etkili olma şanslarını yitirirler.

Burada bir paradoks vardır: Güç kullanın, etkinizi yitirin.

Buna neden olan etkenler vardır. Güç öç alma, kaçma, içe kapanma, aldatma, denetleyenin gücünü dengelemek için cephe oluşturma gibi kendisini zayıflatan tepkileri yaratır.

Etkinin temel kaynaklarından biri olan yetişkinin U Otoritesi bile, gençlerde otorite kişiye karşı sıcak ve olumlu duygular olmadığı sürece işe yaramaz.

Öte yandan, gençler sevdikleri, hayran oldukları, kendilerine saygı duyan, güvenen, baskı yapmayan ve kolayca konuşabildikleri kişilere inanırlar, onları dinlerler ve kendilerine model alırlar. Madalyonun arka yüzü ortaya çıkıyor. Güç kullanmaktan vazgeçin, etkinizi artırın.

BOYUN EĞEN GENÇLER İSTİYOR MUYUZ?

Cezalandırıcı disipline karşı kullanılan başetme yöntemlerinden birine özel ilgi göstermek gerekir. Bazı gençler otoriteye boyun eğerler. Sık sık işaret ettiğim gibi, otoriteye boyun eğilmesi disiplin yanlılarının her şeyden çok istedikleri şeydir. Çocuğa itaat etmeyi öğretmek en değer verdikleri amaçları ve en büyük korkularının yok olmasıdır.

Toplumların çoğunda otoriteye boyun eğmek, yerleşmiş ve çok değer verilen bir davranıştır. Bu davranışın, uluslar ve kuruluşlar içinde sosyal denetimin gerekli kaynağı, kurumlardaki çalışanları birbirine kenetleyen harç ve birarada yaşayanlar için önemli bir gereksinim olduğu düşünülür. Aile içinde, okullarda olduğu gibi askeri kuruluşlarda ve dini topluluklarda da ahlaki bir erdemdir. Babanın "evin reisi" olduğu, ondan sonra annenin geldiği ve en alt sırada çocukların bulunduğu hiyerarşik otoritenin egemen olduğu evlerde özellikle otoriteye boyun eğmek çok önemsenir.

Bazı filozoflar itaatsizliğin herhangi bir toplumun yapısını parçalayacağı uyarısında bulunur. Bazı çağdaş yazarlar da aynı uyarıyı yaparlar ve anababa otoritesine itaat edilmeyen yerde yalnızca "anarşi, kaos ve karmaşa" olabilir derler. (Dobson, 1978)

Ne var ki, son zamanlarda bir avuç sosyal bilimci bu geleneksel görüşü sorgulamaya başladı. Yetenekli tarihçi C. P. Snow, Avrupalı Yahudilerin imha edilmesinin, üstlerinin emirlerine itaat etme adı altında binlerce Alman askeri tarafından yerine getirilen korkunç ve ahlak dışı bir cinayet olduğunu söyler ve şunları ekler:

İnsanlığın uzun ve karanlık tarihini düşündüğünüz zaman, itaat adına, isyan adına işlenenden çok daha korkunç cinayetlerin işlendiğini göreceksiniz. (Snow, 1961)

Amerikan askerlerinin subaylarına itaat adına Vietnamlılara yaptığı korkunç eylemleri belgeleyen başka yazarlar da var. Daha geçenlerde Papaz Jim Jones'un yaklaşık bin müridinin intihar etmesi "Emirlere uymak görevdir." inancının insanı sersemleten bir örneğidir. Bu olayda liderlerine körü körüne itaat etmeleri müritlerin kendi çocuklarını öldürdükten sonra canlarına kıymalarına neden olmuştu.

Otoriteye itaati bir erdem gibi görmek yerine toplumumuzun bir hastalığı olarak görmemiz gerektiğine inanıyorum. Kendilerine yapmaları söylenenleri hiç sorgusuz yapmaları gerektiğine inanan yurttaşlar yetiştiriyoruz. Bu yaklaşım ailede başlar, okullarımızda, askerde, dini topluluklarda ve iş yerlerinde pekiştirilir. Başkalarına boyun eğmeye koşullandırılan kişi, kendisini başka bir kişinin isteklerini yerine getiren bir araç olarak görür ve artık kendi yaptıklarından sorumlu olmadığını düşünür.

Psikolog Stanley Milgram ve arkadaşlarının Yale Üniversitesinde 1960'larda ilk kez yaptıkları ve ödül kazanan deney bunu çok açık olarak göstermiştir.

İnsanların nasıl öğrendiğini etüt etme maskesi altında Milgram'ın deneklerine, elleri bağlanmış "öğrenciye" (kurban) verdiği her yanlış yanıt için elektrik akımı vermeleri söylendi. Denekler kurbanın bir aktör olduğunu bilmiyorlardı. Gerçekte akımı almayan aktör, önce sözlerle karşı çıkıyor, sonra akım şiddetlenmiş gibi inliyor, acı içinde bağırıyor, sonunda acıya dayanamadığını söyleyerek serbest bırakılması için yalvarıyordu.

Deneyi yöneten kişi (beyaz laboratuvar önlüğü giymiş otorite) deneklere öğrencinin her yanlış yanıt verişinde akımın şiddetini artırmalarını söyledi.

Yalnızca deneyi yöneten kişi tarafından bilinen bu deneyin amacı, deneklerin (elektrik şokunu verenler) giderek şiddeti artan akım vermelerini emreden otorite figürüne itaat mı edeceklerini yoksa kurbanın çektiği acıyı gördükten ve yalvarmalarını duyduktan sonra itaat etmeyi red mi edeceklerini, yani bu çatışmayı nasıl çözeceklerini incelemekti. Çatışma "itaat etme" tepkisiyle "itaat etmeme" tepkisi arasındaydı.

Milgram'ın kendisi araştırmanın sonuçlarını "şaşırtıcı ve dehşet verici" buldu. Bulguların bazıları şöyleydi:

- Deneklerin yaklaşık üçte ikisi "itaatkâr" grubuna giriyordu.

- Deneklerin çoğu strese girdi ve deneyi yöneten kişiye itiraz etti. ("Adamın orada canı yanıyor." "Adam orada çığlıklar atarken devam edemeyeceğim."). Bununla beraber, grubun önemli bir bölümü kurbana elektrik akımı vermeyi sürdürdü.

- Daha sonra, deneklerden bazıları yaptıklarının yanlış olduğunun ayırdına vardıklarını ama, otoriteye itaatsizlik edemediklerini itiraf ettiler.

Milgram'ın deneklerle yaptığı görüşmelerden çıkardığı sonuca göre itaatkâr deneklerdeki yaygın düşünce, *hareketlerinden kendilerini sorumlu görmemeleriydi*. Her biri kendisini kabul edilemeyecek bu davranışı yapmayı seçen bir kişi olarak değil, daha çok dış otoritenin bir aracı olarak görüyordu; "Yalnızca görevlerini yapıyorlardı." Milgram'ın vardığı sonuç şuydu: "Sorumluluk duygusunun kaybolması otoriteye boyun eğişin en kapsamlı sonucudur." Özenle hazırlanmış yaratıcı deneyden elde edilen bulgular, çocuklara otoriteye boyun eğmeyi öğretmenin, onlardaki sorumluluk duygusunu ve kendi kendilerini denetlemeyi geliştireceği argümanına ters düşmektedir. Milgram'ın araştırması karşı argümanı desteklemektedir: *Otoriteye itaat sorumluluk duygusunu ve kendi kendini denetlemeyi yok eder.*

Otoriteye itaatin, çocuklarla ilgili cinsel tacizde son günlerde önemli rol oynadığı görülmüştür. Çok sayıda çocuğun aileden ya da tanıdık kişiler tarafından taciz edildiği ortaya çıkmıştır. Yetişkinlerin otoritesine saygı göstermesi ve onlara itaat etmesi öğretilen çocuk taciz eden kişiye de boyun eğmeye hazırdır. Böyle durumlarda, çocuk şaşkındır ve cinsel yaklaşımın yanlış olup olmadığına karar veremez. Çocukların doğasındaki otoriteye meydan okuma isteksizliği ve "zamanı gelince öcümü alırım" duygusunun, tacize uğramış çocuğun olanları şikayet etmede kararsız davranmasında katkısı olabilir. Kısacası, yetişkin-çocuk ilişkilerindeki dengesizlik ve tacize uğramış çocuğun çaresizliği, çocukların çoğunun taciz eden yetişkine neden karşı koymayı başaramadığını açıklar. Roland Summit'in bu konuyu açıklaması şöyle:

Çocukların anlatışına göre ilk deneyimlerinde çoğunlukla babalarının (ya da üvey babalarının, annelerinin evde yaşayan erkek arkadaşlarının) elleriyle ya da dudaklarıyla bedenlerini okşamalarıyla uyanırlar. Çok seyrek olmakla birlikte ağızlarını dolduran ya da bacak aralarında dolaşan bir penisle karşılaşanlar da vardır. ... Irzına geçilen yetişkin kurban gibi çocuğun da saldırgana karşı koyması, yardım çağırması ve kaçmaya çabalaması beklenir. Ama çocuklar bunu başaramaz. Normal tepkileri "ölü gibi görünmek"tir, yani uyuyormuş gibi yapmak, pozisyon değiştirmek ve yorganı başına çekmektir. Küçük çocuklar bu tehditle başetmek için güç kullanamaz. Kaçacak yer olmadığından saklanmaktan başka seçenekleri yoktur. Gece yaşadıkları terörle sessiz kalarak başetmeyi öğrenirler. Başa çekilen yorganın gece ortaya çıkan canavarlar üzerinde sihirli etkisi vardır; ama, aynı yorgan insan canavarlar için aynı mucizeyi gösteremez.

Konuyu tamamlamak üzere anababalara ve öğretmenlere, aslında herkese, kendi reçetemi veriyorum:

Toplum olarak, zaman yitirmeden insan ilişkilerinde kullanılan otoriteye ve güce karşı etkili bir seçenek bulup öğretmeyi amaç edinmeliyiz. Bu seçenek, otoriteye itaat etmek, kişinin kendi doğru ve yanlışlarına ters düşünce, o otoritenin denetimine karşı koyabilecek cesaret, otonomi ve öz disiplin sahibi bireyler yaratmalıdır.

İleriki bölümlerde anababalara ve öğretmenlere çocuklar ve gençlerle ilişkilerinde kullanabilecekleri güç kullanmayan, baskı yapmayan, etkili beceri ve yöntemler göstereceğim. Bu yöntemlerin, gerçekten sağlıklı ve demokratik toplumların yurttaşlarının gereksinim duyduğuna inandığım kendi kendilerini yönetebilen, kendi kendilerini denetleyebilen sorumlu ve öz disiplinleri gelişmiş gençler yetiştireceğini anlamışsınızdır.

ÇOCUK DİSİPLİNİNDE SEÇENEKLER

altı

Çocukların Davranışlarını Değiştirmeleri İçin Denetim Gerektirmeyen Yöntemler

Yüzyıllardır denetleyen disiplin yönteminin ufak tefek değişiklikler yapılarak kullanılmasında neden ısrar edilir? Anababalar ve öğretmenler çocukların davranışlarını değiştirmediği kanıtlanmış ceza kullanmayı neden sürdürürler? Çocukların çoğunun bildikleri tüm başetme yöntemlerini, çocukluklarında deneyerek sıkı disiplinle mücadele ettiklerini ve ondan kaçtıklarını bildikleri halde neden ondan başka kullanacak yöntem aramamakta ısrarcı davranırlar? Ve neden çocukları ergenlik çağına gelince artık ellerinde bulunmayan güçleriyle hâlâ onlara baskı yapmaktan ve onları denetlemeye çalışmaktan vazgeçmezler?

Bu sorulara anababalar ve öğretmenlerle çalışarak edindiğim otuz yıllık deneyimle yanıt verebilirim. Yanıt tek ve basittir: İnsanlar, disiplinin tek seçeneğinin ödün vermek olduğunu düşündükleri ve çocuklarla ilişkilerinde bu rolden hoşlanmadıkları için disiplinli olma rolünü oynamakta direnirler. Bundan önceki bölümlerin birinde ya o, ya o düşüncesine dikkatleri çekmiştim. İki seçenekten biri olan otoriter davranış yetişkinlere ödün verici olmaktan daha iyi görünür; güç sahibi olmak ve onu kullanmak gücün çocukların ellerinde olmasından daha iyidir; çocukları denetim altında tutmak da denetimden vazgeçince ortaya çıkacağına inandıkları kaostan daha iyidir.

Hoşgörülü olmaya kuşkuyla yaklaşanların duygularını anlıyorum; çünkü anababalar ve öğretmenler, sınır ve kural koymadan çocukların istediklerini yapmalarına izin verince neler olduğunu gördüm, biliyorum. Hoşgörü, yetişkinlere yaşamı zehir eder, düşüncesiz, bencil, sevilmeyen ve yönetilmeleri zor çocuklar yaratır.

Çocukları disiplinle denetim altında tutmanın pek çok seçeneği olduğunu, onların kabul edilemeyen davranışlarını değiştirmeleri için etkileyecek ve böylece iki tarafın gereksinimlerini karşılayabileceği bir o kadar da yöntem bulunduğunu çok az sayıda anababanın ve öğretmenin bilmesi büyük şanssızlıktır.

1950 yılından beri insanları etkilemenin güç gerektirmeyen yollarını yaratmak, geliştirmek ve öğretmek benim için bir tür misyon oldu. O yıl öğretim görevlisi olarak çalıştığım Şikago Üniversitesinde eğitim ve din alanında çalışanlar için kısa bir liderlik eğitimi programı hazırlayıp uygulamıştım.

O çalışma için danışman ve terapist olarak edindiğim geçmiş deneyimlerimden yararlandım; çünkü danışmanlık eğitimim sırasında öğrendiğim iletişim becerilerine üretici gruplar oluşturmak ve çalışanları motive edebilmek için liderlerin de gereksinimleri olduğuna inanmıştım. Bu çalışma on yıl sürecek ticaret ve yönetim kurumlarında danışmanlık çalışmalarımın başlangıcı oldu. Danışmanlığım sırasında çalışanları ceza ve ödül vererek denetim altında tutmak yerine onları etkileyecek yöntemlere ağırlık veren bir liderlik eğitimi verdim.

1962 yılında anababa-çocuk ilişkisinin patron-işçi ilişkisine benzediğini farkedince, anababalar için bir kurs hazırladım. Hemen başarıya ulaştı. Önce yaşadığım kentte, beş yıl içinde de çevre eyaletlerde ünü yayıldı. Şimdiye kadar bir milyonun üzerinde anababa yetkili öğretmenler tarafından eğitildi. Aynı eğitim ABD dışında yirmi beş ülkede de verilmektedir. 1987 yılında EAE kursunun yirmi beşinci yıldönümünü kutladık. Anababaları eğitmek ve beceriler öğretmekle geçen çeyrek yüzyıl! Bu süre içinde yaşadıklarım bana, anababaların büyük bir çoğunluğunun, bilinen anababalık işini kökten değiştirecek, aile yaşamını düzeltecek ve öz-disiplinli çocuklar yaratacak yeni yöntem ve becerileri öğrenip daha sonra da evlerinde uygulayabileceklerini kanıtladı.

EAE kurslarına başladıktan birkaç yıl sonra, bir grup okul yöneticisi anababalara öğrettiğimiz becerileri öğretmenlere de öğretmemizi istediler. Onlardan aldığım cesaretle Etkili Öğretmenlik Eğitimi (EÖE) programını hazırladım. O zamandan beri tüm ABD'de ile on iki yabancı ülkede öğretmenler de içinde olmak üzere okul yöneticilerinden ve rehberlerinden oluşan 100.000 katılımcıya eğitim verdik. EÖE, öğretmenlerin çoğunun geleneksel disiplin yöntemlerinin yerine kullanabilecekleri yeni seçeneği öğrenebileceklerini, güç kullanmayı gerektirmeyen bu becerilerin, sınıf içindeki istenmeyen davranışları azaltacağı gibi öğrencilerin duygusal sağlıklarını bozmayacağını ve başarılarını artıracağını göstermiştir.

Bu bölümde işte bu yöntem ve becerileri anlatacağım. İlk anlatacaklarımı henüz konuşmayan bebeklerle rahatlıkla kullanabileceksiniz. Daha sonra iki yönlü iletişim için gerekli olanları vereceğim.

Ama önce EAE ve EÖE kurslarıyla ilgili bir açıklama yapmak istiyorum. Son zamanlara kadar, bu eğitim programlarının kişilere yeni iletişim becerileri ve sorun çözme yöntemleri öğreterek onların etkili olma şanslarını artırdığını düşünürdüm. Ne var ki, artık bu tür tanımlamaların yetersiz, bir anlamda da yanıltıcı oldukları görüşündeyim. Bu tanımlamalar, kursların mekanik ve teknik odaklı oldukları izlenimini uyandırıyor; anababalar, öğretmenler ve özellikle çocuklar için gerçekte yaptıklarını tam olarak anlatmayı da başaramıyor.

EAE ve EÖE kursları, katılımcılara belirli beceri eğitimi vermekten çok, onlara tümüyle farklı bir model, farklı bir rol, farklı bir liderlik biçimi, çocuklar ve gençlerle ilişkilerde farklı bir kişilik veriyor.

Kurslarımızı bitiren pek çok kişinin yaptığı gibi, böylesine eksiksiz bir dönüşümü gerçekleştirebilmek için kişilerin otoriteye, güce ve disipline karşı tutum ve davranışlarında köklü bir değişiklik gerekir. Kursa katılanlar kursun sonunda kendilerini, yetişkin-çocuk ilişkilerinde evrensel olarak kullanılan geleneksel güç dilini bırakıp yeni dili konuşurken buluverirler. Yepyeni bir anababa ve öğretmen rolünü benimseyerek otorite, itaat, boyun eğmek, talep etmek, izin vermek, sınırlar koymak, engellemek, kısıtlamak, cezalandırmak, yasaklamak, kuralları zorla uygulatmak, otoriteye saygı, disiplin gibi sözcüklerden vazgeçerek danışman, arkadaş, dinleyici, sorun çözücü, katılımcı, yardımcı, görüşmeci sözcüklerini kullanmaya başlarlar.

EÖE kursuna katılmış bir ilkokul öğretmeninin anlattığı aşağıdaki öykü bu dönüşümü açıkça göstermektedir:

> Öğrencilerime sorular sorarak onları denetlemeye çalışırdım. Bu soruları öyle sorardım ki, çocuklar hep benim beklediğim yanıtları verirlerdi. Örneğin, "Kütüphanede sessiz olacağız, değil mi, çocuklar?" Sonra onlar iyi çocuklar olarak hep bir ağızdan, "Eveet." diye yanıtlarlardı. "Koşacak mıyız?" yanıt, "Haayıır." Öğrencilerimi geziye ya da sınıfa gelecek ziyaretçilere hep böyle hazırlardım.

Öğrenciler her sorumu onaylardı: "Hayır, koşmayacağız." Sonra da hep koşarlar, birbirlerini itip kakarlar ve bağırırlardı. Sınıfa dönünce ben yine sorardım: "Verdiğimiz sözleri tutuyor muyuz, çocuklar?" Ve her zamanki yanıt: "Eveet, tutuyoruz."

EÖE sınıfında o bandı dinleyince konuşan öğretmenin sesinin ne kadar aptalca geldiğini ve benim de ne kadar ona benzediğimi farkettim. Teneffüsten sonra derse geç kaldıkları için haftalardır söylenip duruyordum. Yeni öğrendiğim Yöntem III'ü kullanmaya karar verdim:

Sınıfa gitmek için sıraya girmekte hep gecikiyorlardı, ben de dışarı çıkıp sıraya girmeleri için onlara bağırıp çağırıyordum. Hepsinin sıralanması ve sınıfa girmesi bize en az on dakika kaybettiriyordu. Sınıfa girince yine soruyordum. "Zil çalınca oyuna devam edecek miyiz, çocuklar?" Yanıtlıyorlardı, "Hayır." "Zil çalınca ne yapacağız?" "Sıraya gireceğiz." Sonra yine ben, "Bundan sonra sıraya girmeniz için sizi çağırmayacağım." Ve yanıt, "Tamam." Ama ertesi gün her şey yine eskisi gibi yeniden başlardı. Bu hafta her zamanki sorularımın yerine, onlara Ben-iletileri gönderdim. Bağırmaktan bıktığımı ve müdürün zaman kaybettiğimiz için bana kötü rapor vermesinden korktuğumu söyledim. Sonra da onları dinledim. Duyduklarım beni şaşırttı. Sıraya girip güneş altında beni beklemekten bıktıklarını söylediler. Hem neden sıraya girmeleri gerekiyormuş ki? Zil çalınca doğrudan sınıfa giremezler miymiş? Her zaman sıraya girildiğini söyledim. Nedenini öğrenmek istediler. Bir süre düşündüm. Akla uygun bir nedeni yoktu. Yalnızca her zaman yapageldiğimiz bir şeydi. Bu yanıtım hiç de doyurucu değildi. Sonra gereksinimlerimizi sıralamaya karar verdik. Benimki, onların en kısa sürede düzenli bir biçimde bahçeden sınıfa girmeleriydi, onlarınkiyse, sıraya girip güneş altında beni beklememek ve benim gözetimimde asker adımlarıyla sınıfa girmemekti.

Öğrencilerden birinin önerisini uygulamaya karar verdik. Zil çalınca onlar bahçeden, ben de öğretmenler odasından gelip sınıfa birlikte girecektik. Üç gündür bunu deniyoruz, çok güzel işliyor. Onları sıraya dizip sınıfa sokmak için tükettiğim zamanı kazandık, artık bahçeye çıkmam gerekmiyor. Ama en önemlisi, sınıfta birbirimize karşı hissettiklerimiz. Eskiden sınıfa gelince herkes deliye dönmüş olurdu. Şimdi sınıfta kimse kırgın ve öfkeli değil. Sorunumuzun en zor yanı, çocukların beni, sıraya girmeye gerek olmadığına inandırmaları oldu.

ÇOCUKLARIN DAVRANIŞLARI ASLINDA KÖTÜ DEĞİLDİR

EAE ve EÖE kursları, anababaların ve öğretmenlerin çocukların davranışlarına bakışlarında köklü bir değişiklik sağlar. Kurs öncesinde davranışaları "iyi" ya da "kötü" olarak ayırırlar. Bu ayırım çocuklar daha çok küçükken başlar. Eğitim programlarımızda anababaların çocuklarının davranışlarının aslında kötü olmadığını anlamalarına yardım etmeye çalışırız.

"Kötü davranış" tanımlamasının yalnızca çocuklar için kullanılması çok ilginçtir. Aşağıdaki sözlerin söylendiğini hiç duymayız:

"Kocam dün çok yaramazlık yaptı."
"Dün akşam partide arkadaşlarımızdan biri edepsizlik etti."
"Arkadaşım yemekte huysuzluk yapınca çok kızdım."
"Son zamanlarda işçiler hiç doğru durmuyorlar."

Bu tanımlama geleneksel olarak yetişkinlerin çocukları nasıl gördüğünü gösteren yalnızca anababalara ve öğretmenlere has bir dildir. Bir de anababalar için yazılmış kitaplarda kullanılır.

Yetişkin, çocuğun yaptığı bir davranışı, çocuğun yapması gereken davranış türüne ters olarak değerlendirince, çocuğun yaramazlık yaptığını söyler. Böyle olunca yetişkinin o davranışla ilgili vardığı kararın değer yargısı olduğu açıktır. Belli bir davranış etiketlenmiş, olumsuz yargılanmıştır. Çocuğun davranışını yaramazlık olarak gösteren şey, davranışın algılanması ya da yetişkine göre kötü bir davranış olmasıdır. Davranışın "kötülüğü" aslında çocuğun değil yetişkinin kafasındadır; çocuk yaramazlık etmek için değil gereksinimini karşılamak için o davranışı yapmaktadır.

Daha doğru bir anlatımla, yetişkin kişi davranışın kendisini değil, sonuçlarının kötü olduğunu hisseder.

Anababalar ve öğretmenler bu ayrımı kavrayınca, çocuklarına ve öğrencilerine karşı tutumlarında belirgin bir değişiklik olur. Onların tüm davranışlarını kendi gereksinimlerini gidermek için yapılmış davranışlar olarak görmeye başlarlar. Çocukları kendileri gibi gereksinimlerini karşılayacak çeşitli davranışları yapan kişiler olarak görmeye başlayınca, davranışları iyi ya da kötü olarak değerlendirmekten vazgeçerler.

Çocukların aslında yaramazlık yapmadıklarını kabul etmek, yetişkinlerin onların yaptıklarını her zaman kabul edecekleri anlamına gelmez. Etmeleri de gerekmez. Çocuklar yetişkinlerin mutluluklarını engelleyen davranışlar yaparken bile "kötü" değillerdir. Niyetleri yetişkini rahatsız etmek değil, hoşlandıkları bir şeyi yapmaktır.

Anababalar ve öğretmenler sorunun odağını çocuktan yetişkine çevirdikleri an, kabul edemeyecekleri davranışlarla başedebilmek için güç kullanmayan seçeneklerin bazılarının mantığını anlamaya başlarlar.

SORUN KİMİN?

İnsanların bu dönüşümü yapabilmelerine yardımcı olmak için "sorunu şahiplenme" kavramından yararlanıyoruz. Çocuğun yaptığı bir şey sizin kendi gereksiniminizin karşılanmasını engelliyorsa, o davranış size sorun yarattığı için onu kabul edilemez olarak düşünün. Burada sorunun "sahibi" sizsiniz.

Ama, çocuk gereksinimini karşılayamayınca, çocuğun bir sorunu vardır, yani sorunun "sahibi" çocuktur.

Kurslarımızda anababalardan ve öğretmenlerden çocuğun her davranışını görebilecekleri bir pencereyi gözlerinin önüne getirmelerini isteriz. Bu davranışlardan bazılarının kabul edilebildiğini bazılarının edilemediğini anlatırız. Kabul edilemeyenlerin pencerenin alt bölümünden görülmesi gerekir.

DAVRANIŞ PENCERESİ

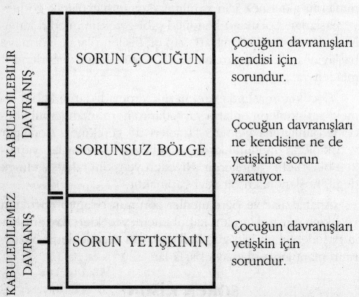

KABULEDİLEBİLİR DAVRANIŞ	SORUN ÇOCUĞUN	Çocuğun davranışları kendisi için sorundur.
	SORUNSUZ BÖLGE	Çocuğun davranışları ne kendisine ne de yetişkine sorun yaratıyor.
KABULEDİLEMEZ DAVRANIŞ	SORUN YETİŞKİNİN	Çocuğun davranışları yetişkin için sorundur.

Anababaların çoğuna sorun yaratacak davranışlardan bazı örnekler verelim: Anne/baba telefonda konuşurken, çocuk görültü yapar; anne/babanın acelesi varken çocuk oyalanır; çocuk eve çamurlu ayakkabılarıyla girer; küçük kardeşinin başına oyuncağıyla vurur; otomobili çok hızlı kullanır.

Dikdörtgenin üst bölümüne sorunu olduğunun işaretlerini veren davranışları yerleştiririz. Örnek: Çocuk kendisiyle oynayacak kimse olmadığı için üzgündür; arkadaşlarından birinin kendisine darıldığını söyler; aşırı kiloları genci mutsuz eder. Bunlar yetişkinlerle ilgisi olmayan sorunlardır.

Dikdörtgenin ortada kalan bölümü, çocuğun hem kendisine hem de yetişkine sorun yaratmayan davranışlarının yerleştirildiği yerdir. Yetişkin-çocuk ilişkisinde en zevkli zamanlardır bunlar. Davranış penceresinin bu bölümüne sorunsuz bölge diyoruz.

Kitabın bu bölümünde çocukların yetişkinlere sorun yaratan davranışlarını değiştirmede anababalara ve öğretmenlere yardımcı olabilecek yöntemler vereceğim. Daha sonraki bölümde ise çocukların kendi sorunlarını çözmelerine yardımcı olacak yöntemler göstereceğim.

1. Seçenek: Çocuğun Gereksinimlerini Öğrenmek

Altı aylık Barbara, gecenin yarısında uyanıp ağlamaya başlar. Derin uykularından uyanan anababa için bebeğin davranışı kabul edilemez. Çocuğu susturmak için ne yapabilirler? Tahmin yürütmelidirler. Anababaların sorununu çözmek için bebeğin ağlamasının ardındaki gereksinimleri bulmaya çalışmak bulmaca çözmeye çalışmak gibidir:

Üşüdü mü yoksa altını mı ıslattı? Bir bakalım. Hayır, altı kuru. Gazı mı var acaba? Kaldırıp sırtına biraz vuralım, gazını çıkaralım. Yine olmadı, gaz çıkarmıyor. Karnı aç olmasın? Biberonundaki süt bitmemiş, ama biberon ayak ucuna yuvarlanmış. Başardık. Biberonu emiyor. İyi. Şimdi uyur. Yatağına yatırayım. Uyudu bile. Artık biz de yatabiliriz.

Bebekler, huzursuzlaşınca, uyuyamayınca, mamalarını yerlere atınca tahmin yöntemi kullanılmalıdır. Bebeklerin, anababalarının kabul edemeyeceği davranışlar yapmalarının ardında mutlaka bir gereksinimlerini karşılamaya çalıştıklarını, yani bir neden olduğunu unutmayın. Anababalar dikkatlerini çocuğun gereksinimini ortaya çıkarmaya yoğunlaştırmak yerine davranışı cezalandırılacak bir "yaramazlık" olarak görünce, davranışın nedenini ya da çocuğun kendi kendine karşılayamadığı gereksinimini karşılama fırsatını kaçırmış olurlar.

Bebek konuşmaya başladıkça, tahmin oyunu daha kolaylaşır. Artık anababanın yapacağı şey çocuklarının söylediklerini dikkatle dinlemektir:

"Karnım ağrıyor."

"Bobby topumu aldı."

"Yatmasam olmaz mı?"

Aşağıdakiler gibi basit sorular sorulabilir:

"Neden ağlıyorsun?"

"Ne istiyorsun?"

"Kardeşine neden vurdun?"

"Neden hazırlanmıyorsun?"

Çocuğun verdiği yanıtlar çocuğunuzun o an için kabul edemediğiniz davranışını değiştirmek için neler yapabileceğiniz konusunda size ipucu verebilir.

2. Seçenek: Alışveriş Yapalım

Bebekler söz konusu olunca başka bir etkili yöntem de kabul edilemeyen davranışı kabul edebileceğiniz bir başkasıyla değiştirmektir.

Her yeri karıştırmaktan hoşlanan dört yaşındaki kızınız yeni naylon çorabınızı bulmuş onunla oynamaktadır. Çorabınızın kaçacağından korkarsanız eski bir çorabınızı bebeğe verir, yenisini elinden alırsınız. Değişikliği farketmeyen çocuk için eski çorap da yenisi kadar eğlencelidir. Çocuğun ve sizin gereksinimleriniz karşılanmıştır.

Yetişkinler alışverişi düşününce güç kullanıp çocuğun yaramazlığını cezalandırmayı akıllarına getirmezler.

3. Seçenek: Ortamı Değiştirmek

Anababaların ve öğretmenlerin çoğu, çocuğu değiştirmeye çabalamak yerine çocuğun ortamını değiştirerek kabul edilemeyecek davranışlarının çoğunu durdurabileceklerini sezgileriyle bilirler. Canı sıkkın, mızmızlanan bir çocuğun eline ilgisini çeken bir şey -boyama kitabı, bulmaca, kil v.b.- tutuşturulunca sessizce onunla oynadığını görmüşsünüzdür. Yuva öğretmenlerinin her gün uyguladıkları bu yöntem "ortamı zenginleştirmek"tir.

Çocukların bunun tam tersini istedikleri günler de vardır. Örneğin: Çocuklar yatmadan önce ilgilerini çeken şeylerle yakından uğraşmaya dalınca akıllı anne/baba "ortamı yoksullaştırma"nın zamanının geldiğini anlar. Aşırı uyarılmış çocuklar, masal okunarak ya da o gün yaptıklarını size anlatması istenerek sakinleştirilebilir. Anababalar çocuklarının etrafındaki uyarıcıları azaltmayı başarabilirlerse, yatmadan önceki mücadeleyi ortadan kaldırabilirler.

Anababanın aldığı önlemlerle bebeklerin kabul edilemeyen davranışlarından da kaçınılmış olur:

Kırılmayan bardak ve fincan almak
Kibritleri, bıçakları ve jiletleri saklamak
Kesici aletleri ve ilaçları kilitli dolaplarda tutmak
Kolay kayan küçük halı ve yollukları sabitlemek ya da kaldırmak.

Buradaki ilke çocuk yerine ortamı kısıtlamaktır.

Okul öncesi çocukların öğretmenleri kabul edilemez davranışları değiştirmek ya da önlemek amacıyla sınıf ortamını değiştirmede deneyimlidirler. Bu nedenle okul öncesi sınıflarda çocuklar çoğunlukla bir şeylerle sürekli meşguldürler ve yaramazlık yapmaya zamanları kalmaz. Anaokulu öğretmenleri çocukların sıkılmalarını önleyecek sınıf ortamını zenginleştirme eğitimi alırlar. Ayrıca onlara tek tek uğraşacakları farklı şeyler yaptırırlar.

Öğretmenler uyaranları azaltmak için ortamı ne zaman yoksullaştıracaklarını iyi bilirler. Odayı karartırlar, dinlenme zamanlarını programlarlar, resim yaptırma, film izletme ve masal anlatma gibi bazı "odaklanma teknikleri" kullanırlar.

Daha küçük çocukların ortamları kısıtlanarak kabul edilemeyen davranışları önlenmiş olur. Örneğin, bazı etkinlikleri için yer belirlemek (Boyamayı yalınızca resim odasında yapabilir.), oynayacağı arkadaşlarının sayısını azaltmak, sessizce oynaması için belirli yerler göstermek.

Ortamları çok fazla kısıtlanan çocukların bazen istenmeyen davranışlar yaptıkları olur. Bunu kavrayan öğretmenler çocukları dış dünyayla buluştururlar. Bilgi edinmek amacıyla geziler yaparlar, jimnastik salonunu ya da kütüphaneyi kullanırlar, sınıfları birleştirirler, kırlara çıkarlar vb.

Bazen ev ve okul ortamı çocuklar için gereksiz yere karmaşık olabilir. Bir yetmiş boyundaki yetişkinler için düzenlenmiş bir çevrenin yeni yürümeye başlayan bir bebeğe nasıl göründüğünü bir düşünün. Evde ve okulda çok fazla kural ve çocukların yerine getirmede zorlandıkları işler varsa kabul edilemeyen davranışlar ortaya çıkabilir. Anababalar ve öğretmenler çocukların kullanacakları eşyaları onların erişebilecekleri yerlere koyarak, çocukların görebilecekleri yerlere kuralları asarak; basamaklı tabureler alarak; çekmeceleri, dolapları etiketleyerek ortamı yalınlaştırabilirler.

4. Seçenek: Yüzleşici Ben-İletisi

Yüzleşici Ben-iletisi çocuğu suçlamayan, değerlendirmeyen, ancak onun yaptığı kabul edilemeyen bir davranış karşısında yetişkinin duygularını anlatan bir tepkidir:

"TV'nin sesi bu kadar yüksek olunca annenle konuştuklarımızı anlayamıyoruz."

"Diktiğim çiçekler ezilirse emeklerime yazık olacak diye korkuyorum."

"Sınıfta bu kadar çok gürültü olunca, söylediklerinizi anlayamıyorum."

"Okula gitmek için hazırlanmanı beklerken işime geç kalıyorum ve patronum bana çok kızıyor."

Etkililik Eğitimi kurslarımızın başlıca eğitim ilkelerinden biri geleneksel, suçlayıcı Sen-dili'nin yerine Ben-dili'nin kullanılmasını yerleştirmektir. Sen-iletileri suçlama, değerlendirme, yargılama ve eleştiri yüklüdür:

"Kes şu gürültüyü yoksa seni dışarı atarım."

"Utan!"

"Beni delirtiyorsun."

"Elbiselerini toplamazsan, dayağı yiyeceksin."

"Görmemişler gibi yemek yiyorsun."

"Senin yüzünden başıma ağrılar girdi."

Sorun yetişkinin olduğu için Ben-iletileri sorumluluğu yetişkinde bırakır ve çocukların davranışlarını değiştirtebilir. Çocuklar yaptıkları işler nedeniyle suçlanmıyor ya da aşağılanmıyorlarsa, sorun yarattıklarını duydukları zaman davranışlarını değiştirmeye ve yardımcı olmaya daha çok istekli olurlar.

Sen-iletileri bu etkiyi yapmaz. Aşağılanan ve suçlanan çocuklar değişmemek için direnirler. Öz saygıları zedelenir. Sen-iletileri'yle suçlanan çocuklar Sen-iletileri'yle karşılık verirler, böylece duyguları zedeleyen, gözyaşlarına neden olan, kapıların çarpıldığı, ceza tehditlerinin savrulduğu söz savaşları ortaya çıkar.

Konuşmalarının Sen-iletileriyle dolu olduğunun farkına varmak insanları çok şaşırtır. Kendi yaptıklarımızın farkında olmadan, duygularımızın sorumluluğunu başkalarına yükleriz. Sen-iletileri, bize sorun yaratan kişilerden öcümüzü almanın kolay yoludur. Ama onlarla amacınıza ulaşamazsınız. Tersine değişime direnen ve kendilerini savunan kişiler ve çocuklarla karşılaşırsınız. Bunların yanısıra Sen-iletileri:

- Karşılıklı suçlamaları ve yaralayıcı tartışmaları körükler.
- Çocukların kendilerini suçlu, aşağılanmış hissetmelerine neden olur. Onları eleştirir ve yaralar.
- Çocukların, sizin onlara yaptığınız biçimde karşılık vermelerine ve sizi aşağılamalarına neden olabilir.
- Çocukların gereksinimlerine saygı göstermediğinizi anlatır.

Sen-iletilerinden vazgeçip Ben-iletileri'ni kullanmayı öğrenmek yeni bir beceri elde etmekten çok daha fazla bir şeydir. Anababalar ve öğretmenler, çocuğun davranışını kabul edemedikleri zaman sorunun kendilerinin olduğunu kabullenmeleri onlar için çok önemli bir algısal dönüşümdür.

Ben-iletileri'ni anlayamayacak kadar küçük çocuklara sözsüz iletiler gönderilebilir:

Babası küçük Tony'yi markette kucağına alır. Tony babasının midesine tekmeler atmaya başlar ve her tekmenin ardından zevkle kahkahalar atar. Baba hemen Tony'yi yere indirir ve yürümeye başlar. (Sözsüz ileti: "Midem tekmelenince canım yanıyor, seni taşımak istemiyorum.")

Annesinin çok acelesi olduğu bir gün Judy sağa sola koşuşturarak otomobile binmek istemez. Anne eliyle Judy'nin arkasından iterek binmesini sağlar. (Sözsüz ileti: "Hemen binmeni istiyorum; çünkü çok acelem var.")

Ben-iletileri çocukları değişmeleri için etkiler, ayrıca anababalarının ve öğretmenlerinin de insan olduklarını anlamalarını sağlar: Yetişkinlerin de duyguları, gereksinimleri, istekleri ve sınırları vardır. Ben-iletileri çocukla yetişkin arasında belli bir eşitlik olduğunu üstü kapalı anlatır. Ben-iletisi'nin etkisi çocuklardan yardım istemesinden gelir. Altında yatan ileti şudur: "Davranışın bana sorun yarattı ve senin yardımını istiyorum." Aşağıdaki sözlerin yarattığı tepkiyi herkes çocukluğunda yaşamıştır:

"Çok kötü bir çocuksun."

"Doğru odana gidiyorsun."

"Bebek gibisin."

"Yapma şunu yoksa terlik geliyor."

"Bir daha yaptığını görmeyeyim."

"Bütün günümü berbat ettin."

"Sen beni öldüreceksin."

Ben-iletilerine iki nedenle "sorumluluk iletileri" de denir: (1) Ben-iletisi'ni gönderen yetişkin, duygularının sorumluluğunu alarak önce kendisini dinler ve değerlendirmesini çocukla paylaşarak sorumlu bir davranışı sergiler; (2) Kabul edilemeyen davranışını değiştirme sorumluluğunu çocukta bırakır.

Ben-iletileri'nin etkili yüzleşme için üç önemli ölçütü vardır:

1. Değişim isteği yaratabilir.
2. Çocuğun olumsuz değerlendirilmesi en alt düzeydedir.
3. İlişkiyi zedelemez.

Öğretmen, Ben-iletilerini sınıfta ilk kez kullandıktan sonra olanları anlattı:

Bu çocuklarla Ben-iletileri'ni kullanmaya hiç istekli değildim. Yönetilmeleri çok zordu. Sonunda tüm cesaretimi topladım ve resim atölyesinde boyalarla masaları kirletirlerken, onlara çok güçlü bir Ben-iletisi gönderdim: "Siz masaları kirletiyorsunuz, ben arkanızdan temizlemek zorunda kalıyorum. Bu da beni çok yoruyor ve sinirlendiriyor. Temizlik yapmaktan bıktım." Sonra durdum ve tepkilerini beklemeye başladım. Bana güleceklerini ve söylediklerime aldırmayacaklarını sanıyordum, ama öyle olmadı. Duygularımı işitince, şaşkınlıkla bir dakika kadar beni izlediler. Sonra biri, "Haydi gelin, masaları temizleyelim." dedi. Dilim tutulmuşttu.

Elbette tüm davranışları hemen düzelmedi. Ama şimdi her gün boyaları dökseler de dökmeseler de masalarını temizleyip çıkıyorlar. (Gordon, 1974)

Bu öğretmenin yaşadıkları ona özgü şeyler değildir. Öğretmenlerin hepsi çocuklarla doğrudan ve açıkça yüzleşmek için cesaretlerini toplamalıdırlar. Bir kez riski göze aldıklarında, "kötü" ya da "düşüncesiz" olarak niteledikleri öğrencilerin öğretmenlerinin duygularına karşı nasıl saygılı olduklarını göreceklerdir.

Başka bir öğretmen Sen-iletilerinden Ben-iletilerine geçerken yaşadığı zorluğu anlatıyor:

Sen-iletileri'nin öğrencilerime ve onlarla olan iletişimime ne denli olumsuz etki yaptığını anlamama karşın, Ben-iletileri ile konuşmak benim için çok zor oldu; çünkü bana küçükken, gerek okulda gerek evde "ben"li konuşmamam ve duygularımı dile getirmemem öğretilmişti. Büyüklerime göre "ben"li konuşmak ayıp, duyguları açıkça dile getirmek zayıflıktı. Bu konuda eğitim görmeme karşın, hangi duyguları yaşadığımı tam olarak anlayamıyorum ve bu nedenle hep huzursuzum. Aslında bu gönül rahatsızlığını bir yana bırakıp beni gerçekte neyin tedirgin ettiğini bulup çıkarmam gerektiğini de biliyorum. (Gordon, 1974)

Öğrenciler bu öğretmene gerçek bir kişi gibi bakmaya başlayacaklardır; çünkü o, duygularını önce kendisine sonra da başkalarına açmak ve düş kırıklığına uğrayabilen, acı çekebilen, korkabilen ve kızabilen bir kişi olduğunu göstermek için iç güvenini geliştirmiştir. Öğrenciler artık onu, zayıflıklarıyla, yetersizlik duygularıyla, tıpkı kendileri gibi bir kişi olarak göreceklerdir.

İyi bir Ben-iletisi: "Şöyle şöyle yapmalısın." "Bunu yapman gerektiğini düşünüyorum."gibi çözüm vermez. Yetişkinlerin sorunlarını çözmek için gençlerin kendi çözümlerini bulmalarına izin verir. Bu çözümler çoğu zaman yetişkinleri şaşkınlığa düşürecek kadar yaratıcı ve ustacadır. İki, üç yaşındakiler bile aşağıdaki örnekte anlatıldığı gibi yaratıcı olabilirler. Üç yaşındaki Mark, odasındaki eşyalardan korktuğu için orada uyuyamayınca anne ve babasının yatağına gider ve onları uyandırır:

Mark odasındaki bazı eşyalardan korktuğunu söylüyordu. Gündüz canavarları seviyor, ama geceleri onlardan korkuyordu. Cadılar Bayramı'ndan kalma kâğıttan bir iskelet ve canavar resmi onu korkutuyordu. "Mark, çok uykumuz var, yatağında yatsan iyi olur. Sen yatağımıza gelince biz uyuyamıyoruz, ertesi gün yorgun ve sinirli oluyoruz." dedim. Bu iletim belki on kez tepkisiz kaldı. Sonunda gitti ve pikabını çalmaya başladı. O zaman pikabın sesinin de bizi uyutmadığını söyledik. Pikabın sesini kendisi duyacağı kadar kıstı. Çok tatlıydı. Bu kadarı onu rahatlatıyor, bizi de rahatsız etmiyordu.

Bir baba yeni ektiği çimleri ezen oğlunun bulduğu ilginç çözümü anlattı:

Bir gün eve gelince oğlumun voleybol ağını yeni ektiğim çimlerin üzerine kurduğunu gördüm. Yeni çıkmaya başlayan çimlerin üzerinde sayısız ayak izi vardı. Çimlerin berbat olduğunu görünce nasıl delirdiğimi, yeniden ekmek için zaman harcamak istemediğimi anlatan güçlü bir Ben-iletisi gönderdim. Homurdanarak anladığını söyledi ve TV izlemeyi sürdürdü. Birkaç gün sonra eve döndüğümde komşu çocuklarla voleybol oynuyorlardı. Ağ araba yolunun üzerindeydi. Çocuklar çimlere basmadan üzerinden atlıyorlardı. Buna dikkat ettiğimi söyleyince çocuklardan biri, "Her ayak izi için karşı taraf bir servis kazanıyor." dedi. Bu çözümü nasıl bulduklarını bilmiyorum ama işe yaramıştı. Ben bunu asla düşünemezdim.

Çocuklar gereksinimlerinin önüne engel çıkarılmasını istemedikleri için çözüm üretmede onların üstlerine yoktur. Küçücük kafalarını hemen çalıştırır, istediklerini yapmaktan kendilerini alıkoymayacak, aynı zamanda yetişkinlerin gereksinimlerini de karşılayacak bir çözümü buluverirler. Aşağıdaki olayın kahramanlarını da harekete geçiren dürtü bu olmalı:

Müzik setimi temizlemiştim. Servisten gelecek elemanları beklerken dört ve yedi yaşlarındaki çocuklarım kaset dinlemek istediler. "Kaset koyacağınız zaman bana haber verin." yerine "Kapağı açarken parmak izlerinizi bırakmanızdan kaygılanıyorum. Servis elemanları gelmeden tekrar izleri temizlemek zorunda kalacağım." türünden bir Ben-iletisi gönderdim. Büyük oğlum kazağının kolunu esnetip eldiven gibi elinin üzerine geçirdi ve kapağı öyle açtı.

Çocuklarımıza değişebildiklerini bize göstermeleri için fırsat vermediğimiz gibi değişebilme yetenekleri olduğunu da küçümseriz.

5. Seçenek: Önleyici Ben-İletisi

Anababaların ve öğretmenlerin gelecek bir zamanda yerine getirilmesi için çocukların desteğine, işbirliğine ve yapacakları bir eyleme dayalı gereksinimlerini dile getirmeleri için kullandıkları iletiye Önleyici Ben-iletisi diyoruz.

Amacı yapılmış bir davranışın değiştirilmesinde çocukları etkilemek olan yüzleşici iletilerin tersine, önleyiciler gelecekte yetişkinlerin kabul edemeyeceği bir davranışı yapmamaları için onları etkiler. Gereksinimlerinizi ve isteklerinizi önceden bilmelerini sağlar.

Gereksinimlerinizi onlara bildirmeniz, yapmayı düşündüğünüz şeylerle yakından ilgilenmelerine yardımcı olur. Önleyici Ben-iletilerine örnekler:

"Okuldan çıktıktan sonra eve gelmeyeceksen bana haber vermeni istiyorum, o zaman seni merak etmem."

"Hafta sonu tatili için evden ayrılmadan neler yapmamız gerektiğini şimdiden planlamamızı istiyorum, o zaman hepsini yapabilmek için zamanımız olur."

"Önümüzdeki hafta müzeye gideceğiz. Çıkacak sorunları önleyebilmek için kurallarımızı koymamızı istiyorum."

"Büyükanneniz geliyor. Bizde bir hafta kalacak. Yanımızda kaldığı süre içinde onu rahat ettirmek için neler yapmamız gerektiğini düşünmemizi istiyorum. Tekerlekli sandalyesiyle rahatça dolaşabilmesi için yapabileceğimiz değişiklikleri kararlaştıralım."

Anababalar ve öğretmenler bu tür önleyici iletiler gönderince çocukların gösterdiği işbirliğine şaşar kalırlar. Çocuklar çoğunlukla aşağıdakine benzer tepkiler verirler:

"Bilmiyorduk."
"Hiç söylemedin ki."
"Bana söylemene sevindim."

Anababaların ve öğretmenlerin "hiç söylemedikleri" ya da çocukların homurdanarak geri çevirdikleri kaç tane karşılanmamış gereksinimleri vardır kim bilir?

Otoriter, buyurucu ve saldırgan olmadan gereksiniminizin nedenlerini de içine alacak biçimde bir Ben-iletisi şöyle olabilir:

"Yeniden işe dönmeye karar verdim; çünkü artan harcamalarımıza yardımcı olmak istiyorum. Aynı zamanda eğitimini aldığım konuyla ilgili bir işte çalışmak hoşuma gidecek. Şimdiye kadar benim yaptığım ev işlerinden bazılarını yapmanız için sizin yardımınıza gereksinimim var."

Önleyici Ben-iletileri'nin yalnız size değil çocuklarınıza ya da öğrencilerinize de yararları olduğunu göreceksiniz:

- Gereksinimlerinizin ve duygularınızın farkındalığını, denetimini ve sorumluluğunu sürdürürsünüz.

- Başkaları gereksinimlerinizi ve onlarla ilgili duygularınızı öğrenir.

- Dolambaçsız, açık ve dürüst olmaya model oluşturur ve başkalarının da öyle davranmalarına yardımcı olursunuz.

- Dile getirilmemiş gereksinimlerin neden olacağı gerginlik ve çatışmaları azaltma şansınız olur, böylece en iyi ilişkileri bile bozabilecek olumsuzlukları en aza indirebilirsiniz.

- Yaptığınız planların tüm sorumluluğunu üstlenir ve gelecekteki gereksinimleriniz için hazırlık yapmış olursunuz.

- Karşılıklı gereksinimlerin giderildiği, açıklığın ve dürüstlüğün egemen olduğu ilişkileriniz her zaman sağlıklı kalır.

Önleyici Ben-iletisinin çok belirgin olmayan bir etkisi de çocukların, anababalarının da insan olduklarını öğrenmeleridir: Onların da herkes gibi gereksinimleri, istekleri ve tercihleri vardır. Yapılması gerekenleri söylemeden, anababalarını mutlu edecek bir şeyler yapabilmeleri için çocuklara şans tanır.

Tek başına üç erkek çocuk yetiştiren bir anne, oğluna Önleyici Ben-iletisi'ni nasıl gönderdiğini anlatıyor:

Joe'nun bana öteki çocuklarımdan daha yakın olduğunu hissediyorum. Ona duygularımı anlatabilirim. Geçen akşam onun gitar çalıp şarkı söyleyeceği Okul Aile Birliği toplantısına gittim. Daha önce hiç gitmemiştim. Gelmemi istemişti ama orada hiç kimseyi tanımadığım için tek başıma kalmak istemiyordum. "Joe, daha önce okul toplantısına hiç gitmedim. Biraz

korkuyorum. Orada benimle ilgilen. Beni yalnız bı-
rakma." dedim. Okula gidince beni kapıda karşıladı,
içeri götürdü, birkaç kişiyle tanıştırdı, bana bir fincan
çay getirdi. Kelimenin tam anlamıyla bana göz kulak
oldu. (Gordon, 1974)

6. Seçenek: Direnmeyi En Aza İndirmek İçin Vites Değiştirmek

Ben-iletileri'nizi duyduktan sonra gençlerin size yar-
dımcı olacak tepkiler vermelerine şaşırsanız da yine zaman
zaman direnmeyle, inkâr ve rahatsızlıkla karşılaşacağınızı
da aklınızdan çıkarmayın. Ben-iletileri'nin bu tür tepkilere
neden olması anlaşılabilir; çünkü bunlar gençleri yapmaya
alıştıkları davranışları değiştirme olasılığıyla yüz yüze geti-
rirler. Çocuklar çoğu zaman duygularınızı duyunca şaşkın-
lığa uğrarlar ve kusursuz bir Ben-iletisi'yle anlatsanız bile
davranışlarının kabul edilemez olduğunu ve size sorun ya-
rattığını duymak hoşlarına gitmez.

Bu nedenle, Ben-iletilerinize bu tür tepkiler alınca, tav-
rınızı aynen sürdürmeniz yararsızdır. İletinizi tekrarlarsanız,
çocuklar, "Benim şuna şuna gereksinimim var, senin gerek-
sinimin benim için önemli değil." dediğinizi düşünür.

Ben-iletiniz tepkiyle karşılaşınca, hemen bir değişiklik
yaparak dinleme/anlama durumuna geçmelisiniz. Böyle bir
değişiklikle çocuğa, "Sözlerimin sende yarattığı duyguları
anlamak istiyorum." "İsteğimi ertelemeye çalışacağım; şim-
di senin duygularını öğrenmek istiyorum." iletilerini gön-
dermiş olursunuz. Vites değiştirmenizle (İleri vitesten geri
vitese geçtiğinizi düşünün.) karşınızdaki kişiler, onların
mutsuzluğu pahasına gereksinimlerinizin karşılanmasında
ısrarcı davranmayacağınızı anlarlar. Gereksinimlerinizden
vazgeçmeye hazır olmasanız bile, Ben-iletinizin karşınızda-
ki kişide neden olduğu sorunun niteliğini anlamış olursu-
nuz. Bu sizi uzlaşıcı bir çözüme götürebilir.

Vites değiştirme çocuğun direncini hemen kırar. Anlaşıldığını hissetmesi, davranışını değiştirmeye kendi kendine karar vermesine yardımcı olur. Değişmenin ne kadar zor olacağını yetişkinin anladığını hisseden çocuklar için, değişim daha kolay olur. Aşağıda bir baba ve kızının konuşmalarındaki vites değişikliğini ve bunun neden olduğu anlık etkiyi göreceksiniz:

BABA: Akşam bulaşıklarını tezgâhın üzerinde görünce çok canım sıkıldı. Akşam yemeğinin ardından bulaşıkları senin yıkayacağın konusunda anlaşmamış mıydık?

JAN: Dün akşam dönem ödevimi yetiştirebilmek için sabahın üçüne kadar çalıştım. Yemekten sonra yorgunluk çöktü.

BABA: Yemekten sonra bulaşıkları yıkamayı canın istemedi.

JAN: Evet, istemedi. On buçuğa kadar kestirdim. Yatmadan önce onları yıkamayı planlamıştım ama.

BABA: Peki, nasıl istersen.

Şimdi de sınıfa geç gelen bir öğrenciyle yüzleşen öğretmenin vites değiştirmesini görelim:

ÖĞRETMEN: Tom, sınıfa geç gelmen bana sorun yaratıyor. Sen içeri girince dersi kesmek zorunda kalıyorum. Bu da benim dikkatimi dağıtıyor ve rahatsız oluyorum.

ÖĞRENCİ: Evet, ama bu sıralar yapmam gereken çok iş var. Bu yüzden bazen derse yetişemiyorum.

ÖĞRETMEN: (Vites değiştirerek etkin dinler.) Anlıyorum. Son günlerde yeni sorunların var.

ÖĞRENCİ: Doğru. Mr. Seller laboratuvar dersinden sonra orada kalarak, bir sonraki ders için kendisine yardım etmemi istiyor.

ÖĞRETMEN: (Dinlemeyi sürdürür.) Senden yardım istediği için mutlu olmuşsun.

ÖĞRENCİ: Evet öyle. Belki önümüzdeki yıl laboratuvar asistanı olabilirim ve ilerde bu benim için çok yararlı olabilir.

ÖĞRETMEN: (Dinlemeyi sürdürür.) Bu senin için iyi ve oldukça da önemli bir ödül olacak.

ÖĞRENCİ: Evet. Geç kalmamdan rahatsız olduğunuzu biliyorum. Ama sorun yarattığımı düşünemedim. Sessizce içeri girmeye çalıştığımı biliyorsunuz.

ÖĞRETMEN: (Dinlemeyi sürdürür.) Dikkat ettiğin halde sorun yaratmış olman seni şaşırttı.

ÖĞRENCİ: Eh, pek de öyle sayılmaz. Ne demek istediğinizi anladım. Dersi kesmek ve yoklamayı değiştirmek zorunda kalıyorsunuz. Mr. Seller'la konuşmaya dalıyoruz, bunun için geç kalıyorum. Geç kalmamın sorun yarattığını, birkaç dakika önce ayrılacağımı ona söylerim. Olur mu?

ÖĞRETMEN: Bu gerçekten iyi olur. Teşekkürler, Tom.

ÖĞRENCİ: Bir şey değil.

Bu olayda öğretmen ilk Ben-iletisi'yle sorununu ortaya koydu, ama daha sonra sorununa yardımcı olacak kabul edilebilir bir çözüm bulabileceği noktaya gelebilmesi için vites değiştirerek öğrenciyi dinledi.

7. Seçenek: Sorun Çözme

Çocukların davranışlarını hemen değiştirmeleri için bazen ne Ben-iletileri ne de vites değiştirme etkili olur. Böyle iletiler yalnızca bir tür sorun çözümüne kapı açacak yatıştırıcı ortamın yaratılmasına olanak sağlayabilir.

Ben-iletisi gence yaptığı davranışın size neden kabul edilemez geldiğini açıkça anlatır, ama o yine de, o anda bilemeyeceğiniz nedenlerle, davranışını sürdürmeye şiddetle gereksinim duyabilir. Bu yüzden davranışını hemen değiştirmeyince, ikinizin de aynı anda sorunu olacak demektir. Siz onun davranışından hoşlanmıyorsunuz, ama o hoşlanıyor! İkinci kez güçlü bir Ben-iletisi gönderseniz bile işe yaramayabilir.

Bu davranış hemen vazgeçip ödün vermenizi gerektirmez. Gereksinimleriniz hâlâ karşılanmadığı için sorununuz sürmektedir. Sizin göreviniz o anda karşılıklı sorun çözümünü başlatmaktır. Sorun çözümü en az dört basamak içerir:

1. Sorunu tanımlamak. (Gereksinimleriniz nedir? Çocukların gereksinimleri nelerdir?)

2. Çözümler üretmek.

3. Önerilen her çözümü değerlendirmek.

4. İki tarafa da uygun gelecek çözüm üzerinde anlaşmak.

EAE kursunda eğitimci olarak çalışan bir anne bunun nasıl işlediğini anlattı:

Çok güzel bir oyun bahçemiz var. Çevredeki tüm çocuklar buraya gelip oynar. Benim sorunum onların pazar sabahları da gelmeleri. O saatlerde çocukları izlemek değil, sessiz sakin oturmak, çayımı yudumlarken gazetemi okumak istiyorum. "Öğleye kadar buraya gelmezseniz çok sevineceğim, çünkü yalnız kalıp çay içmek ve gazetemi okumak istiyorum." dedim. Ama işe yaramadı. Her on beş dakikada bir gelip zili çaldılar. Öğle olup olmadığını sordular. Bu iletim işe yaramamıştı. Sorun çözme tekniğini kullanmaya karar verdim. Nasıl öneriler getireceklerini çok merak ediyordum. Gerçekte onları çok seviyor ve burada kendilerini rahat hissetmelerini istiyordum, ama kendi kendimle kalmaya da gereksinimim vardı. Herkes önerilerini söyledi. Sonunda, öğle olduğunu kapıya bayrak asarak onlara haber vermemi kararlaştırdık. Bayrağı görünce gelebilecekler, ama o ana kadar bahçe kapısına bile gelmeyeceklerdi. Bunu uyguladığımız ilk pazar günü, zamanı gelince bayrağı asmaya çıktım. Evin önündeki kaldırımda tüm çocuklar sıralanmış, gözlerini kapıya dikmiş, bayrağı görmek için dikkatle bakıyorlardı. Bu kimin önerisiydi anımsamıyorum, ama işe yaramıştı.

Bundan sonraki bölümde, sorun-çözme yöntemi daha ayrıntılı incelenecek. Burada anlatmak istediğim şudur: Ben-iletileri işe yaramayınca, kendinizin ve çocuğun gereksinimlerini karşılayacak bir çözüm bulabilmek için sorun çözümüne geçmeniz gerekecektir.

8. Seçenek: Kızdığınız Zaman "Birincil Duygunuzu" Bulun

Ben-iletileri'yle ilk kez karşılaşan bazı anababalar ve öğretmenler içlerinde sakladıkları duyguları yanardağın lav püskürtmesi gibi sayıp dökebileceklerini düşünürler. Eğitim alan bir anne derste, tüm haftayı iki çocuğuna kızarak geçirdiğini söyledi. Her şey iyiydi de annelerinin yeni davranışı çocukların ödünü koparmıştı.

Kızgınlık neden çocuklar için bu kadar korkutucu ve zarar vericidir? Anababalara ve öğretmenlere kızmamaları için nasıl yardımcı olunabilir? Sahi, kızgınlık nedir?

Öteki duyguların tersine, kızgınlık her zaman başka bir kişiye yöneltilir. Kızgınlık "Sana kızıyorum." "Beni kızdırdın." biçiminde anlaşılabilecek iletilerle ifade edilir. Bunlar aslında Ben-iletileri değil Sen-iletileridir. Sen-iletisini "Kızgınım." diyerek saklayamazsınız. Kızgınlık çocuğa suçlayıcı Sen-iletisi gibi gelir. Yetişkinin kızgınlığına neden olduğu için kötü çocuk olduğu iletisini alır. Aşağılandığını ve suçlandığını hisseder.

Kızgınlığın yaşadığımız başka bir duygunun ardından ürettiğimiz bir duygu olduğuna inanıyorum. İki örnekle açıklamaya çalışacağım:

Otoyolda giderken bir araç benimkine sürtünecek kadar yakınımdan geçer. Önce korkarım. Sürücünün davranışı beni ürkütmüştür. Birkaç saniye sonra beni korkutmasının sonucu olarak, "kızgın davranır" kornamı çalarım. Belki de katıksız bir Sen-iletisi gönderip, "O... çocuğu! Önce araba kullanmayı öğren!" türünden bir şey söylerim. Bu "kızgın davranışımın" işlevi, beni korkuttuğu ve bir kez daha böyle davranmaması için kendisini suçlu hisettirip onu cezalandırmaktır. (Gordon, 1970)

Büyük bir markette çocuğunu kaybeden annenin ilk duygusu korkudur. Çocuğunu ararken duygularının ne olduğu sorulsa, "Kalbim duracak, çok korkuyorum." der. Çocuğunu bulunca da içinden, "Çok şükür bir şeyi yok." deyip rahatlar. Ama çocuğa bambaşka şeyler söyler: "Yaramaz. Sana yanımdan ayrılma demedim mi? Beni çok kızdırdın." Bu anne ikincil duygusunu göstererek kızgın davranıyor. Amacı çocuğa ders vermek ya da kendisini korkuttuğu için onu cezalandırmaktır.

Kızgınlık, ikincil bir duygu olarak her zaman çocuğu suçlama ve olumsuz değerlendirme ileten Sen-iletisine dönüşür. Pek çok kez kızgınlığın, çocuğa bir ders vermek, onu suçlamak ya da cezalandırmak amacını bilinçli olarak ifade etmek için takınılan bir tavır olduğuna inanıyorum. Başkalarına kızınca, yaptıklarını onlara göstermek, onlara bir ders vermek, aynı davranışı yeniden yapmamalarını sağlamak, yani onları etkilemek için bilerek rol yapabiliriz. Kızgınlığın gerçek olmadığını söylemek istemiyorum. Kan basıncınızı artıracak, kalp atışınızı hızlandıracak, içinizde fırtınalar estirecek, dıştan sizi tir tir titretecek kadar gerçektir. Ne var ki, bu tepkiler çoğunlukla kızgın davranışın sonrasında gelir. Fizyolojik değişiklikleri getiren kızgın davranıştır. Ben insanların kendi kendilerini kızgınlıktan tir tir titretip içlerinde fırtınalar estirdiklerini söylüyorum. Bu fırtınaya neden olan kızgınlık öncesinde hissettikleri utanma, korku, kıskançlık, yalnızlık acı ya da her neyse odur. Birkaç örnek verelim:

Çocuk lokantada uygun olmayan bazı hareketler yapar. Anababanın birincil duygusu utanmadır. İkincil duygusu kızgınlıktır: "İki yaşında çocuk gibi davranmayı bırak. Seni getirdiğime beni pişman etme."

Çocuk C ve D'lerle dolu karnesini getirir. Annenin birincil duygusu düş kırıklığıdır. İkincil duygu kızgınlıktır: "Tüm dönem boyunca kaytardığını biliyorum. Kendinle övünebilirsin."

Aynı biçimde, öğretmenler de yaşadıkları kötü bir birincil duygunun sonucu olarak kendi kendilerini kızdırabilirler. Örnek:

Bir öğrenci süslemeleri asarken neredeyse pencereden düşme tehlikesi atlatır. Öğretmenin birincil duygusu korkudur. Öğretmen kızar ve bağırır, "Hemen aşağıya in; iş yaparken dikkatli olmayı beceremiyorsun."

Öğretmen dersle ilgili bir değişiklik yapar ve ilginç bir gösteri hazırlar, ama öğrenciler sıkılır, birbirlerine küçük notlar göndermeye başlarlar. Öğretmenin birincil duygusu düş kırıklığıdır. Kızar ve, "Bir daha öğrendiğimiz konuyu ilginçleştirmek için çabalamayacağım. Ne kadar düşüncesiz olduğunuzu biliyor musunuz?"

Dördüncü sınıf öğrencisi kesirlerin toplamasını bir türlü öğrenemez. Öğretmenin birincil duygusu yılgınlıktır. Kızgınlıkla öğrenciye bağırır, "Bu basit şeyi öğrenmek için hiç çaba harcamıyorsun. Üçüncü sınıf öğrencisi bile şimdiye kadar bunları öğrenirdi."

Öğretmenler kızgın iletilerin çocukların öğrenmesine yardımcı olmadığını itiraf etmeye hazırdırlar. Aksi olsaydı, hiç başarısız öğrenci olur muydu?

Anababalar ve öğretmenler çocuklara kızgın Sen-iletileri göndermemeyi nasıl öğrenebilirler? Kurslarda sınıflarımızdan edindiğimiz deneyimler oldukça umut verici. İlk önce yetişkinlerin birincil ve ikincil duyguları arasındaki farkı anlamalarına yardımcı oluyoruz. Bunu kavradıktan sonra tüm dikkatlerini birincil duygularının üzerinde topluyor ve ikincil (kızgın) duygularını daha çok denetimleri altına alıyorlar. Bu da onların davranışlarının daha çok farkına varmalarına, aşağıdaki örneklerde görüleceği gibi birincil duygularını ayırt etmelerine yardım ediyor:

Bilinçli bir anne olan Mrs. C. çocukluğunda çok çalışkan ve okulunu seven bir öğrenciymiş. Kızı kendi gibi olmadığı için ona sık sık kızdığının farkına vardığını anlattı. Mrs. C. kızının okuldaki başarısının onun için çok önemli olduğunu ve ne zaman kendisini bu konuda hayal kırıklığına uğratsa, ona kızgın Sen-iletileri gönderdiğini anlamaya başladı.

Profesyonel bir danışman olan Mr. J. başkalarının yanında kızına neden o denli kızdığının şimdi farkına vardığını itiraf etti. Kızı, babasının tersine sıkılgan bir çocuktu. Onu arkadaşlarına tanıttığı zaman onlara, "Nasılsınız? Sizi tanıdığıma memnun oldum." türünden sözler söyleyemezdi. Ağzının içinde yuvarlayarak çıkardığı, neredeyse yalnızca kendisinin duyabileceği küçücük bir "Merhaba" sözcüğü babasını utandırırdı. Şimdi, bu utancının arkasında arkadaşlarının kendisini korkak, sinmiş bir çocuk yetiştiren katı ve baskıcı bir baba olarak yargılayacakları korkusunun olduğunu itiraf etti. Bir kez bunu anlayınca böyle zamanlarda kızgınlık duygularının üstesinden gelebilecekti. Artık kızının kendisinden farklı bir kişiliğe sahip olduğu gerçeğini kabul etti. Kızgınlığını göstermeyince kızı da kendini daha rahat hissedecekti.

EÖE sınıflarımızdan birinde eğitim gören bir öğretmen sınıfta öğrencilerinden biriyle ilgili bir olay anlattı:

Charles beni kızdırmak için özellikle bir şey yapmadığı halde, ona çok kızıyordum. Kursta kızgınlık duygumun altında başka duyguların var olduğunu öğrenince, Charles ile ilgili birincil duygumun ne olduğunu düşünmeye başladım. İtiraf etmek zor geliyor, ama o sınıftayken kendimi daha güvensiz duyumsadığımın ayırdına vardım; çünkü zekâsı ve keskin diliyle beni öğrencilerimin önünde her an küçük düşürebilirdi. Demek ki birincil duygum korkuydu. Bunu kendisine söyledim, çok şaşırdı. Meğer o da zor ve ilginç sorular sorarak benden puan toplamak amacındaymış. İkimiz de gülmeye başladık. Artık onun tarafından sıkıştırılacağımı düşünmüyorum. Yine de tutup o tür sorular sorduğunda gülüyor ve, "Sana bir puan daha." diyorum.

Eğitimlerimiz sırasında anababalar ve öğretmenler, kızgın Sen-iletileri gönderdiklerinin farkına varınca, kendilerine "Bana neler oluyor? Çocuğun davranışı hangi gereksinimimi karşılamamı engelliyor? Hoşuma gitmeyen birincil duygum nedir?" sorularını sormalarının iyi olacağını öğrenirler.

BEN-İLETİLERİ, GÖNDEREN KİŞİYİ NASIL DEĞİŞTİRİR?

Anababalar ve öğretmenler Ben-iletileri göndermeye başlayınca, hem kendilerinde hem de çocuklarda değişiklikler olduğunu görürler. Bu değişimin farklı sözcüklerle tanımlansa da tüm sözcüklerin dürüstlüğü, doğruluğu ve açıklığı anlattığına tanık oldum:

"Artık küçük çocuğumla oynamak istemediğim zaman oynamak istiyormuşum gibi davranmak zorunda değilim."

"İsteksiz olduğumu saklamıyorum."

"Duygularımla söylediklerim birbirine uyuyor."

"Şimdi insanlara karşı dürüstüm."

"Ben-iletileri insanlarla açık olmama yardımcı oluyor."

"Olduğun gibi davran" sözü buraya ne kadar da uyar. Yetişkinler dürüst iletişimin yeni bir biçimini kullanarak gönderdikleri Ben-iletileri'nin içtenliğini de içlerinde hissetmeye başlarlar. Bu beceri kendi gerçek kişilikleriyle de iletişime geçmelerine yarar. Başkasına yönelik olan Sen-iletileri ise aynı etkiyi yapmaz.

EAE bitirenleriyle yaptığımız görüşmeler, kursun bir tür dürüstlük eğitimi verdiğini de bize açıkça gösterdi. Görüştüğümüz annelerden biri bu konuda şunları söyledi:

EAE'den önce sanki belli rolleri oynuyormuşum. Bir daha öyle davranacağımı sanmıyorum. Kendim oldum ve özgürüm. Sevilmemi ve kabul edilmemi riske atma özgürlüğüm var. Sevilmezsem ve kabul edilmezsem, ne yapalım, olsun. ... Kocam da şimdi duygularını içine atmıyor, konuşmaya daha istekli, açıkça konuşabiliyoruz. ... Her şey dürüst bir Ben-iletisi göndermeye bağlı. "Buna ayıracak zamanım yok." "Şimdi onu yapamam." sözlerini artık rahatlıkla söyleyebiliyorum.

Bir baba da kendisindeki değişikliği şu sözlerle anlatıyor:

Şimdi çok daha iyi oldu; çünkü tutamayacağımız sözler vermekten kurtulduk. Bu büyük bir rahatlık. Bir şeye hayır diyeceksek, "Hayır, şimdi olmaz. Yapmam gereken önemli bir işim var. Belki yarın yapabilirim." diyoruz.

Bir anne kendisine ve kocasına çocukken duygularını bastırmalarının öğretildiğini söyledi:

Olumsuz duyguları kabul etmek her zaman en büyük zorluklarımızdan biriydi. Kocamın ve benim ailelerimizde olumsuz duygular kabul edilmezdi. Hepimiz her zaman mutlu olmak, bir şeylerle uğraşmak zorundaydık. Canımızın sıkılması ya da üzüntülü olmak kötü karşılanırdı. EAE kursu sayesinde canımın sıkılabileceğinin ve üzgün görünebileceğimin doğal olduğunu ve bu duygularımı gösterebileceğimin farkına varmak benim için büyük bir rahatlık oldu.

Ben-iletileri'yle baskılardan kurtulduğunu hisseden bir anne şöyle diyor:

Kendimi anlatabilmek ve bencil görülmekten suçluluk duymamak çok rahatlatıcı. Çocuklarıma bu iletileri göndermek kendimi özgür hissetmeme neden oluyor. Eskiden, "Kendimi şöyle şöyle hissediyorum." demezdim.

Ben-iletilerinin kesin bir ferahlatıcı etkisi vardır. Anababaların duygularını içlerine atmayıp ifade etmelerine yardım ediyor:

Ben-iletisiyle duygularınızı açıklıyorsunuz ve bir başkasının sizi duyduğunu biliyorsunuz. Duygularınızla ilgili bir şey yapsınlar ya da yapmasınlar, bunun önemi yok. Duygularınızı açıkladıktan sonra olaylar eski önemini yitiriyor.

Sorunlu çocukların eğitim gördüğü bir lisenin müdürü birkaç öğrenciyle yaşadığı bir olayı anlatıyor:

Okul kurallarını sürekli hiçe sayan bir grup öğrencinin davranışlarına haftalardır sabır gösteriyordum. Bir sabah odamın penceresinden baktığımda aynı çocukların ellerinde gazoz şişeleriyle bahçeye çıktıklarını gördüm. Yine kuralları çiğniyorlardı. EÖE kurslarında öğrendiklerimi denemenin tam sırasıydı. Hızla bahçeye koştum ve duygularımı Ben-iletileriyle anlatmaya başladım: "Bu okulu bitirmenize yardımcı olmak için elimden gelen her şeyi denedim. Tüm benliğimi bu işe adadım. Buna karşılık sizin yaptığınız, kuralları çiğnemek. Saçlarınızı istediğiniz uzunlukta kesmenize razı oldum, ona bile yanaşmadınız. Şimdi de ellerinizde gazoz şişeleriyle bahçedesiniz. İçimden bu okuldan ayrılıp işe yaradığımı hissedebileceğim başka bir okula gitmek geliyor. Burada başarısız olduğumu hissediyorum.

O gün öğleden sonra çocuklar odama geldi. Çok şaşırdım. "Müdür Bey, bu sabah olanları aramızda konuştuk. Sizin bu kadar kızacağınızı düşünmemiştik. Daha önce hiç kızmamıştınız. Buraya başka müdür istemiyoruz. Saçlarımızı istediğiniz kısalıkta kesebilirsiniz. Öteki kurallara da uyacağız." dediler. (Gordon, 1974)

Sözlerin yarattığı şoku üzerinden atınca çocuklarla başka bir odaya geçmişler. Çocuklar, saçlarını kurallara uygun olarak kesmesine izin vermişler. Müdür saç kesimi sırasında yaşadıkları eğlenceli anların bu olayda en önemli şey olduğunu söyledi. Çocuklar ona ve birbirlerine daha yakınlaşmışlar. Odadan çıkarken o okulda eşine pek rastlanmayan sıcak duygular içindeymişler.

Bu öykü, yetişkinler kendilerine dürüst davranırsa, çocukların nasıl tepki verdiklerini ve sorumlu davranışlar sergilediklerini gösteriyor. Yetişkinlerin gereksinim duydukları şeyi yalnızca kendilerinin verebileceğini bilmeleri çocukların koltuklarını kabartır. Öğretmenlerin, öğrencilerdeki yetişkinlerin gereksinimlerini karşılama isteklerini harekete geçirememeleri ne kötü; onlara açıkça duygularını söylemek yerine onları aşağılamaları ve onlara emirler yağdırmaları ne kötü!

Anababalar ve öğretmenler Ben-iletileri göndererek olumlu bir davranışa da model olurlar: Karşılarındaki kişilerden istedikleri bir şeyi onlara söyleyebileceklerini gösterirler. Başkalarını suçlamayan, aşağılamayan duyguları iletmenin bir yolu olduğuna modellik ederler.

Bu modeli gören çocukların kendi ilişkilerinde gereksinimlerini karşılamak için Ben-iletileri kullanmayı öğrendikleri görülüyor. Anababalarının ve öğretmenlerinin onlara karşı dürüst olmalarıyla bu çocuklar da onların dürüst, açık ve gerçek olduklarını anlamaya başlarlar.

Ben-iletileri yetişkinlerin çocukları denetlemek için kullanabilecekleri bir yöntem değil, tersine kendilerini denetlemeleri için sorumluluğu çocuklara veren bir yöntemdir. Ben-iletileri kişilerin kendi sorumluluklarını yüklenmelerine ve kendilerini disipline sokmalarına yardım eder. Bu önemli ilkenin doğruluğu Berkeley'deki California Üniversitesi'nden Diana Baumrind'in anaokulu çocuklarıyla yaptığı klasik bir deneyle kanıtlanmıştır. Baumrind (1967), yaptığı deneylerin sonucunda, tehdit etmeyen ve cezalandırmayan, ama "bilgiye dayalı yapılanma" adını verdiği mantıklı anlatımı çok kullanan anababaların çocuklarının kendilerini denetleme ve disipline sokma oranının çok yüksek olduğunu tespit etmiştir. Kulağa çok akademik gelen bu terim, bizim, çocuklara davranışlarının başkaları üzerindeki olumsuz etkilerini anlatan Ben-iletisi'dir. Baumrind, bu iletilerin çocukların davranışlarının sonuçlarını içselleştirmelerine ve -benim kendi kendini disipline sokma dediğim- iç denetimlerini geliştirmelerine yardım ettiğini söylüyor.

Baumrind'in araştırmasına göre, bu tür iletiler, anababaların kabul edici oldukları zaman çok daha etkili oluyor. Çoğu zaman kabul edici olan bir anne/babanın çocuğu, bir davranışının kabul edilmediğini anlatan arada bir gönderilen Ben-iletisine çok daha fazla dikkat eder. Ama kabul edici olmayan anne/babanın çocuğu duyduğu Ben-iletisini "başka bir" kabul etmeyen ileti diye önemsemez.

Beşinci ve altıncı sınıfları okutan iki öğretmenin katıldığı bir deneyde çocukların yıkıcı davranışlarını değiştirmeleri için Ben-iletileri kullanılmasının etkileri gösterildi. Deneyde, öğretmenlere Ben-iletileri öğretildi, ne zaman kullanacakları gösterildi ve uygulama yapacakları bir olay yaratıldı. Beşinci sınıf öğretmeni deney sonrasında sınıftaki olumsuz davranışları yüzde elli azaltırken öğrenme zamanını yüzde yirmi beş artırdı. Ama, kısa bir süre sonra Sen-iletileri kullanmaya başlayınca her şey eskiye döndü. Altıncı sınıf öğretmeni belirlenen sekiz öğrenciyle Ben-iletilerini kullanmayı sürdürdü. Bunlardan altısının olumsuz davranışları azaldı ve dört tanesinin çalışma süreleri arttı. (Peterson ve ark., 1979)

Çocukların oyun odasındaki ilginç oyuncakların bazılarıyla oynamasını önlemek için ceza ve Ben-iletileri'nin göreli etkisinin karşılaştırıldığı başka bir çalışma yapıldı.

Çalışma sırasında çocuklara gönderilen iletiye bakınca, onun iyi kurulmuş bir Ben-iletisi (Deneyde bu terim kullanılmıyor.) olduğunu göreceksiniz:

> Bu oyuncakların bazılarına dokunmayacaksınız ve onlarla oynamayacaksınız; çünkü elimde onların aynısından yok. Kırılır ya da eskirlerse, onları bir daha kullanamam. Bunun için onlara dokunmanızı ve onlarla oynamanızı istemiyorum.

"Bilgiye dayalı ileti" de denen bu ileti, araştırmacının yokluğunda bile çocukların yasaklanan oyuncaklarla oynamalarını önlemede cezadan daha etkili oldu. Araştırmayı yapan kişinin söylediğine göre, "Oyuncağa dokunma dürtüsü harekete geçince çocuğun iç düşünce süreci, davranışını denetlemede dıştan verilen cezadan daha etkilidir." Aynı çalışmadan elde edilen başka bir bulgu da şudur: Çocuğun dürtüsüne kapılmaması için verilen fiziksel cezanın etkisi zaman içinde zayıflamaya başlarken, Ben-iletisi'nin etkisi azalmadı (Parke, 1969). Bu çalışma güç kullanmayan Ben-iletilerinin lehinde ve cezalandırarak disipline sokmanın aleyhinde olan en geçerli argümanlardan biridir.

Özüne saygı kavramı bize Ben-iletilerinin değeriyle ilgili çok şey anlatır. Özüne saygı -ya da olmaması- kişilerin yaşamında önemlidir. Özüne saygının sporda, işte ve okulda başarı için yüksek motivasyon sağladığı görülmüştür. Çalışmalar, ayrıca özlerine saygıları yüksek gençlerin, çok arkadaşlarının olduğunu, arkadaşlarının kendilerine zarar verecek baskılarına daha çok karşı durduklarını, eleştirileri ve başkalarının düşüncelerini daha az önemsediklerini, IQ'larının yüksek olduğunu, daha bilgili, daha düzenli, daha az utangaç olduklarını, göz önünde olmaktan korkmadıklarını, daha atılgan olduklarını ve gereksinimlerini karşılayabildiklerini gösteriyor. Öz saygının yüksek olmasının zihinsel sağlığın temeli olduğu kabul ediliyor.

Psikolog Stanley Coopersmith, iyi bilinen çalışmasında özüne saygının yüksek olmasının ardında yatan nedenleri ortaya koymuştur. Özüne saygıları yüksek erkek çocukların annelerinin onlarla (Ben-iletileri'mize benzeyen) "mantıklı düşünme ve tartışma sözcüleriyle" konuşurken, özlerine saygıları olmayan erkek çocukların annelerinin daha çok ceza ve baskı uyguladıklarını ortaya çıkardı. Cezalandıran disipline sürekli gösterdiğim tepki, bu çalışmayla güçlü biçimde desteklenmiş oldu. Ayrıca, Kurslarımızda öğretmekte olduğumuz güç kullanmayan yöntemlerin doğruluğunu ve suçlayan Sen-iletileri göndermenin zararlarını da onayladı.

İleriki bölümlerde çocukların öz saygılarının artmasında EAE kursunun etkisinin büyük olduğunu gösteren bir çalışmadan söz edeceğim.

y@di

Aileyi ve Sınıfı
Yönetmenin Yeni Yöntemleri

Bundan önceki bölümde çocuğun yetişkinin kabul edemeyeceği davranışını değiştirme sorumluluğunu almasının, suçlayan Sen-iletileri ya da güç kullanarak değil, daha etkili başka yollar kullanarak sağlanacağını görmüştük. Bu bölümde ise, ailede ve sınıfta çocukları yönetmenin yeni ve daha iyi bir yolunu göstereceğim.

Yeni liderlik ve yönetim biçimi, çocukların yıkıcı ve kabul edilemeyen davranışlarını değiştiren bir yöntemden çok, bu davranışların oluşmasını önleyen bir yöntemdir. Pek çok kurumda denenmiş bu yeni yöntem, aile ve sınıf yönetimi için de aynı ölçüde etkili olabilir.

KATILIMCI YÖNETİM

ABD'de katılımcı yönetim adı verilen yeni bir liderlik biçiminin sonucu olarak sessiz bir devrim yaşanmakta. (Terminoloji yanıltıcı olabilir, ancak bazen bu yönetim biçimi "kurumsal liderliğin Japon modeli" olarak da geçiyor.) Yeni yöntem işyeriyle, üretim yöntemleriyle, kalite denetimiyle, üretim ve hizmet planlamasıyla, belirlenecek kurallar ve şirket politikasıyla ilgili kararların alınmasında çalışanların katılımını artırıyor.

Aralarında AT&T, General Motors, Ford ve Honeywell gibi Fortune 500 şirketlerinin de bulunduğu altı binden fazla ABD şirketi, bu yönetim felsefesini benimsedi. Yöneticilerine, liderliğin daha demokratik olan bu biçimini uygulamaları için gerekli olan becerilerin eğitimini aldırıyorlar.

Joan Simmons ve William Mares'ın birlikte hazırladıkları *Working Together* adlı kitapta yazarlar, ABD'de ve Avrupa ülkelerinde, kararlar alınırken ve sorun çözülürken çalışanların da katılmasını sağlayacak projeler başlatan elli şirkette yaptıkları araştırmadan elde ettikleri bulguları topladılar. Bulgulara göre katılımın yararları çok etkileyiciydi:

> Verimliliğin yüzde on ve üzerinde artması olağan karşılanıyor ve bu artış birkaç yıldır sürüyor. Projelerin başlarında her çalışanın verimliliği yüzde yüz artabilir. Sorunlar 3000'den 15'e düştü ve aynı sayıda kaldı. İşe gelmeyenlerle işten ayrılanların sayısı yarı yarıya azaldı. ... Katılımcı yönetimin uygulanmasında önderlik edenler için en önemli yarar çalışanların gelişmesidir. Maddi yararlar ikinci sıraya geriler. Şirket çalışanları kendilerini daha iyi hissederler. İşe gitmek bir zevk olur. Öz saygıları ve kendilerine güvenleri artar. Az bile olsa, yaşamlarının denetimini ellerine geçirir, zayıflık duygusundan kurtulurlar. (Simmons ve Mares, 1983)

Liderliğin bu demokratik biçimi ya da "işyerinde demokrasi", "politik demokrasi"yle karıştırılmamalıdır. İşyeri demokrasisi çalışanlara, işlerini etkileyecek kararların alınmasında doğrudan katılma hakkı verirken, politik demokrasi çoğunlukla sorunlarla uğraşacak bir temsilci seçmek için kişilere oy hakkı verir.

---

*) **Birlikte Çalışmak** diye Türkçeleştirilebilir. ÇN.

Katılımcı yönetimde, kurum içinde gücün paylaşılması ve yeniden dağıtılması esastır. Yönetenler ve yönetilenler arasına duvar çeken eski tip yönetimin tersine, işçilerin işleri, çalışma koşulları üzerinde denetim hakları vardır ve iş kurallarıyla ilgili kararları yöneticileriyle birlikte verirler. Şirketinde katılımcı yönetimi uygulayan başkan James F. Lincoln, yapılan işi şöyle tanımlar: "Bırakınız her işçi yönetsin; bırakınız her yönetici çalışsın."

Öğretmenlerin, okul yöneticilerinin ve öğretmen yetiştiren kişilerin arasında, okulda kararlar alınırken öğrencilerin katılımının sağlanmasının, disiplinin iyi işlediği okullarda anahtar öğe olduğunu anlayanların sayısı gün geçtikçe artmaktadır.

Ünlü psikiyatr ve okullarda danışmanlık yapan William Glasser, geleneksel yönetici-işçi ilişkisiyle öğretmen-öğrenci ilişkisi arasındaki benzerliğe dikkat çeker. 1986 yılında yazdığı *Control Theory in the Classroom** adlı kitabında şöyle der:

Öğretmenler de yönetici sayılır. Öğrencilerini yönetirler, emirlerine uymalarını sağlamak için onları ödüllendirir ya da cezalandırırlar. Yöneticiler gibi, geleneksel yönetimin gereği olan ödül ve cezadan kolay kolay vazgeçmezler. Yöneticilerin geleneksel görüşü aşarak neleri yapabilecekleri üzerinde kafa yormazlar; çünkü kendilerini yöneticiden çok işçi olarak görürler. İşçiler yöneticilerin yapabilecekleri üzerinde düşünerek zaman yitirmezler. Öğretmenlerin kendilerini yalnızca yönetici ve öğrencilerini de işçi olarak görmeye başlayıncaya kadar, öğrencilerin gösterdikleri çabada çok az artış olacaktır. (Glasser, 1986)

---

*) **"Sınıfta Denetim Kuramı"** diye Türkçeleştirilebilir. ÇN.

Glasser, modern yönetici olarak öğretmenlerin gücü paylaşmaktan yana olmalarına karşın, geleneksel yöneticinin gücünden vazgeçmediği gibi daha çok güç sahibi olmak istediğine işaret ediyor. Geleneksel bir öğretmen sınıfıyla ve öğrencileriyle ilgili her işi kendisi yapar, öğrenci performans standardını ve o ders yılının amaçlarını belirler, ödev ve yazılı kâğıtlarını okuyup notlandırır, zayıf öğrencileri belirledikten sonra ya onlara yardımcı olur ya da kurtulmak için onları sınıfta bırakır.

Glasser, okullar için çok çarpıcı bir reçete hazırlamıştır: Öğretmenlerin katılımcı yönetici olarak işlevlerine de yardımcı olacak işbirliği yapan öğrenme ekibi oluşturmalarını öneriyor. Glasser, "Şu anda kullanmakta olduğumuzdan çok farklı bir yöntem bulmaya çalışmadıkça okullarımız gelişemeyecektir." uyarısında bulunuyor. Aşağıda Glasser'in öğrenme-ekibi modeliyle geleneksel öğretim modelinin karşılaştırmasını göreceksiniz (İtalik harflerle yazılanlar geleneksel modeli anlatıyor.):

1. En az iki en çok beş öğrencinin oluşturduğu öğrenme ekipleri içindeki öğrenciler bir tür ait olma duygusu kazanırlar. Ekipler, başarı düzeyleri farklı öğrencileri bir araya getirecek biçimde oluşturulmalıdır. *Öğrenciler tek tek çalışır.*

2. Ait olma öğrencilerin çalışması için bir başlangıç motivasyonu sağlar. Çalışmalarının sonucunda başarı elde ettikçe, önceleri çalışmayan öğrenciler bilginin güç olduğunu hissetmeye başlar ve daha çok çalışmak isterler. *Tek olarak başarı elde etmedikçe, çalışmak için motivasyonları olmaz ve bilginin güç olduğunu hissedemezler.*

3. Dersleri iyi olan öğrenciler dersleri daha zayıf olanlara yardım etmeyi gereksinimlerini karşılayan bir uğraş olarak görürler; çünkü performansı yüksek bir

ekiple birlikte güç ve arkadaşlık da isterler. *Dersleri iyi öğrenciler dersleri zayıf olanlarla hiç ilgilenmezler.*

4. Dersleri zayıf öğrencilerin ekibin çabasına ellerinden geldiği kadar katkıda bulunmak onlar için doyurucudur; çünkü yapabilecekleri her şeyin ekibe yararı olacaktır. *Dersleri zayıf öğrencilerin sınıfa zaten az olan katkıları daha da azalır.*

5. Öğrenciler yalnızca öğretmene güvenmemelidir. Daha çok ekibin öteki üyelerine, kendi yaratıcılıklarına ve daha çok da kendilerine güvenirler (ve bunlara güvenmeye zorlanırlar). Tüm bunlar onları öğretmene bağımlılıktan kurtarır, onlara güç ve özgürlük verir. *Çok yetenekli olan birkaçının dışında hemen hemen bütün öğrenciler tümüyle öğretmene bağımlıdır. Birbirlerine bağımlılıkları yoktur; yardımlaşmak için özendirilmezler. Birbirlerine yardımın adı kopya çekmektir.*

6. Öğrenme ekipleri, okullarda hızla yayılan öğrencilerin yüzeysel düşünme ve yapaylıktan uzaklaşmalarına yardımcı olacak yapıyı hazırlar. Bu yapı olmadan, bilginin güç olduğunu anlamalarını sağlayacak derinlemesine bilgiyi çoğu öğrenci zor elde eder. *Öğrencilerin canları sıkılır. Canı sıkılan çocuklar ders çalışmaz.*

7. Ekipler, öğrendiklerini sınıf arkadaşlarına ve öğretmenlerine göstermenin yollarını belirlemede özgürdür. Öğretmenler ekipleri, öğrendiklerini testlerin dışında yöntemlerle kanıtlamaları için cesaretlendirirler. *Öğretmen (ya da okul sistemi) öğrencilerin bilgilerinin nasıl değerlendirileceğini belirler. Öğretmenin düzenlediği testler için çalışmanın dışında öğrencinin bilgisini göstermesi için onları cesaretlendirmez.*

8. Bütün öğrencilerin başarılı ekiplerde yer alabilmeleri için öğretmen, ekip elemanlarını düzenli olarak değiştirir. Hepsinde değil ama bazı ödevlerde öğretmen ekibe puan verir ve her öğrenci aynı puanı alır. Başarılı öğrenciler ekibin puanından dolayı notlarının düşmesini istemezlerse sürekli yüksek puan alan ekiplerde kalabilirler. *Öğrenciler bireysel olarak yarışırlar. Sınıfların çoğunda başarılı ve başarısız olanlar bellidir.*

Glasser'in öğrenme ekipleri oluşturduğu modelinin okulda sınıfları nasıl farklılaştırdığını görebilmek için hayalimizi fazla zorlamamız gerekmez.

1924'den 1980 yılına kadar yayımlanan 122 araştırmanın geniş kapsamlı incelenmesinden, ekip çalışmasının kişilerin birbirleriyle yarışması yöntemine olan üstünlüğü kesinlik kazanmıştır. Bulunan sonuçlar çok çarpıcıdır: Yapılan 65 çalışma işbirliğinin, başarıyı, yarışmadan daha çok yükselttiğini göstermiştir; yalnızca 8 çalışma bunun tersini göstermiştir; 36 çalışma ise istatistiksel değerde bir fark olmadığını göstermiştir. 108 çalışma işbirliğinin başarıyı, bireysel çalışmadan daha çok yükselttiğini gösterirken, 6 çalışma tersini, 42 çalışma da fark olmadığını göstermiştir. Her yaş grubunda ve her çalışma alanında işbirliği başarıyı artırmıştır (Johnson ve ark., 1981).

İşbirliğinin başarıyı yükseltmesinin yanısıra, farklı çevrelerden ve etnik gruplardan gelen kişiler arasında köprüler kurup yakın ilişkiler başlattığı görülürken, yarışmanın, düşmanlık, kıskançlık ve rekabet ortamı yarattığı görülmüştür (Johnson ve ark., 1984). Ekip çalışmasında bir araya gelen öğrenciler özel yaşamlarında da birlikteliklerini sürdürürler.

Öğrencilere sınıf içinde ve dışında kendileriyle ilgili kararların alınmasında önemli ölçüde katkıda bulunma fırsatı veren yeni yöntemleri uygulayan okulların sayısı giderek artmaktadır.

Bazı okullar öğrencilerin kendi akademik gelişimlerini izlemelerine ve çalışmaları gereken konuları belirlemelerine bile izin verirler. Bu okullardan birinde sözü edilen yöntemi uygulayan öğrencilerin çalışma alışkanlıklarında ve okul başarılarının ölçülmesinde önemli kazanımlar elde ettikleri görülmüştür (McLaughlin, 1984). Öteki okullar öğrencilere kendi kişisel akademik amaçlarını belirleme sorumluluğu vermişler ve sonra da bu amaçlarına ulaşmalarına yardımcı olmak için ısmarlama lise programı hazırlamışlardır (Burrows, 1973).

Öğrencilerine, arkadaşlarının üretime dönük olmadığını gördükleri davranışlarını düzeltme sorumluluğunu veren okullar var (Duke, 1980); öğrencilerinin, öğretmenlerin öğretim tekniklerinin niteliği üzerinde düşüncelerini bilmek isteyen ve öğretmen-öğrenci ilişkisini geliştirmek için önerilerini bekleyen okullar da var (Jones ve Jones, 1981).

Ders kitaplarının seçimi, derslere geç gelme ve devamsızlık, müfredata yeni konuların eklenmesi, harcamalarda kısıntı yapma, enerji tasarrufu ve okul disiplini gibi konularda öğrencilerin, okul yönetimi ve öğretmenlerle işbirliğine izin veren okullar bile var (Aschuler, 1980; Urich ve Batchelder, 1979).

Bu tür uygulamalar özellikle geleneksel devlet okullarında yaygın değil. Bu konuda bir eğilimin başlamasını umalım. Eğitim alanında öğrencilerin öz disiplinini artırıcı liderlik felsefesinin ve yeni tip yönetimin gizil gücünü kavrayan liderlerin sayısının belirgin bir biçimde artması cesaret vericidir. Değerli eğitim psikoloğu ve okul sistemleri konusunda danışmanlık yapan Arthur Combs (1985) şunları söylüyor:

Öğrencilerin önemli olduklarını anlamaları, varlıklarının denetimini ellerinde tuttuklarını hissedebilmeleri ve iç denetimli sorumluluk duygusu geliştirebilmeleri için kendileriyle ilgili kararların alınmasına katılmaları gerekir. İç denetimli sorumluluk, sorunlarla yüzleşerek, sorunlara çözümler bularak ve çözümlerin sonuçlarıyla yaşayarak öğrenilir. Her sınıfta her öğretmen öğrencilere sorumluluk vermenin bir yolunu bulabilir.

Lawrence Kohlberg tarafından 1974 yılında kurulan Cluster School'da katılım ilkesinin mükemmel bir uygulaması görülebilir. "Adil topluluk"un bünyesinde okulun kendi kendini yönetmesi, karşılıklı özen, grup dayanışması, ahlaki gelişim, demokratik toplum, sınıf ve okulda çıkması doğal sorunları tartışma ve kararlar için kullanma gibi konuları vardır. Disiplin sorunlarıyla öğrencilerden, öğretmenlerden ve yöneticilerden oluşan ve "Tarafsız Komite" adı verilen bir yargı kurulu ilgilenmektedir (Kohlberg, 1980).

Cluster School'un öğrenciler üzerinde bıraktığı etkilerin dört yıllık değerlendirilmesi sonucunda, çocukların kendi koydukları kurallara daha çok uydukları ve mantıklı düşünme yetilerinde bir gelişme olduğu saptanmıştır. Yapılan başka bir araştırmada daha önceki okullarında önemli zorluklar yaşayan öğrencilerin Cluster School'daki eğitim sonucunda, mantıklı düşünme yeteneklerinde gelişme olduğu görülmüştür (Wasserman, 1976).

Kaliforniya'da on sekiz "alternatif lise" ya da "okul içinde okul"da yapılan araştırmada, araştırmacılar, öğretmenlerde ve öğrencilerde davranış sorunlarının geleneksel liselerdekilerden daha az görüldüğünü söylemişlerdir. Disiplin sorunlarının azalmasında öğretmen-öğrenci ilişkisinin, okul yönetimine öğrencilerin katılmasının ve okulun güç kullanmayan kural yapısının rolü olduğu görülmüştür. Geleneksel liselerde iyi açıklanmamış kurallar ve kurallara uymayanlara sert davranma sonucunda sorun sayısının fazla olduğu saptanmıştır (Duke ve Perry, 1978).

"Adil topluluk" olarak Cluster School ve güç kullanmayan alternatif liseler, öğrencilerin kendi doğru ve yanlış standartlarını belirleyerek ve bu standartlara uygun davranarak, kendi kendilerini disipline nasıl sokacaklarını gösteren umut verici yeni modellerdir.

Psikolog Corsini önce Bireysel Eğitim, şimdi de Corsini Dört-R Sistemi (C4R) adını verdiği yeni bir okul modeli geliştirmiştir. Holistic Education Review adlı gazetede 1988 yılında yayımlanan bir makalede Corsini ve meslektaşı D. Lombardi yeni okul modelini şöyle anlatmışlardı:

C4R*, karşılıklı saygıya dayalı, çocuklara yetişkinlermiş gibi davranıldığı, hakların ve zorunlulukların demokrasi ideali esas alınarak okulun yönetim biçiminin "anayasa" ile korunduğu bir öğrenme ortamıdır. C4R öğrencinin gelişimi için dört amaç ileri sürer: *Sorumluluk* (Gerçekçi bir yol gösterici eşliğinde öğrencilerin kendi eğitimleriyle ilgili kararların alınmasında onların katılımını sağlayarak yerleştirilir.); *saygı* (Çocuklara saygı göstererek ve onlardan da saygı bekleyerek beslenir.); *çözüm buluculuk* (beceriklilik-çev) (Yaşamda üç önemli görev için hazırlanma fırsatı verilerek özendirilmek.); *duyarlılık* (İnsanların birbirlerine güven ve özen gösterdikleri bir okul ortamı elde ederek desteklenir.).

C4R'nin alışılmamış yönlerinden bazıları şunlardır: (1) Çocukların okul zamanı ne yapacakları kendi seçenekleridir; (2) Çocuklar akademik konuları beş farklı biçimde öğrenebilirler: (a) Sınıfta, (b) kütüphanede, (c) arkadaşlarıyla çalışarak, (d) öğretmenle çalışarak, (e) evde çalışarak; (3) Her çocuğun kendi seçtiği bir öğretmeni/danışmanı vardır; (4) Not yoktur; (5) Öğrenmenin türü ve derecesi, belli konularda her hafta verilen objektif testlere bağlıdır; (6) Okul yönetimi yanlarında öğrenci olmadan onun ailesiyle görüşemez;

---

* C4R: responsibility, respect, resourcefulness, responsiveness

(7) Öğrenciler kendilerine danışman olarak bir öğretim üyesini "aday gösterirler." Çocuğun danışmanlığını kabul eden öğretmen, çocuk istemedikçe bu görevinden ayrılamaz; (8) Karne verilmez, yalnızca öğrencinin haftalık gelişmesini gösteren bir rapor, anababasına gös-`termesi tavsiyesiyle çocuğa verilir; (9) Çocuklar öğrenme hızlarını kendileri belirler ve aynı anda değişik düzeylerdeki konuları çalışabilirler; (10) Çocukların başarıları ödüllendirilmez.

Okulun rahat ve dinlendirici ortamının iki kaynağı vardır: Üç kurala dayalı basit disiplin sistemi, sorumluluk ve özgürlük felsefesi; kurallara uymayan herkesin (anababalar ve çocuklar) önceden bildiği, kabul ettiği mantıklı sonuçlar.

C4R'ın üç kuralı şunlardır: (1) Zararlı ve tehlikeli olabilecek hiçbir şey yapmayın; (2) Her zaman denetlenebilecek bir yerde ya da denetlenebilecek bir yere yakın bulunun; (3) Öğretmen sınıftan çıkmanızı isterse, hemen ve sessizce isteğini yerine getirin.

C4R disiplini hukuk sistemimize benzer: Her öğrenci okulun üç kuralını ve buna uymazsa nelerle karşılaşacağını bilir. Öğrencilerin disipline uymadıkları zaman müdürün karşısına öğretmen/danışmanıyla birlikte çıkma hakkı vardır. Çocuklar kurallara uymamanın doğuracağı sonucu iyi bilir. Örneğin: Üst üste altı kez kuralların ihlal edilmesi sonucunda müdür, çocuk çocuğun öğretmeni/danışmanı ve anababasıyla bir toplantı yapılır.

Daha önce söylediklerimi burada bir kez daha yinelemem gerekiyor: Aile içinde olduğu gibi okullarda da tek etkili disiplin, iç disiplindir; güç kullanarak ve yetişkinin zorlamasıyla çocukların iç disiplinli olmaları sağlanamaz. Geleneksel disiplini bir yana bırakıp evde ve okullarda kullanılabilecek yeni ve daha etkili yöntemler yaratmamız gerekiyor.

GRUPLAR DA KURALLARA GEREKSİNİM DUYAR

"Sıkı disiplinden" ve "anababa otoritesi"nden yana olanlar, dış denetim ve disiplin olmazsa anarşi doğacağı tartışmasını başlatarak düşüncelerine destek bulmaya çalışırlar.

Bu korkunç uyarıyı yapanlar, güce dayalı ve cezalandırıcı disiplinden cayan ailelerde ve okullarda, çocukların davranışlarını yöneten kural ve politikaların hâlâ var olduğunu görmezler. Kuralsızlık ya da etkisiz kurallar tümüyle yetişkinlerin koyduğu kurallara bir seçenek olamaz.

Hangi boyutta ve yapıda olursa olsun, her grubun kanunlara, yönetmeliklere, kurallara ve politikalara gereksinimi vardır. Ben bunların gereksiz olduğunu ya da onlardan kurtulmamız gerektiğini söylemiyorum. Bunlar olmadan kaos olur, gruplar çatışır. Kuralların varlığı zorunludur. Çatışmaları ve yanlış anlamaları önler; hakları ve ayrıcalıkları tanımlar; insan ilişkilerinde dengeyi, hakkaniyeti düzenler; insanların davranışlarında koymaları gereken sınırları bilmelerine yardımcı olacak rehberliği sağlar.

Burada önemli olan konu, grupların kurallara gereksinimleri olup olmadığı değil, grup üyelerinin onlara uymalarını sağlamaya nasıl motive edileceğidir.

Yaşamımızın bazı dönemlerinde alınmasında katkımız olmayan kurallara içimizden gelmeden uymak zorunda kalmışızdır. Bir kuralın konulmasında katılma şansı verilmeyen kişilerin çoğu yeni kuralın kendilerine dayatıldığını hisseder. Ancak kendilerini etkileyecek bir kuralın konmasında katkıları olursa, ona uyma ve saygı gösterme istekleri artar. Psikologlar buna "katılım ilkesi" diyorlar. Katılım ilkesinin gücü yapılan sayısız araştırmayla kanıtlanmıştır.

Kurala uymada gösterilen saygının kaynağı A Otoritesidir. Bu otoritenin etkisi, insanların kendi istekleriyle alınmasında katkıları olan karara uyma sözü vermelerinden gelir. EAE ve EÖE kurslarımızın başlıca amacı, anababaları ve öğretmenleri çocuklarının uymalarını istedikleri kuralların konulmasında katılımlarını sağlamaları için onları etkilemektir.

Kendilerine fırsat verilen çocukların öz güvenleri ve öz saygıları artar. Daha önemlisi, yaşamlarını denetleyebildiklerini düşünürler. Aynı zamanda kendilerini aile içinde, sınıfta ve okulda kararların alınmasında ve kuralların konulmasında büyüklerle eşit hakları olan, ekibin parçası bir birey olarak hissederler. Bu yaklaşım, demokrasi ve işbirliği çerçevesinde kararlar alınan her ailede ve sınıfta daha yakın ve sıcak ilişkilerin kurulması anlamına gelir.

Katılımın başka bir önemi de daha nitelikli kararların alınmasıdır. Bir elin nesi var, iki elin sesi var; ortak kararlar yalnızca yetişkinlerin bilgi ve deneyimleriyle değil, aynı zamanda çocukların da bilgi ve deneyimleriyle alınır. İlk yayımladığım *Group-Centered Leadership* (1955)* adlı kitabımda en iyi kararı kimin vereceği konusunda başlatılan tartışmanın, liderin el koymasıyla ve onun isteği doğrultusunda sonlandırıldığına dikkatleri çekmiştim. Sorunun bu biçimde ortaya konmaması gerektiğini vurgulamıştım. Buradaki asıl sorun şudur: En doğru kararı kim verebilir? Grup üyelerinin katkıları olmadan lider mi yoksa liderin de içinde bulunduğu grup mu?

Ben liderle birlikte grup diyorum. Babanın kızından/ oğlundan daha iyi bildiğini ima eden "Babalar en iyiyi bilir." sözleri "Evet, ama tek başına baba, çocuklarıyla birlikte hareket eden babadan daha iyi bilir mi?" sorusuna bir meydan okuma mıdır?

---

*) **"Grup-Odaklı Liderlik"** diye Türkçeleştirilebilir. ÇN.

Kuralları çocuklarla birlikte belirlemenin önemli yararları vardır: (1) Çocukların kurallara uymada motivasyonları yüksek olur; (2) Kararlar yüksek nitelikli olur; (3) Çocuklarla yetişkinlerin ilişkileri daha sıcak ve daha yakın olur; (4) Çocukların öz saygıları, öz güvenleri artar ve yaşamlarını denetleyebildiklerini hissederler; (5) Daha iç disiplinli olurlar ve sorumluluk duyguları artar.

EAE kursunu alan anababalar, yapılacak işler ve ailede kuralların belirlenmesinde katılım ilkesini uygulamalarının sayısız olumlu örneklerini anlatıyorlar. Katılım ilkesini uygulamanın kolay ve sistematik bir yolunu bulduk. Buna "Altı Basamaklı Sorun Çözme İşlemi" adını verdik. Basamak düşüncesini eğitimci, psikolog ve felsefeci John Dewey'den aldım. John Dewey bu basamakları uygulamanın insanların karşılaşacakları her tür soruna yaratıcı çözümler bulmada yardımcı olacağını düşünmüştür. Biz bu işlemi yalnızca bireylerin değil grupların da sorun çözmelerine bir yol gösterici olarak kullanıyoruz.

ALTI BASAMAKLI SORUN ÇÖZME İŞLEMİ

Bu işlemi örnekleyebilmek için birkaç yıl önce ailemizin karşılaştığı bir sorunu kullanacağım. Her ailede yaşanan ve her zaman tartışmalara neden olan bir sorun. İşleri kim yapacak? İşlerin paylaşımı nasıl olacak?

Ailede bu tür kuralları geleneksel olarak anababalar koyar, çocukların bu konuda hiçbir katkıları olmaz. Çocuklar yapmaları söylenen işlerden nefret ettikleri için bunları yapmak istemez ve çoğunlukla anababaları onları yapmaları için başlarının etini yerler. Aslında, çocuklar bu işlerin yapılmasından yalnızca anababalarının sorumlu olduğunu düşünürler. Anababalar, onlardan "Bulaşık yıkamada annene yardım et." "Babanın arabayı yıkamasına yardım et." türünden yardımlar istedikçe, başka türlü düşünmeleri nasıl beklenir?

İşlerin dağıtımı, tüm aile üyelerinin katılımıyla sorun çözme işlemi kullanılarak ve evin düzenini sağlamak için yapılacak işlerin listesinden başlayarak ve daha sonra da kimin, neyi, ne zaman ve hangi standartta yapacağına karar vererek daha etkili biçimde çözülebilir.

Bu karışık sorunu çözmek için ailemizin yaptığı toplantıyı tüm ayrıntılarıyla hâlâ anımsıyorum. Toplantıyı eşim Linda başlatmıştı; çünkü tüm zamanlı çalışmaya başladıktan sonra bile evdeki işlerin büyük bir bölümünün hâlâ üzerinde olduğunu farketmişti.

Sorunumuzu çözerken, kullandığımız altı basamağı kurslarımızda anababalar ve öğretmenler de öğreniyor. Kişisel (Geleceğimle ilgili ne yapmak istiyorum?) olsun, aile sorunu (TV izlemek için koyacağımız kurallar ne olmalı?) olsun, anababa-çocuk çatışması (Oğlunuzun motosiklet almasına tehlikeli olduğu için karşı çıkıyorsunuz.) olsun, her tür sorunun çözümünde ilgili kişilerin bu basamakları izlemelerini öneriyoruz.

Linda düzgün bir Ben-iletisi'yle sorunu anlatarak toplantıyı başlattı. *I. Basamak: Sorunu Tanımlama.* "Çalışmaya başlamadan önce yaptığım işlerin tümünü çalışırken de yapıyor olmam bana haksızlık gibi geliyor. İşleri eşit olarak nasıl paylaştırabileceğimize karar vermemizi istiyorum. Evde yapılması gereken her işi sırasıyla yazarak başlayalım."

Kızımız Michelle'le ben (baştan biraz mırın kırın ettikten sonra) Linda'nın listeyi hazırlamasına yardımcı olmaya razı olduk. Listede işlerin sayısı (25 taneydi.) bizi (Linda'yı değil, elbet.) çok şaşırtmıştı.

Listeyi hazırladıktan sonra değişik fikirler üretmeye başladık. *II. Basamak: Çözümler Üretmek.* "Önce herkes yapmaktan en çok hoşlanacağı şeyi seçsin." "Bazı işleri birleştirsek nasıl olur? Örneğin, akşam yemeğini hazırlamakla yemek sonrası temizliği ve Katie'yi (köpeğimiz) yıkayıp beslemeyi birleştirebiliriz." Bunun gibi çözümler üretmemiz yarım saatimizi aldı. Sonra her birini test edip değerlendirdik. ***III. Basamak: Çözümleri Değerlendirmek.*** "İki otomobilin de bakımını benim yüklenmem hakkaniyete sığmaz." "Evdeki bütün bitkileri sulamak alışveriş etmek kadar zaman almaz." "Akşam yemeğinden sonra yapılan temizlik sırasında mutfak ve yemek odası birlikte süpürülmeli." "Kahvaltı bulaşıklarını kim yıkayacak?" III. Basamak için de bir yarım saat harcadık.

Sonunda, kararımızı vermek için hazırdık. Tuttuğum notlardan hangi işi kime verdiğimizi bir kez daha okudum. Bunu yaparken "Böyle karar vermiştik, değil mi?" sorusunu sık sık soruyordum. ***IV. Basamak: Karar Verme.***

Ama henüz işimiz bitmemişti; çünkü herkese uygun gelecek biçimde kararların uygulanmasını konuşmamız gerekiyordu: "Katie kaç günde bir yıkanacak?" "Bulaşıklar akşam yemeğinden ne kadar zaman sonra makineye yerleştirilecek ve yerler silinecek?" "Bir gece dışarıda yemeğe karar verirsek ya da bir yere davet edilirsek bulaşık yıkama sırası ne olacak?" "Alışveriş listesini kim yapacak?" ***V. Basamak: Kararı Uygulama.***

Bir sonraki toplantıda ilgilenmemiz gereken son bir konu kaldı, yani "Kararlarımızın doğru olup olmadığını ya da yerine getirilip getirilemediğini nasıl öğreneceğiz?" ***VI. Basamak: İzleme.*** "Yapmak istediğimiz iş konusunda kararımızı değiştirmek istersek ne olacak?" Sonunda ilk kararlarımızı bir kaç hafta denemeye karar verdik. Deneme süresinin sonunda yakınmalarımız olursa ya da işlerimizde değişiklik yapmak istersek, bunları tartışmak için herkesi toplantıya çağırabilecektik. Anımsadığım kadarıyla, ikinci toplantıda sorun getiren tek kişi Linda olmuştu. Akşam yemeğini hazırlama sırasının bende olduğu haftanın iki gecesinde yerleri silmeyi unutuyormuşum. Yerler bana hiç de kirli görünmemişti. Her yerin toz ve ekmek kırıntılarıyla dolu olduğunu söyleyerek sözlerime karşı çıktı. Yemek hazırlama işinin temizlik bölümünden hiç hoşlanmadığımı söyledim. Bunu yapmayı ya unuttuğumu ya da dikkat edilmeyeceğini umarak es geçtiğimi itiraf etmek zorunda kaldım.

Bir gün Michelle artık yemek pişirmekten bıktığını söyleyinceye kadar aldığımız kararları bir kaç yıl uyguladık. Haftanın altı gecesi yemekten sonra temizliği yaparsa, onun yemek hazırladığı iki geceyi Linda ile aramızda paylaşıp paylaşamayacağımızı sordu. Hiç düşünmeden kabul ettik. Bu pazarlıktan kârlı çıkan biz olmuştuk; çünkü Michelle'in yemek hazırladığı geceler hamburger ya da sosis yemekten bıkmaya başlamıştık.

Her etkili sorun çözmede işlem aynı sırada yapılmayabilir. Bazen II. Basamak'ta herkese uygun gelen bir çözüm bulunuverir ve başka çözümler aramaya gerek kalmaz. III. Basamak üzerinde fazla zaman harcamadan geçilir. Bazen de herkese uygun bir karara bir türlü varılamaz (IV. Basamak). Böyle zamanlarda daha çok çözüm üretmek için II. Basamak'a ya da sorunu farklı bir biçimde tanımlamak için I. Basamak'a dönülür.

Altı ve yedi yaşlarında iki çocuklu bir babanın anlattığı aşağıdaki olayda sorun çözme işleminin altı basamağını bulabilecek misiniz?

TV yemek düzenimizi bozuyordu. Çocuklar tabaklarını alıp TV'nin karşısına geçiyorlar ya da hiç yemek yemiyorlardı. Bu durum tartışmamıza neden oluyordu. Sorun çözme toplantısında konuyu açtım. Eşimle birlikte Ben-iletisi kullandık. TV'nin bu denli çok izlenmesi bize sıkıntı veriyordu; çünkü:

1. Yemekte çocuklarımla konuşmaktan büyük zevk alıyordum. Onların gün içinde yaptıklarını dinliyor, ben de kendi yaptıklarımı onlara

anlatıyordum. Şimdi TV yüzünden yaşantıları-
mızı paylaşamamak beni üzüyordu.

2. Akşam yemeğini çocuklara göre ayarlayıp sı-
cak tutmak karım için sorun oluyordu.

3. Masada yemek yemeleri için onları zorlarsak,
tartışma çıkıyor, duygular zedeleniyor ve kim-
se yemekten tad alamıyordu. Yemeklerini TV
önünde yerlerse, bu kez tabakları orada bıra-
kıyorlardı.

Ben-iletileri'mize karşılık olarak, çocuklar da kendi
gereksinimlerini anlattılar:

1. En iyi çocuk programları yemek saatine denk
geliyordu.

2. Programın en güzel yerinde yemeğe çağırılı-
yorlardı. Bu da onlara haksızlık oluyordu. Ye-
mek her gün aynı saatte yense, o saatte TV iz-
lemeyebilirlerdi.

Çözümler aramaya başladık:

1. Yemek saati yeniden düzenlenebilirdi. Eşim
onayladı. Eğer hep aynı saatte yense, çocuklar
da o saatte TV izlemeyeceklerdi.

2. Ben haftada iki gece çalışıyordum. Ben yok-
ken çocukların yemek saatinde TV izlemeleri
eşime sorun olmayacaktı. Evde olmadığıma
göre bana göre de hava hoştu.

3. Çocuklar hiç TV izlememeyi kendileri önerdi-
ler. Bunun çok aşırı bir özveri olacağını ve ye-
rine getirmelerinin olanaksızlığını düşünerek
kabul edemeyeceğimizi söyledik.

4. Pazar gününden perşembe gününe kadar her
gece yalnızca bir program izleyeceklerini

söylediler. "Özel programlar"ı dışarıda tutarak bu öneriyi kabul ettik.

SONUÇ: Evimizde TV kavgası gerçekten bitti. Çocuklar izleyecekleri tek programı titizlikle seçtiler ve sözlerini tuttular. Önceden düşünemeyeceğimiz kadar güzel bir anlaşmaydı. Akşamları tüm aile birlikte oyun oynuyoruz. Çocukların ödevlerini yapmaları için zamanları kalıyor. Daha erken yatıyorlar. Bu düzen bir buçuk, iki yıldır sürüyor. Bu süre içinde alışkanlıklar değişti. Çocuklar büyüdü ve bu konuda başka bir kurala gerek kalmadı. Sorun ortadan kalktı. TV, artık evimizde çok seyrek izleniyor.

EAE kurslarına katılmış anababalarla yaptığımız görüşmelerden yukarıdaki gibi çok sayıda örnek elde ettik. Aileler, altı basamak yöntemini kullanarak TV izleme, yatma ya da eve gelme zamanlarını belirleme, bulundukları yerleri bildirme, içkili araba kullanmalarını önleme, telefonu doğru kullanma, kapıya gelen yabancılarla ilgilenme, ev aletlerini güvenli kullanma, tatil yapılacak yerin belirlenmesi gibi aklınıza gelebilecek tüm sorunlar için politikalar belirleyip anlaşmalar yapmışlar.

Kurslarımızda sorunlara özel ya da "en iyi" çözümlerin reçetesini vermediğimizi önemle belirtmek isterim. Yalnızca her ailenin kendisine en uygun çözümleri bulabilmesine yardımcı olacak yöntemi veriyoruz. Her ailenin aynı soruna bulduğu çözümler çok farklı olabilir.

Ayrıca altı basamaklı yöntemle her zaman en iyi çözümün bulunamayacağını ya da aynı yöntemin çözdüğü bir sorunun sonuna kadar çözülmüş olarak kalmayacağını da vurgulamak istiyorum. Ailelerin ilk bulduğu çözüm işe yaramayabilir; o zaman yeniden bir araya gelmeleri ve başka bir çözüm bulmaları gerekir. Koşullar değişmiştir, çocuklar büyümüştür ya da aile başka bir eve taşınmıştır.

Bu değişikliklerin her biri yeni kurallar ve yeni çözümler gerektirebilir. Sorun çözme yönteminin esnek olma ve yeni durumlara uydurulabilme özelliği çok etkileyicidir.

ÇATIŞMA ÇÖZME: KAYBEDEN-YOK YÖNTEMİ

Birlikte kural belirlemek, çatışmaları önlemek demektir. Kuralları birlikte koymak yetişkinlerin kendi kendilerine kural belirlemelerinden daha etkili olur. Ne var ki, yine de evde ve okulda çatışmaların çıkması kaçınılmazdır. Çözülmeden bırakılan çatışmalar ilişkileri zedeler. İnsan ilişkilerinde çatışmalara nasıl yaklaşılır?

Daha önce de vurguladığım gibi, anababaların ve öğretmenlerin çoğu, çocuklarla ilişkilerinde ya otoriterdir ya da ödün verir. Ya o/ya o düşüncesine saplanıp kaldıkları için çocuklarla ilişkilerini bir güç savaşı, bir yarışma olarak görürler. EAE kursumuza katılan bir baba bunu açıkça dile getirdi:

Kimin patron olduğunu öğrenmeleri için çocuklar daha küçükken işe başlamalısınız. Yoksa onlar size hükmetmeye başlarlar. Karımda böyle oluyor. Tartışmaların tümünü çocukların kazanmasına izin veriyor. Her zaman hoşgörülü. Çocuklar da bunu biliyor.

Ergenlik çağında çocukları olan iki anne de şunları söyledi:

"Oğlumun istediğini yapmasına izin veriyorum. Ama acı çeken ben oluyorum. Elimi verip kolumu alamıyorum. Ayaklarının altında paspas oldum."

"Bu konuda ne hissedeceğine aldırmıyorum. Başka anababaların yaptıkları da beni hiç mi hiç ilgilendirmiyor. Benim kızım mini etek giyemez. Bu düşüncemden vazgeçmeyeceğim. Bu savaşı kazanacağım."

Çocuklar da anababalarıyla ilişkilerini kazan-kaybet güç savaşı olarak görürler. Anababasının kendisiyle konuşmadığından yakındıkları on beş yaşındaki Cathy'in de görüşleri şöyleydi:

> Tartışmanın ne yararı var? Hep onlar kazanır. Ne zaman tartışsak bu böyle. Her zaman onların istedikleri olur. Ne de olsa onlar anababa! Kendi haklarını bilirler. Bunun için onlarla artık tartışmaya girmiyorum. Yürüyüp gidiyorum. Onlarla konuşmak gereksiz.

Lise öğrencisi Ken, anababasının kazan-kaybet tutumlarıyla başka biçimde başetmeyi öğrenmişti:

> Bir şeyi yapmayı çok istiyorsam, hiçbir zaman anneme gitmem; çünkü o hemen hayır der. Babam eve gelinceye kadar beklerim. Onu her zaman kendi yanıma çekebiliyorum. O daha hoşgörülü. Yapmak istediğim her şeyi yapmama izin verir.

Anababalar ve öğretmenler sorunun alışılageldiği gibi kendilerinin kazanacağı biçimde çözülmesini isterler. Çok azı ise "çocuğun gereksinimlerini engelleme" korkusuyla sürekli ödün verirler; böylece çocuk kazanır, yetişkin kaybeder.

Kurslarımızda bu iki kazan-kaybet yöntemine kısaca Yöntem I ve Yöntem II diyoruz.

Yöntem I'de, yetişkin ve çocuk arasında bir çatışma ortaya çıkınca, çözümü yetişkin bulur ve çocuğun bunu kabul etmesini ister. Çocuk karşı koyarsa, yetişkin çözümü kabul etmesi için onu güç kullanmakla tehdit eder (ya da kullanır) -G Otoritesi. (Yetişkin kazanır, çocuk kaybeder.)

Yöntem II'de, yetişkin ve çocuk arasında bir çatışma ortaya çıkınca, yetişkin kendi çözümünü kabul etmesi için onu ikna etmeye çalışabilir. Ama, çocuk kabul etmemekte direnirse, yetişkin pes eder, çocuğun istediğini yapmasına izin verir. (Çocuk kazanır, yetişkin kaybeder.)

Kolayca anlaşılacağı gibi, Yöntem I yetişkinin, elindeki G Otoritesini gerektiği zaman kullanmasına dayalı bir yaklaşımdır. Güce dayalı yöntemin kaybeden kişi üzerindeki etkileri şunlardır: Kırgınlık, kızgınlık çözümü uygulamaya isteksizlik ve başetme yöntemlerinden olan mücadele, kaçış ve teslimiyetten biri ya da daha fazlasıyla tepki verme. Yöntem I uygulayan yetişkinin ödediği bedel yüksek olur; çünkü kararlarını kabul ettirmek için çok zaman kaybeder, çocukla yabancılaşma tehlikesi içindedir. Çocuğun soruna çözüm aranmasında katkıda bulunmaması düşünce yeteneğinin gelişmesine de engel oluşturur.

Yöntem II'de kişiler hoşgörülü davranır ve çocuğun yararına kendi gereksinimlerinden vazgeçerler. Yöntem II kullanan anababaların çocuklarının karşı koymak ve saldırgan davranmak için nedenleri yoktur. Ancak, istediklerini elde etmek için öfke nöbetlerine girerler; anababalarının ve öğretmenlerinin kendilerini suçlu hissetmeleri için neler yapabileceklerini öğrenirler; istedikleri gibi davranmak için hoş olmayan sözler söylemekten çekinmezler; kendi isteklerinin herkesin isteklerinden daha önemli olduğunu düşünerek büyürler; bu çocukların yaşamları hep almak üzerine kuruludur; işbirliğine yanaşmazlar ve başkalarının gereksinimlerine karşı duyarsızdırlar. Sevildikleri de pek söylenemez.

Evde isteklerinin her zaman yerine getirilmesine alışan çocuklar arkadaşlarıyla birlikteyken de aynı şeyi beklerler. Ama, arkadaşlarının ve öğretmenlerinin gözünde onlar "şımarık"tır.

Yöntem II yetişkinlerde kızgınlığa neden olur. Yönetilmesi zor, düşüncesiz ve işbirliğine yanaşmayan bu çocukları sevmek zordur. Yöntem II kullanan anababalar, anababalığın yük olduğunu düşünürler ve çocuklarının bir an

önce büyüyüp evden ayrılacağı günleri iple çekerler. Ana-
babalıktan hiç zevk almazlar. Neyse ki, yapılan çalışmalar
anababaların yalnızca % 10'unun bu yöntemi kullandığını
göstermiştir.

Kurslarımızdaki anababalar, çocukluklarında büyükleriy-
le olan çatışmaların Yöntem I ve Yöntem II ile çözüldüğünü
gördükleri için bu yöntemlerden başka bir çatışma çözme
yöntemi bilmiyorlar. Bunlardan tümüyle farklı üçüncü bir
yöntemin varlığını söylediğimde şaşırıyorlar. Bu yeni yönte-
me Kaybeden-yok Yöntemi, kısaca Yöntem III diyoruz.

Yöntem III'de yetişkin ve çocuk arasında bir çatışma çı-
kınca, yetişkin, ikisinin de kabul edebileceği bir çözümü
bulmak için çocuğun katılımını ister. İkisi de daha sonra de-
ğerlendirilmek üzere bazı çözümler üretirler. En iyi çözüme
birlikte karar verirler ve kararın nasıl uygulanacağını belir-
lerler. Bu yöntemde güç değil A Otoritesi kullanılır.

Çatışma zararlı değildir. Aslında, ilişkilerin hepsinde
farklılıklar ve anlaşmazlıklar vardır. İlişkide çatışma yoksa,
çocuklar anababalarına ya da öğretmenlerine meydan oku-
yamayacak kadar korkutulmuşlar demektir. Çatışmayı yıp-
ratıcı yapan kullanılan "kazan-kaybet" yaklaşımıdır.

İşbirliği-yarışma konusunda araştırmalar yapan düşü-
nür, Psikolog Morton Deutsch 1985 yılında yazdığı *Distri-
butive Justice** adlı kitabında bu ayırımı şöyle açıklar:

> İşbirliği, kişilerin, çatışan çıkarlarını birlikte çaba göste-
> rerek çözülecek iki tarafa ait bir sorun olarak tanımlama-
> larını sağlar. İki tarafın çıkarlarının varlığının ve tüm ge-
> reksinimlere yanıt verecek bir çözümün aranmasının ge-
> rekli olduğunun kabul edilmesini kolaylaştırır. Öte yan-
> dan, çekişmek, çatışmanın çözümünün bir tarafın öbür
> tarafa hileyle, zor kullanarak kabul ettirilmesi demektir.

---

*) **"Adaletin Dağılımı"** diye Türkçeleştirilebilir. ÇN.

İşbirliği çatışmanın karşıtı değildir. Tersine, çatışmanın olabileceği, ancak bu çatışmanın pek çok kişinin kullandığı kazan/kaybet yönteminin olumsuz etkilerinden kaçınarak aynı zamanda yaratıcı bir biçimde çözülebileceği bir ortamı hazırlar. EAE ve EÖE kurslarımızı bitirenler hem yetişkinin hem de çocuğun karşılıklı kabul edebileceği çözümler bulmak için böyle bir işbirliğinin ruhu olan Kaybeden-yok Yöntemi'ni kullanırlar.

Kaybeden-yok Yöntemi yalnız gençlerle olan sorunlarda değil küçük çocuklarla da şaşılacak derecede işe yarar. İşte üç yaşındaki Jan ile annesinin çatışma çözümü:

JAN: Artık bakıcının evine gitmek istemiyorum.

ANNE: Ben işteyken Mrs.Crockett'la birlikte olmak istemiyorsun.

JAN: İstemiyorum.

ANNE: Ben işe gitmek zorundayım. Sen evde yalnız kalamazsın, ama oraya gitmek de seni mutsuz ediyor. Orada kalmanı kolaylaştırmak için yapabileceğimiz bir şey var mı?

JAN: (Düşünür) Sen arabayla uzaklaşıncaya kadar ben kaldırımda bekleyebilirim.

ANNE: Ama Mrs. Crockett senin öteki çocuklarla birlikte evde olmanı ister.

JAN: O zaman pencereden sana bakarım.

ANNE: Bu seni rahatlatır mı?

JAN: Evet.

ANNE: Tamam. Yarın deneyelim.

Kaybeden-yok Yöntemi'ni bebeklerle bile kullanabilirsiniz. Tek fark sorun çözmenin sözsüz olmasıdır. Kızım Judy'nin bebekliğinde yaşadığımız bir olayı çok iyi anımsıyorum:

Büyük kızım Judy beş aylıkken, göl kenarındaki kulübemize bir aylığına tatile gitmiştik. Gece on birden sabah yediye kadar uyuyup süt istemediği için tatilde rahat edeceğimizi düşünmüştük. Ama öyle olmadı. Çevre değişikliği onu da etkilemişti. Sabah dörtte karnı acıkıyordu. O saatte bebeği beslemek için kalkmak bize çok zor geliyordu. Eylül ayındaydık ve geceleri kulübe çok soğuk oluyordu. Isınmak için ya odun sobamızı yakacaktık ya da beslenme süresince battaniyelere sarınacaktık. Burada gerçek bir "gereksinim çatışması" vardı ve çözüm gerektiriyordu. Karımla başbaşa verip yavrumuzun kabul edebileceğini umduğumuz bir seçeneği ona sunmayı kararlaştırdık. Onu gece saat on birde uyandırıp doyurmak yerine on ikiye kadar bekledik. O sabah saat beşe kadar uyudu. Buraya kadar iyiydi. Bir sonraki akşam ona her zamankinden fazla süt içirmek için özel çaba harcadık. Saat yarımda yatırdık. İşe yaramıştı. O sabah ve daha sonraki sabahlar saat yediye kadar uyanmadı. O saat zaten bizim balığa çıkma saatimizdi. Hiçbirimiz kaybetmemiş, hepimiz kazanmıştık.

Sözsüz bile olsa, sorun çözme işlemi altı basamak kullanılarak tamamlanır. Bir bebeğin annesinin anlattıklarını dinleyelim:

Bebeğim oyun parkının parmaklıklarını sallıyor, ağlıyor, bağırıyor, oradan çıkmaya çalışıyordu. Arkadaşlarım gelmeden evi temizlemek için acele ediyor ve onun ayak altında olmasını istemiyordum (I. Basamak: Sorunu Tanımlama). Yöntem III'ü denemeyi düşündüm. Bunun için farklı çözümler bulmaya çalıştım. Önce ona yarısına kadar süt dolu biberonu verdim (II. Basamak: Çözümler Üretme). Şişeyi attı, daha çok ağlamaya başladı (III. Basamak: Çözümleri

Değerlendirme). Sonra oyun parkına çıngırağını koydum (Basamak II), ama olmadı. Oyun parkının kenarlarına vurarak ağlamayı sürdürdü (Basamak III). Sonunda bir süre önce alıp paketlediğim biblo aklıma geldi. Getirip önüne koydum (Basamak II). O anda ağlamayı kesti ve paketi bağlayan kurdeleyle oynamaya başladı (IV. Basamak: Karar Verme). Ben işimi yaparken yarım saat onunla oynadı (V. Basamak: Kararı Uygulama). Ne yaptığına bakmak için odaya her girişimde onu paketle oynarken buldum (VI. Basamak: İzleme).

Anne kaybetmedi, çocuk kaybetmedi; ikisi de kazandı! Her şey sözsüz halledildi.

Amacım Kaybeden-yok Yöntemi'nin her yaşta işe yaradığını göstermek olduğu için, ilk örnekleri özellikle bebeklerle olan uygulamalardan seçtim.

Kaybeden-yok Yöntemi'nin çocuk küçükken kullanılmaya başlanması önlem sayılabilir. Küçük çocukların önemsiz sorunlarıyla başlarsanız, çocuklar büyüdükçe karşılaşacağınız harçlık, otomobil ve telefonun kullanılması, yüksek sesle müzik dinleme, kılık kıyafet gibi konularda çıkacak çatışmaları çözmede zorluk yaşamazsınız. Erken başlamanın en büyük ödülü ergenlik çağındaki çocuğunuzla yaşayabileceğiniz kaçınılmaz çatışmaların sayısının çok aza inmesi olacaktır. Bu dönemde çocuğunuzla mücadele etmek ve strese girmek yerine, mutlu ve sakin bir ilişki kuracaksınız. Böyle bir önyargıya nasıl mı varabiliyorum? Anlatayım:

Her etkinlikte olduğu gibi burada da bol uygulama yapmak, yöntemi daha kusursuz kullanmanıza yardım eder. Çocuklar küçükken yöntemi onlara tanıtmanız onu ev ortamına yerleştirir. Kullandıkça iki tarafa da daha kolay gelmeye başlar. Her yeni çatışma çıkışında, iki tarafın da yaklaşımı, "Senin ve benim gereksinimlerimizi giderecek bir yol bulmak istiyorum." olur. Daha önceki denemelerinizde başarılı olduğunuz için bu kez de beceriyi güvenle kullanırsınız.

Olaylara tümüyle farklı yaklaşmayı ve sorunları çözmeye yarayan bir dizi etkili beceri öğrendiniz. Çatışmalarınızı mücadeleyle değil konuşarak; yarışarak değil tartışarak; iki tarafın da kazanacağı bir biçimde çözmeyi de öğrendiniz. Şimdi çatışmaları pazarlık masasına yatırmayacaksınız, onları fazla ateşlenmeden hızla çözeceksiniz. Sorunlar "Çatışıyoruz." noktasına gelmeyecek. Çocuğunuz, pek çok gencin yaptığı gibi sizi bir rakip olarak görmeyecek. Siz artık onun arkadaşı ve yardımcısı olacaksınız. İlişkinizde daha çok sevgi ve saygı yer alacak.

DEĞER ÇATIŞMALARIYLA BAŞETMEK

Her ailede Kaybeden-yok Yöntemi'yle çözülemeyecek bazı çatışmalar olur. Bu çatışmalar, çocukların çok değer verdikleri kendi değerleri, inançları, kişisel zevkleri, giyiniş biçimleri, yaşam felsefeleri ve arkadaş seçimi gibi konularda çıkar. Bunlar değer çatışmalarıdır. Gençler, değerlerinin değişmeyeceğini ve tartışılamayacağını düşündükleri için bunları Kaybeden-yok Yöntemi'yle çözmeye yanaşmazlar. Değerlerini ve inançlarını seçme hakları olduğunu düşünürler. Bunu insan hakları sorunu olarak görür ve haklarını şiddetle savunurlar. Yetişkinlerin onları kendi kalıplarına sokma girişimlerine ve kendi doğrularına göre davranmaları konusunda yaptıkları baskıya karşı çıkarlar.

Bununla birlikte, davranışlarının bir başkasının yaşamını gözle görülür biçimde olumsuz etkilediğini açıkça görürlerse ancak o zaman sorun çözme işlemine katılmayı kabul ederler. Böyle durumlarda, sorun çözmeye istekli ve davranışlarını değiştirme olasılığına açıktırlar; karşılarındaki kişinin gereksinimlerine saygılı gösterirler.

Bu konuda gençler de yetişkinlerden farklı değildir. Kaç yetişkin sırf başkaları istedi diye davranışını değiştirir? Yetişkinlerin sorun çözme işlemine başlamaları için davranışlarının karşılarındaki kişiyi somut olarak olumsuz etkilediğine inanmaları gerekir.

Burada öğrenilmesi gereken ders şudur: Sorunları çözmek için kullanılan Kaybeden-yok Yöntemi, gençlerin inanç ve değerlerini yetişkinlerin değerlerine uygun olarak değiştirmelerini sağlayacak bir yöntem değildir. Çocuğun bir değerini değiştirmesi için tek yol, davranışının karşısındaki kişiyi olumsuz etkilediğini somut bir biçimde görüp buna inanmasıdır.

Anababaların çocuklarının tartışmaya yanaşmadıkları değerlerine verdikleri örnekler şunlar:

Kulaklarını deldirmek

Mini etek ve daracık blujin giymek

Saçlarını jölelemek ya da aykırı renklere boyamak

Anababalarının beğenmediği kişilerle arkadaşlık etmek

Okulu bırakıp pop şarkıcısı olmak

Bir örgüte girmek

Sigara içmek

Ev ödevi yapmamak

Etnik kökeni ve dini inanışı farklı bir kişiyle yakın arkadaşlık kurmak

Gece geç saatlere kadar oturmak

Harçlığını saçma sapan şeylere harcamak

Bağımlılık yapan maddeler kullanmak

Kızımın saçını yeşile boyadığını varsayalım. Yeşil saçlarının beni somut olarak olumsuz etkilediğine onu inandırabilir miyim? Onun saçları yeşil diye işimden olmam, maaşımdan kesinti yapılmaz, istediğim kişilerle arkadaşlık yapmam engellenmez, tenis oynamam etkilenmez, kilo almam, zaman ve fazladan para harcamam, en önemlisi bu kitabı yazmam engellenmez.

İşin gerçeği şu ki, kızımın saçlarını yeşile boyamasının üzerimde somut etki yaptığına ve gereksinimlerimi karşılamamı engellediğine onu inandıramam. Öyleyse neden yapmak istediği ve değer verdiği bir şeyi yapmaktan vazgeçebileceğini bekleyeyim?

Yukarıda anlatılanlar, anababaların ve öğretmenlerin çocuklarının değerleri üzerinde hiçbir etkilerinin olmadığı, kendi değerlerini onlara aktaramayacağı anlamına mı geliyor? Hayır; çünkü yetişkinlerin çocukların değerleri üzerinde etkileri çoktur.

Her şeyden önce, anababalar ve öğretmenler, kendi değerlerine göre yaşayarak, model oluşturarak, kişisel bütünlük içinde davranarak çocuklarına her zaman değerlerini öğretirler. Aralarındaki ilişki iyi ise etki daha çok olur; çünkü çocuklar sevdikleri ve değer verdikleri kişiyi tüm olarak model alırlar.

Anababalar ve öğretmenler, tıpkı danışmanların danışanlarıyla yaptıkları gibi bazen deneyimlerini ve bilgilerini çocuklarla paylaşarak da onları etkileyebilirler. Danışmanlık rolünde daha etkili olabilmek için başarılı danışmanların kullandıkları ilkelere uymaları gerekir. İlkeler şunlardır:

- Çocuğunuz ya da öğrenciniz tarafından "işe alındığınızdan" emin olun; bunun için sizin U Otoritenize başvuracaktır. Görüşlerinizi isteyip istemediğini ona sorun.

- Çocuğunuzun ya da öğrencinizin gerçek sorununun ya da gereksiniminin ne olduğunu öğrenin. Bu ona yardımcı olabilmeniz için hangi bilgi ve deneyimin uygun olacağına karar vermenize; o bilgi ve deneyimin sizde bulunup bulunmadığını anlamanıza yardımcı olacaktır.

- Öğüt vermeyin, paylaşın; zorlamayın, önerin.
- Önerinizi kabul etmelerini sağlamak için başlarının etini yemeyin; istemezlerse ve direndiklerini anlarsanız ısrar etmeyin.
- Uzmanlığınızı isteyip istememe sorumluluğunu çocuklara verin.
- En değerli aracınız olan Etkin Dinleme'yi kullanın.

Pek çok yetişkin çocukları bezdirip onları, "Yakamdan düş!" "Bu benim yaşamım." "Çeneni kapa!" gibi tepkiler vermeye zorlarlar.

Bir baba etkili bir danışman olmayı öğrenmenin kendisine nasıl yardım ettiğini anlattı:

Oğlum komşunun iki oğluyla marijuana yetiştirmeye karar verdi. Çocuklardan birinin çok ciddi duygusal sorunları vardı ve daha önce marijuana yetiştirmişti. Bu konudaki duygularımı oğluma söyledim: "Başımın derde girmesini istemiyorum. Benim bahçemde yetiştirmenize izin veremem. Karar senin. Arkadaşın yakalanırsa, senin başının da derde gireceğini unutmamalısın. Belki para kazanmak için yetiştiriyor ve seni de dağıtıcı olarak kullanmayı düşünüyordur. Bu da ağır bir suç." Başka bir şey söylemedim. O günden beri de konuyu hiç açmadım. Ne yaptıklarını bilmiyorum. Ama danışmanlık görevimi yaptığımı hissediyorum. EAE'den önce olsa onun başının etini yerdim.

Ödev yapmak, sigara içmek, evlilik öncesi cinsel ilişkiye girmek, kılık- kıyafet, derslerden alınan notlar, arkadaş

seçimi, uyuşturucu kullanmak gibi bir konuda çocuklarla
değer çatışmanız olduğu zaman bunu ne modellik ederek,
ne de danışmanlık becerilerini kullanarak çözemeyebilirsi-
niz. Değer çatışmanızın sürmesinin verdiği acıya karşın, iliş-
kinizi yokedecek girişimlerde bulunmak acınızı daha da ar-
tıracaktır. O zaman tek seçeneğiniz onu değiştiremeyeceği-
nizi kabul etmek olacaktır. Değerler çatıştığı zaman kulla-
nabileceğiniz şu yakarmayı anımsayın:

Tanrım,

Bana,

Değiştirebileceğim şeyleri değiştirmem için cesaret,

Değiştiremeyeceklerimi kabul etmem için huzur,

İkisini birbirinden ayırt edebilmem için bilgelik ver.

sekiz

Çocukların Sorunlarını Çözmelerine Yardım Etmek

Son iki bölümde, çocukların başkalarının gereksinimlerine karşı duyarlı olmaları, yani anababalarının ve öğretmenlerinin, kabul edemedikleri davranışlarını değiştirmeye ve kurallara uymaya ve onları uygulamak için verdikleri sözleri tutmaya nasıl razı edecekleri konuları üzerinde durduk.

Eğer anababalar ve öğretmenler çocuklarının da kendi gereksinimlerini karşılama haklarına saygı göstermez ve onlara bu konuda yardım etmezlerse, onları etkileyecek değiştirme yöntemlerinin de başarısızlığa uğrayacağını anlamalıdırlar. Bunu herkesin aklında tutmasını istediğim bir ilke olarak özetleyeceğim: Sorunları olduğunda çocuklarınıza yardımcı olmaya çalışmadığınız sürece, davranışlarının size sorun yarattığını söylediğinizde onlar da size yardımcı olmak istemeyeceklerdir.

Başka bir deyişle, eğer çocuk ilişkinin iki yönlü olduğunu hissederse, ancak o zaman sizi mutlu etmek için davranışını değiştirme zahmetine katlanacaktır.

Çocuklarının duygularına, gereksinimlerine ve sorunlarına duyarlı olduklarını onlara sık sık gösteren anababaların ve öğretmenlerin çocukları da, onların gereksinimlerine, duygularına ve sorunlarına duyarlı, düşünceli, işbirliğine yatkın olurlar. Sorunlu zamanlarında kendilerine yardım edilmeyen gençler, yaptıklarının ya da yapmadıklarının can sıktığını, kabul edilmediğini söyleyenin hatırı için değişmek ve yardımcı olmak istemezler. Bu nedenle, anababaların ve öğretmenlerin, çocuklarının sorunu olduğu zaman onlara nasıl etkili yardımlarda bulunabileceklerini öğrenmeleri çok önemlidir.

Yardım becerilerinin öğrenilmesinin bir başka yaşamsal yanı daha vardır. Sorunlarını çözmeyi başaramadıkları için mutsuz, yılgın, huysuz olan çocukların, daha sonra daha ciddi sorunlara yol açabilecek, kendilerine zarar veren ve toplum tarafından kabul görmeyen davranışlar edinme olasılıkları yüksektir.

Anabalar ve öğretmenler etkili yardım becerilerini öğrenip kullanarak bu tür davranışları önleyebilirler. Ne yazık ki pek çok anababa, çocuklarında görmekten hep korktukları saldırganlık, içki ve uyuşturucu kullanımı, sınıfta kalma ve okulu bırakma, depresyon, evlilik öncesi hamilelik, hırsızlık, şiddet, intihar, vb. gibi davranışları önlemede (ya da ortaya çıkarmada) kendi davranışlarının ne kadar önemli olduğunu kavrayamaz.

Çocuklar toplumun dışladığı ve kendilerine zarar veren davranışları genleriyle getirmezler, şanssızlıkları sonucu ya da kötü TV programlarının etkisiyle de yapmazlar. Ama, ne yazık ki, anababalar bunun böyle olduğunu anlamakta zorluk çekerler. Bu davranışlar gençlerin çözemedikleri sorunlarıyla başetme yollarıdır. Karşılanmamış gereksinimlerini gidermek için çırpınışlarıdır; ilişkilerinde önemsenme ve ait olma çabalarının bir yoludur. Çektikleri acıları ve yoksunlukları başkalarına ödetmek, kendilerini denetlemeye çalışanlara meydan okumak biçimleri olduğu gibi, herkesin dikkatlerini üzerlerinde toplamak için gösterdikleri umutsuz çabalardır.

Eğitimli anababalar bile gereksinimlerinin karşılanmasının çocukları şımartacağına ve yoksun bırakılmanın onlara iyi geleceğine inanmaktadır. Kişinin sorunlarını çözmesi ve temel gereksinimlerini karşılaması, sağlıklı, işbirliğine hazır, düşünceli, sorumluluk duygusu ve iç disiplini gelişmiş bir birey olmanın ana öğelerindendir. Öyleyse, çocukların sorunlarını çözmeyi öğrenmelerine ve temel gereksinimlerini karşılamalarına yardım etme becerileri olan anababaların, istedikleri türde gençler yetiştirme olasılıkları artacaktır. Aynı biçimde davranan öğretmenler de sınıflarında disiplin sorunlarının sayısını büyük ölçüde azaltırlar.

Anababaların ve öğretmenlerin çoğu sorunları olduğu zamanlarda çocuklara yardımcı olmazlar mı? Deneyimlerime dayanarak çoğunun yardımcı olamadıklarını biliyorum. Pek çoğu elbette yardımcı olmaya çabalıyor, ama etkili olamıyor ve söyledikleri ya da yaptıkları çocuklara yarar sağlamadığı gibi zararlı da oluyor. Kendi hataları olmamakla birlikte anababaların ve öğretmenlerin çoğu iyi birer danışman değillerdir; bu nedenle çocuklar onların iyi bir dinleyici olamadıklarından ve kendilerini anlamadıklarından yakınırlar.

Bir kişinin sorunlarını çözmede ona yardımcı olabileceğimiz etkili beceri ve yöntemler var mıdır? Eğer varsa, bunlar anababalara ve öğretmenlere öğretilebilir mi? İki soruya da benim vereceğim yanıt olumludur. Şimdi artık insanlara sorunlarını çözmede yardımcı olmanın etkili yollarıyla ilgili çok şey biliyoruz. Yeni bilgileri mesleklerini uygularken kullanan profesyonel kişilere "yardımcı profesyoneller" deniyor. Yardımcı profesyoneller, şirketlerde, akıl hastalıkları ve sosyal hizmet kurumlarında danışman ya da terapist olarak çalıştıkları gibi özel olarak da çalışıyorlar. Son yıllarda anababaların ve öğretmenlerin profesyonellerin kullandıkları becerileri öğrenebileceklerini kanıtladık.

Yeni yöntemlere "yardımcı temel beceriler","danışmanlık becerileri", "kolaylaştırıcı beceriler" deniyor.

1940'lı yılların başında, o aralar Ohio Eyalet üniversitesinde yeni bir göreve atanan psikolog Carl Rogers'ın verdiği danışmanlık derslerine giriyordum. Benimle psikoloji master programı alan bir grup arkadaşımla birlikte insanların sorunlarını profesyonel danışmanlara açtıklarında danışmanların neler yaptıklarını öğrenmek üzere bir çalışma yaptık. Danışmanlar muayenehanelerinde kapalı kapılar ardında neler yapıyorlardı? Sorunlu kişilerin sorunlarını çözmelerine yardımcı olan neydi? Sorunlarını çözmelerini engelleyen neydi?

Bilimsel yöntem konusunda eğitim almış öğrenciler, çalışmalarının en başında danışma seanslarından bir bölümünü banda kaydetmek gerektiğini farkettiler ve bunu Ohio Eyalet Psikoloji Kliniği'nde gerçekleştirdiler. Bu yöntem daha önce hiçbir yerde kullanılmamıştı. Danışanı tedirgin etmemek için kayıt yapıldığını önce gizli tutmayı düşündük. Ne var ki, bu meslek etiğine ters düşüyordu. Bu nedenle mikrofonu danışanın önüne yerleştirmeye karar verdik. Mikrofonu yerleştirirken danışanlara kayıtların araştırma amaçlı yapıldığını, kimliklerini açıklayan bölümlerin banttan silineceğini ve kayıt yapılmasını isteyip istememe kararını kendilerinin vereceğini söyledik. Karşı çıkan olmadı. Kayıt işlemi, seansları hiçbir biçimde olumsuz etkilemedi.

Elli dakikalık psikolojik danışmanlık seanslarının kayıtlarından elde edilen yüzlerce sayfalık yazılı metin bize zengin bir ham bilgi sağladı. Bunlarla etkili danışmanlığın nasıl yapılacağını bulmaya çalışacaktık. Çoğu doktora tezi olan bu çalışmalar yeni bir bilim alanı açtı. Rogers'ın yaratıcı desteği ve önderliğiyle bizler* müşteri-merkezli

---

*) Elias Porter, Julius Seeman, Bernard Covner, Elizabeth Sheerer, Dorothy Stock, William Snyder, Virginia Axline, Victor Raimy, Nathaniel Raskin, Nicholas Hobbs, Donald Grummon, Arthur Combs, George Muench, Thomas Gordon.

(ya da kişi-merkezli) psikoterapi diye tanınan yeni alanın öncüleri olduk.

Yeni alanın sınırları o zamandan beri çok genişledi. Başlarda profesyonel danışmanın sorunlu kişiye yardımcı olmak için yoğunlaştırdığı çalışmalar içine, daha sonra ana-baba-çocuk, öğretmen-öğrenci, patron-işçi, karı-koca, doktor-hasta, hemşire-hasta vb. gibi ilişkiler de girdi.

Danışmanların danışanlarının sorunlarını çözmelerini kolaylaştırmak için kullandıkları becerilerin öteki ilişkilerdeki sorunların çözümünü kolaylaştırdığını da gördük. Bu buluşumuz, profesyonel olmayan kişileri eğitmek için yeni programlar geliştirmemizde öncülük etti. Benim geliştirdiğim Etkililik Eğitimi kurslarında eğiticilerimiz, yaklaşık bir milyon anababa, öğretmen, okul yöneticisi, hemşire, sosyal hizmetli, doktor, dişçi ve şirket yöneticisini eğitti. Araştırma çalışmalarıyla etkileri kanıtlanmış, ayakları yere basan, ilkelere dayalı başka eğitim programları da var.*

Bu bölümde yardımcı temel becerileri tanımlayacağım. Ama önce sorun çözme işlemini anlamak gerekir. Yaşanan sorunları başarıyla çözerken kişiler hangi işlemlerden geçiyorlar?

ÇOCUKLARIN SORUN ÇÖZME İŞLEMİNİ KULLANMALARINA YARDIMCI OLMAK

İnsanlar karşılanmamış gereksinimlerinin ortaya çıkardığı sorunları çözerken bilerek ya da bilmeyerek bir yöntem kullanagelmişlerdir. Bu yöntem, önceki bölümde sözünü ettiğimiz ve aşağıdaki gibi özetleyebileceğimiz altı basamaklı işlemle aynıdır:

---

*) Gerald Egan'nın Human Relations Training; George Gazda'nın Multiple Impact Training; Bernard Guerney'in Relationship Enhancement; Norman Kagan'ın Interpersonal Process Recall; Robert Carkhuff'ın Human Resources Development Model; Gerald Goodman'ın Shasha Tapes; Eugene Gendin'in Focusing; Luciano L'Abate'in Social Skill Training.

I. Basamak: Sorunu Tanımlamak
II. Basamak: Çözümler Üretmek
III. Basamak: Çözümleri Değerlendirmek
IV. Basamak: En Uygun Çözüme Karar Vermek
V. Basamak: Kararın Nasıl Uygulanacağını Belirlemek
VI. Basamak: Değerlendirme için Uygulamayı İzlemek

Sorunu olan bir çocuğa yardım edebilmesi için anababaların ve öğretmenlerin bu basamakları akıllarında tutmalarının yararlı olacağını anladık. Yetişkin, çocuğun sorununu çözmesini yalnızca kolaylaştıran bir kişidir; bu basamakları yetişkinin değil çocuğun izlemesi gerekir. Ama, küçük çocuklarla aşağıda anlatacağım gibi farklı bir yaklaşım gerekir.

Henüz konuşmayı öğrenmemiş küçük çocuklarla sorun çözerken yetişkinin rolü değişiktir; çünkü onlar sorunlarını tanımlayamazlar (I. Basamak), çözüm seçeneklerinin neler olabileceğini bilemezler (II. Basamak), çözümleri değerlendiremezler (III. Basamak), değerlendiremedikleri için en iyi çözümü de seçemezler (IV. Basamak). Ama işlem sırasında önemli bir rol oynarlar; yetişkine sözsüz ipuçları verirler.

Bebeklerin gereksinimlerinin karşılanması için tümüyle yetişkine bağımlı olmaları, yetişkinlerin sorun çözme işlemine katkı paylarının çok olmasını gerektirir. Çocuklar büyüdükçe, kendi işlerini kendileri yapabilir, yani sorunlarını tanımlayabilir, kendi çözümlerini üretebilir, bu çözümleri değerlendirebilir ve aralarından kendilerine en uygun olanı seçebilirler. Bir ilkokul öğretmeninin anlattığı aşağıdaki olay buna güzel bir örnektir:

ÖĞRENCİ: Pergelimi, cetvelimi, kitabımı evde unuttum.
ÖĞRETMEN: Hmm. Sorunun var.
ÖĞRENCİ: Şimdi bana matematik kitabımla, yaptığım ödev lâzım.
ÖĞRETMEN: Nasıl bir çözüm bulabiliriz, acaba?

ÖĞRENCİ: Anneme telefon edip isteyebilirim... Ama bazen telefonu duymaz.

ÖĞRETMEN: Bu çözüm işe yaramaz diyorsun.

ÖĞRENCİ: Matematik odasından bir kitapla temiz bir kâğıt alabilirim. Nasıl olsa kaldığım yeri biliyorum.

ÖĞRETMEN: Sorununu çözdün.

Yetişkinin yardımcı bir kişi olarak en çok önemsenen amacı, sorun çözümüne katkısını en aza indirmektir. Böylece çocuğun ona bağımlılığı giderek azalacaktır. Bu durum çoğunlukla anababalarda ve öğretmenlerde bir ikilem yaratır. Çocuğu kendilerine bağımlı yapmamak için işlerine karışmak istemediklerinden neredeyse onlara hiç yardım etmezler. Yetişkinin etkin olarak katılımı olmadan çocuğun sorununu kendi kendine çözemeyeceğinden iyice emin oluncaya kadar ona karışmaması belki de politikaların en iyisidir; çünkü aynı yaşlarda olsalar bile çocukların sorun çözme becerileri ve yetişkinlere bağımlılık düzeyleri farklıdır.

Yetişkinler "işlem yönlendirici" olarak zaman zaman daha büyük çocukların sorunlarını çözmelerine yardımcı olabilirler. Yapmaları gereken şey, çocuğu sorun çözme işleminin altı basamağından geçirmektir. Bunu yaparken çok duyarlı davranıp çocuğu acele ettirmemeye dikkat etmelidir. Aslında çocuk yetişkinin yardımı olmadan da işlemi kullanabilir. Yardıma gereksinim duyarsa, basamak atlamaya hazır olduğunu anlatan ipuçlarını dinleyin. Yardımcı olmak için şunları söyleyebilirsiniz:

I. Basamak'tan II. Basamak'a:	"Çözümler üretmeye başlayabilmek için sorununun ne olduğunu iyice anladın mı?"
	"Sorununu çözmek için yapabileceklerini düşünmeye hazır mısın?"

II. Basamak'tan III. Basamak'a: "Düşünebileceğin çözümlerin hepsi bu mu?"

"Değerlendirmeye başlamaya hazır mısın?"

III. Basamak'tan IV. Basamak'a: "Kendine en uygun çözüm hangisi?"

"Bu çözümlerden hangisini seçiyordun?"

IV. Basamak'tan V. Basamak'a: "Çözümünü seçtiğine göre onu uygulamak için ne yapman gerekiyor?"

"Neyi, ne zaman, nasıl yapacağını planlamaya hazır mısın?"

V. Basamak'tan VI. Basamak'a: "Çözümün gerçekten işine yarayıp yaramadığını şimdi anlayabilirsin."

"Seçtiğinin iyi bir çözüm olduğunu değerlendirmek için bir deneme süresi belirlesen iyi olur."

Yetişkin, bir işlem yönlendirici olarak çocuğun sorununa —karışmaz, ama onun çözüme götüren basamakları tanımasına ona yardım eder. Sorunun çocuğun olduğunu unutmayın, sorun çözme rolünü üstlenerek onu kendinize bağımlı yapmayın ve kendi sorununu çözebilme şansını elinden almayın.

EAE kurslarını bitiren anababalar çocuğun sorun çözümünü kolaylaştırma çabalarını gösteren konuşmaları banda kaydederek bize gönderiyorlar. Çocuklarının bu konudaki yaratıcılıkları onları şaşkınlığa düşürmüş. Kızı iki yaşındayken EAE kursuna katılan psikoloji master öğrencisi bir anne, kızı on yaşına geldiğinde yaşadığı bir olayı anlattı:

"Alice okulda terbiyeli bir çocuk. Öğretmeni yaramazlık yapan erkek çocuklarla çok fazla ilgilenmek zorunda kalıyor. Geçen gün gözyaşları içinde eve geldi. On beş dakika durmadan ağladı. Sonra, 'Öğretmenimden nefret ediyorum. Berbat biri, kimseyi dinlemiyor' dedi. Yerini değiştirdiği için öğretmenine çok kızmıştı. Konuşmayı denemiş ama kendini dinletememişti. Tüm kızgınlığını döktükten sonra sakinleşti. 'Dinlemiyorsa, dikkatini çekmek için başka hangi yolları düşünebilirsin?' dedim. 'Not yazabilirim' dedi. Oturdu ve yazdı: 'Sınıfta sık sık yerimi değiştiriyorsunuz. Bana bu beni cezalandırıyormuşsunuz gibi geliyor.' Çok şaşırdım. Yapabileceğini ummuyordum. Yerinin değiştirilmesinin kendisini çok kızdırdığını, bunun terbiyeli davranışa yapılan bir haksızlık olduğunu, oturacağı yeri seçmesi için kendisine bir şans verilmesini istediğini, kalabalık bir sınıfta öğretmenin herkesi dinlemesinin ne kadar zor olduğunu anladığını da yazdı. Götürüp onu öğretmene verdi. Öğretmen notu okumuş ve istediği yere oturmasına izin vermiş. İnanamadım."

Aşağıdaki konuşma, bir annenin çocuğun sorun çözümünde önce II. Basamak'taki etkili rolünü, ama daha sonra III. IV. ve V. Basamak'ları çocuğun kendi kendine tamamladığını görünce nasıl geri çekildiğini gösteriyor:

JERRY: Anne, biri başkasının bahçesinde oynarken çamaşır ipini koparırsa ne olur?

ANNE: Sıkıntılı gibisin.

JERRY: Evet. Bahçelerinde oynadığım insanları tanımıyordum, kaçtım.

ANNE: Kaçtığın için kaygılanıyorsun

JERRY: Hayır korkuyorum. Bana ne yaparlar?

ANNE: Çamaşır iplerini kopardığın için sana bir şey yapacaklarından korkuyorsun.

JERRY: Yalnız bana değil... Alan da oradaydı. Tellerin yanındaki bahçede çamaşır ipiyle oynuyorduk, ip koptu, kaçtık. Şimdi ipin koptuğunu görecekleri için korkuyorum.

ANNE: Jerry, gerçekten korkuyorsun.

JERRY: Evet, anne. Ne yapmalıyım?

ANNE: Ne yapacağını söylersem çok hoşuna gidecek, rahatlayacaksın.

JERRY: Söylemeyeceğini biliyorum. Sorun benim... ama, anne, benim yerimde olsan ne yaparsın?

ANNE: Senin yerinde olsam, herhalde birkaç seçeneğim olurdu. Birincisi, olayı unuturdum. Seni tanımadıkları için kimin yaptığını belki hiç bulamazlar. İkinci olarak, ipi onarmak için babamdan bana yardım etmesini isterdim. Son olarak, onlara gidip ipi benim kopardığımı ve onarmak istediğimi söylerdim. Sonra da Alan'dan bana yardım etmesini isterdim. Yapabileceğim pek çok şey var. Ama, ben sen değilim, senin ne yapacağını bilemem.

JERRY: (Susar)

Jerry daha sonra oturma odasına gitti ve TV izlemeye başladı. Olayın üzerinde durmayacağını sandım. Epey bir zaman geçti. Kalktı ve dışarı çıktı. On beş dakika sonra koşarak geldi. Çok heyecanlıydı:

"Anne, onlara gidip iplerini kopardığımı ve onarabileceğimi söyleyip özür dilemeye karar verdim. Amca çok kibardı. "O ip hep kopar, üzülme. Söylediğin için teşekkür ederim." dedi. Ne güzel değil mi, anne?"

Babası eve gelince Jerry olanları ona da anlattı. Jerry için çok heyecanlı bir andı. Kendisini çok iyi hissediyordu, biz de öyle. Hiçbir zorlama olmadan kendi başına karar verebilmişti. Ailemiz, EAE becerilerini kullandığımızdan bu yana geçen son iki yıl içinde çok değişti. Çocuklarımız bu değişikliğin en iyi göstergesi.

Çocuk her zaman sorun çözme basamaklarının hepsini kullanmaz. Duygularını dışa vurup sorununu anlattıktan sonra sanki tek istediği birisinin sorununu duymasıymış gibi işlemi yarıda bırakır. İki yaşındaki Tommy'nin örneğinde annesi bunu anlatıyor:

Bir yerine bir şey olmaya görsün hemen ağlamaya başlıyor. Bu alışkanlığı anaokulundaki arkadaşlarından kaptı. Yine ufacık bir şey için ağlayarak geldiği bir gün, "Canım, orası çok acır." dedim. Sustu, çekip gitti. O günden beri ağlayarak geldiği zaman aynı taktiği uyguluyorum. İşitildiğini hisseden çocukta bir şeyler oluyor. Ama ben bunun ne olduğunu anlayamıyorum.

Tommy'nin annesinin anlayamadığı şey, çocuğun korktuğu, kendisini yalnız hissettiği, düş kırıklığına uğradığı, üzüldüğü ve acı çektiği anlarda kabul edilme gereksinimi duymasıdır.

KABULSÜZLÜK DİLİ

Geleneksel düşüncede, çocuğu olduğu gibi kabul etmenin, onun değişmeden öylece kalmasına neden olacağı sanılır. Çocuklara yaptıkları yanlışlar gösterilerek şu anda kabul edilmedikleri söylenerek daha iyiye doğru değişmelerinin sağlanabileceği görüşü evrenseldir. Bu nedenle anababaların çoğu, onları eleştirerek, yargılayarak, suçlayarak, tehdit ederek, yönlendirerek "düzeltici iletiler" gönderirler. Bu iletilerin tümü çocuğa kabul edilmediğini söyler. Kabulsüzlük dilini yalnızca anababalar değil çocukların eğitimiyle ilgilenen herkes kullanır.

Yıllardır yerleşmiş bu yaklaşımın yanlışlığı, yapılan araştırmalar ve klinik çalışmalarla ortaya kondu. Başkalarının değişmesine yardımcı olmanın gerekli koşulunun onları oldukları gibi kabul etmek olduğu anlaşıldı. Çok ilginç bir çelişki, değil mi?

Etkililik Eğitimi sınıflarımızda, anababaların ve öğretmenlerin farkında olmadan, çocuklarıyla günlük ilişkilerinde sürekli olarak onları değiştirmeyi amaçlayan kabulsüzlük dili kullandıklarını görüyoruz. Kabul edici olduklarını düşünenler bile, konuşmalarıyla eleştiri ilettiklerini anlayınca şaşırıyorlar. Her EAE ve EÖE sınıflarında yaptığımız basit bir alıştırma "kabulsüzlük dili" kullandıklarını onlara açıkça gösteriyor.

Alıştırmada eğitici sorunu olan çocuk rolünü oynar. Her sorunun ardından sınıftakilerden tepki vermelerini ve bunları yazmalarını ister. Topladığı yanıtları sınıflandırır. Uzun yıllar yaptığımız bu alıştırma sonucunda verilen yanıtların % 90'ının iletişimin on iki temel türüne girdiğini gördük. Bunlar kabulsüzlük iletir ve iletişimi engeller. Bu nedenle onlara "İletişim Engelleri" adını verdik. Aşağıdaki örneğe bakalım:

"Ödev yapmaktan nefret ediyorum. Okuldan da nefret ediyorum. Çok sıkıcı. Yaşam için gerekli olan hiçbir şeyi öğretmiyorlar. Bir yığın zırva. Liseyi bir bitireyim, okuldan ayrılacağım. Hayatta başarılı olmak için okula gitmem gerekmiyor."

Ödev yapmakla sorunu olan on dört yaşındaki erkek çocuğun sizin çocuğunuz olduğunu düşünün. Ona neler söyleyebilirsiniz:

Soldaki sütuna sınıfımızda verilen yanıtları sıraladım. Sağdaki sütuna iletinin girdiği iletişim türünün adını yazdım. Sizin sözleriniz engellerin hangi türüne giriyor?

Yanıt	*İletişim Engeli*
"Benim oğlum okulu bırakamaz, buna izin vermem."	EMİR VERME, YÖNLENDİRME
"Okulu bırakırsan benden para mara bekleme."	UYARMA, GÖZDAĞI VERME
"Öğrenme herkese nasip olmayan ödüllendirici bir deneyimdir."	AHLAK DERSİ VERME
"Ödevini yapmak için neden bir plan yapmıyorsun?"	ÖĞÜT VERME, ÇÖZÜM GETİRME
"Üniversite mezunu, lise mezunundan en az yüzde elli fazla kazanır."	NUTUK ÇEKME, ÖĞRETME
"Uzak görüşlü değilsin. Düşüncelerin henüz yeterince olgunlaşmamış."	YARGILAMA, ELEŞTİRME, SUÇLAMA
"Her zaman gelecek için umut veren iyi bir öğrenci oldun."	ÖVME
"Hippi gibi konuşuyorsun."	AD TAKMA, ALAY ETME
"Çaba göstermediğin için okuldan hoşlanmıyorsun."	YORUMLAMA, ANALİZ ETME
"Duygularını anlıyorum, ama son sınıfta daha iyi olacak."	GÜVEN VERME, DUYGULARI PAYLAŞMA
"Eğitimsiz ne yapacaksın? Nasıl geçineceksin?"	SINAMA, SORU SORMA, ÇAPRAZ SORGULAMA
"Yemekte sorun istemiyorum."	KONUYU SAPTIRMA

Bu yanıtlar, çocuklar üzerinde aşağıdaki olumsuz sonuçları oluşturabilirler:

Konuşmaları engellenir.

Savunmaya geçerler.

Kavgacı olur, karşı saldırıya yönelirler.

Yetersiz olduklarını hissederler.

Kızarlar, küserler.

Kendilerini suçlu hissederler.

Oldukları gibi kabul edilmedikleri duygusunu yaşarlar.

Onları değiştirmeye çalıştığınızı düşünürler.

Sorunlarını çözmede kendilerine güvenilmediğini hissederler.

Sorunlarını üstlendiğinizi düşünürler.

Anıaşılmadıklarını duyumsarlar.

Duygularının yersiz olduğunu hissederler.

Tanık kürsüsüne çıkarılıp sorgulandıkları duygusunu yaşarlar.

Anababalarının kendileriyle ilgilenmediğini düşünürler.

Küçükler sorunlarını anababalarıyla ve öğretmenleriyle paylaştıkları zaman hemen hemen hepsinin Engelleri kullandıklarını artık biliyoruz.

Görüştüğümüz anababalar Engelleri kullandıklarında çocuklarıyla yaşadıkları olayları da anlattılar. Aşağıda Timmy ile annesinin öyküsü var:

Oğlum okulda neler yaptığını anlatmazdı. Sorularıma yanıt vermezdi. Daha sonra doğrudan sorduğum soruların bazılarını yanıtladığını farkettim. Benim gibi, öğretmen olup da sorulara yanıt vermeyen bir çocuğa sahip olmak çok zordu. Doğrudan sorular sormamın onu zorladığını gördüm. Yanlış yapmaktan korkuyordu. Bunun için de hiç yanıt vermiyordu. Bir hafta boyunca hep ben konuştum. Kulağıma gelen sesim ne kadar da tizdi. Sesimin sınıfta işe yarayan sert ve sorgulayıcı tonu, beş yaşındaki küçüğüme ezici gelmişti. Tek savunması sessiz kalmaktı. Ancak daha yumuşak yollarla ondan yanıtlar alabileceğimi anlamaya başladım. Sabırlı olup onu dikkatle dinlersem, okulda olan bazı şeylerden söz ettiğini duyabilecektim. Sonunda azar azar açılmaya ve içini bana göstermeye başladı.

Çocuklar, "Annem beni dinlemiyor." ya da "Öğretmenler çocukları anlamaya çalışmıyor." "Sorunlarımı annemlerle tartışamam." diyorlarsa, anababalarının ve öğretmenlerinin çocukların sorunlarını dinlerken Engeller kullandığından emin olabilirsiniz. National Consortium for Humanizing Education'dan David Aspy ve Flora Roebuck'ın yaptığı çalışmalardan öğretmenlerin kabulsüzlük dilini sık kullandıkları görülmüştür (Aspy ve Roebuck, 1983). Başlıca bulguları şunlardır:

- Öğrencilere saygı ve empatik anlayış gösteren öğretmenlerin sayısı genel nüfusun ortalamasıyla aynıdır.
- Öğretmen ve yöneticilerin iletişim becerilerini kullanmadaki yetenekleri, çocuklara gösterilen empati, içtenlik ve saygı skalasında 3.0 olarak kabul edilen minimal etki eşiğinin altındadır.

Araştırmacılar, okul müdürleri ve öğretmenlerin çoğunun iletişim becerilerini en alt düzeyde kullandıklarını ifade etmişlerdir.

KABUL: YARDIMCI TEMEL DAVRANIŞ

Daha önce de değindiğim gibi, kişiyi olduğu gibi kabullenmek onun öğrenmesine, psikolojik sağlığının olumlu etkilenmesine, sorun çözmesini kolaylaştırmasına, kişiliğinde iyiye doğru değişikliklerin gerçekleşmesine yardımcı olan önemli bir etkendir. İnsanların oldukları gibi kabul edildiklerini anlayınca kendilerini değiştirmek ve geliştirmek için neler yapabileceklerini düşünmeye hazır olmaları yaşamın güzel bir paradoksudur.

Kabul, minicik bir tohumun gelişip olabileceği en güzel çiçeğe dönüşmesine yardım eden verimli bir toprak gibidir. Kişinin içinde saklı duran gücünü ortaya çıkarmasına olanak verir.

Anababalara ve öğretmenlere, çocukları kabul ettiklerini onlara nasıl gösterebileceklerini öğretebilmeyi keşfetmek, meslek yaşamımın en büyük ödülü olmuştur. Kabullerini göstermeyi öğrenen yetişkinler, çocukların karşılaşabilecekleri sorunları kendi kendilerine çözebilecek yeteneklerinin olduğunu farkederler.

İletişim Engelleri'ni kullanmamanın ya da kabulu hissetmenin yeterli olmadığı açıktır. Kabul iletilmeli ve karşıdaki kişi tarafından da hissedilmelidir. Bunun için kabulünüzü göstermeli ve açıkça dile getirmelisiniz.

KABULÜ GÖSTERMEK

Kabul ettiğini göstermenin, ilk ikisini herkesin bildiği, ama sonuncusunu yeni öğrenecekleri üç temel yolu vardır: (1) Müdahale Etmeme, (2) Edilgin Dinleme, (3) Etkin Dinleme.

Müdahale Etmeme

Çocuğun yaptıklarına müdahale etmeyerek onu kabul ettiğinizi gösterebilirsiniz. Çocuk sessizliğinizi, yaptığının kabul edilmesi olarak yorumlar. Ama, yetişkinlere olaya katılmadan izlemek zor gelir. Çocuğun sahilde kumdan kale yapmaya uğraştığını düşünelim. Anne/baba tüm iyi niyetiyle, "Kaleyi sudan uzak bir yere yap." "Kumu ıslatsana." "O kadar da ıslak olmasın." "Kumu üstten bastır ki sıkışsın." "Senin kalenin etrafında hendek yok mu?" "Kaleyi oraya yaparsan, yıkılır." ya da "Ben sana yardım edeyim." der. Bu sözleri duyan çocuk kendi kalesini yapabilecek akıl ve yetenekte olmadığını düşünür. Oysa, hiçbir şey söylemeden çocuğun yaptığını izlemek, onu kabul ettiğinizi gösterir.

Edilgin Dinleme

Sessiz kalarak ama tüm dikkatinizi vererek çocuğun duygularını açıklamasına ve sizinle sorununu paylaşmasına izin vermeniz kabulü iletmenin ikinci yoludur. Sürekli göz teması ve takınılan bazı tavırlar onu dikkatle dinlediğinizi gösterir. Edilgin Dinleme'ye bir örnek:

ÇOCUK: Öğretmenim bugün beni müdüre şikâyet etti.

ANNE: Ya?

ÇOCUK: Evet. Sınıfta çok konuşuyormuşum.

ANNE: Anlıyorum.

ÇOCUK: O yaşlı fosile dayanamıyorum. Durmadan sıkıntılarından ya da torunlarından söz ediyor. Sonra da kendisini can kulağıyla dinlememizi bekliyor. Ne kadar sıkıcı, inanamazsın.

ANNE: Hııı.

ÇOCUK: Hiçbir şey yapmadan sınıfta nasıl oturursun? İnsan deli olur. O konuşurken biz de Jeannie'yle şakalaşıyoruz. Berbat bir öğretmen. Öğretmenlerin kötü olması beni çok kızdırıyor.

ANNE: (Sessiz kalır)

ÇOCUK: Galiba buna alışmam gerekecek, her zaman iyi öğretmen bulamam ya. Kötü öğretmenler iyilerden daha çok. Kötülerin beni mutsuz etmelerine izin verirsem, çalışma isteğim kalmaz. Kendi kendime boşuna eziyet ediyorum.

Annenin dikkatli ama edilgin dinlemesi, kızının müdüre şikâyet edildiğini itiraf ettirmekten başka neden şikâyet edildiğini anlatmasına, kızgınlığından kurtulmasına, kötü öğretmenlere olumsuz tepkilerinin sonuçlarıyla yüzleşmesine yaradı.

Yukarıdaki annenin Edilgin Dinleme'sinin tersine çoğu anababanın alışılagelmiş tepkileri şöyle olur:

"Ne? Yine mi çok konuşuyordun?"

"Sen kaşınmışsın."

"Sen öğretmenlik konusunda uzman mısın?"

"Her tür öğretmene alışmayı öğrenmelisin."

Anne bunlara benzer engeller kullansaydı, kızının iletişimi kesmesine neden olacak ve sorunu kendi kendine çözmesini engelleyecekti.

Etkin Dinleme

Edilgin Dinleme, kabulünüzü iletir ama karşınızdaki kişiyi doğru anlayıp anlamadığınızı iletmez. Söylenenleri doğru anladığınızı iletmenin etkili bir yolu vardır. Kurslarımızda, ilk olarak müşteri merkezli psikolojik danışmanların ve terapistlerin kullandığı, zaman zaman "duyguların yansıtılması" ya da "yansıtmalı dinleme" denilen, ama bizim Etkin Dinleme adını verdiğimiz yöntemi öğretmek için çok zaman harcarız. Etkin Dinleme'de dinleyen sessiz kalmaz, iletiyi gönderenle iki yönlü özel bir iletişime girer. Önce tüm dikkatini gönderilen iletinin anlamına verir. Sonra anladığını kendi sözcükleriyle geri ileterek (yansıtarak) doğru anlayıp anlamadığını test eder. Bu basit geri iletiyle, dinleyen dinlediğini ve anlaşıldığını kanıtlayabilir. Anlaşıldığını hisseden kişi de kabul edildiğini hisseder.

Aşağıdaki şekiller bu teknikleri gösteriyor. Burada gösterilen teknik yalnızca anababa-çocuk değil, iki kişi arasında geçen her tür iletişimde kullanılabilir.

Çocuğun anababasına gönderdiği hemen hemen her iletinin nedeni karşılanmamış bir gereksimi anlatmaktır. Canı sıkılır, arkadaş ister, karnı açtır, üşümüştür, korkmuştur, tedirgindir; kısaca dengesinin bozulduğu söylenebilir. Örneğin, parmağını kesince kanının akmasından çok korkar. Korkusunun gerçek nedenini anlatamaz. Onun yerine duygularını kodlar. Bunu yaparken de babasının korktuğunu anlamasını bekler. Bu işleme kodlama denir. İlettiği korkusu değil, koddur:

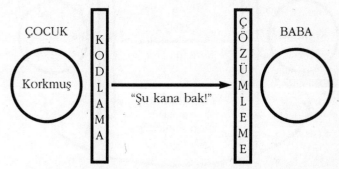

Baba kodlu iletiyi alınca, çocuğun yaşadıklarını anlamak için kodu çözmelidir. Kodu çözümleme bir tür tercüme bazen de tahminde bulunmadır. Burada baba çocuğun korktuğunu hissederek doğru çözümleme yapmıştır:

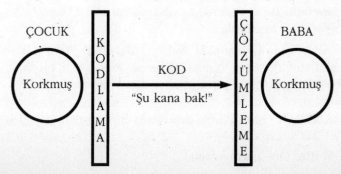

Ama yine de emin olabilmek için anladığını düşündüğü şeyi çocuğuna geri iletir. Geri gönderdiği yeni bir ileti değil, çocuğun söylediklerini kendi sözcükleriyle dile getirmesidir.

Etkin Dinleme dediğimiz bu işlemin etkileri şunlardır: (1) Çocuğun doğru anlaşılıp anlaşılmadığını kesin olarak öğrenmesini sağlar, (2) Çocuğun geri bildiriye verdiği yanıttan, babası çocuğun iletisini doğru anladığını öğrenir.

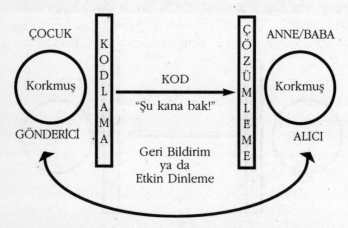

"Kanı görünce çok korkmuşsun."

Yukarıdaki olayda çocuk, "Korktum." "Evet." gibi yanıtlar verebilir. Baba anlamamış olsaydı yanıtlar, "Hayır." "Anlamıyorsun." olabilirdi.

Aşağıdaki konuşmada Sally, babasının Etkin Dinleme'sini sürekli "Evet. "Öyle." diyerek doğruluyor ya da yeni bir ileti göndererek konuşmayı sürdürüyor:

SALLY: Ne olur, Barbie gibi arada bir hastalansam. O ne kadar şanslı.

BABA: Ona özeniyorsun.

SALLY: Evet. Okula gitmeyebiliyor, ama ben hep gitmek zorundayım.

BABA: Arada bir okula gitmek istemiyorsun.

SALLY: Evet. Her gün okula gitmek istemiyorum. Her gün, her gün, bıktım.

BABA: Sen gerçekten okuldan bıkmışsın.

SALLY: Bazen okuldan nefret bile ediyorum.

BABA: Bu sevmemekten de öte bir şey.

SALLY: Öyle. Ödevlerden, derslerden, öğretmenlerden bıktım.

BABA: Okulla ilgili her şeyden nefret ediyorsun.

SALLY: Aslında öğretmenlerin hepsinden nefret etmiyorum, yalnızca ikisinden. Hele birine hiç dayanamıyorum. O en fenası.

BABA: Özellikle ondan mı nefret ediyorsun?

SALLY: Evet. Mrs. Barnes'tan. Onu görmeye bile dayanamıyorum. Bütün bir yıl da görmek zorundayım.

BABA: Uzun bir süre onunla birlikte olacaksın.

SALLY: Evet. Buna nasıl dayanacağımı bilemiyorum. Ne yapıyor biliyor musun? Her gün uzun bir nutuk çekiyor. Şöyle (göstererek) sırıtarak orada dikiliyor, sorumlu bir öğrencinin nasıl davranması gerektiğini anlatıp duruyor. Dersinden A almak için neler yapacağımızı söylüyor. Hasta oluyorum!

BABA: Bütün bu zırvaları dinlemekten hoşlanmıyorsun.

SALLY: Evet. Öğretmenin gözdesi ya da dâhi değilsen A almak olanaksız gibi geliyor insana.

BABA: A alma olasılığının olmadığını düşündüğün için daha başlamadan başaramayacağını hissediyorsun.

SALLY: Öyle. Öğretmenin gözdesi olmayacağım. Çocuklar böylelerinden nefret ediyorlar. Beni zaten pek sevmiyorlar. Kızların çoğunun da benden hoşlanmadığını hissediyorum. (Ağlamaya başlar.)

BABA: Sevilmediğini sanıyorsun. Bu da seni çok üzüyor.

SALLY: Evet. Sınıfta herkesin çok sevdiği bir grup kız var. Keşke ben de onlar gibi olabilsem. Ama nasıl?

BABA: Onlar gibi olmayı istiyorsun ama bunu nasıl yapacağını bilemiyorsun.

SALLY: Doğru. Kızlar bu gruba nasıl girmiş? Hepsi çok güzel değil. Notları da iyi değil. Aralarında benden düşük not alanlar bile var. Peki, nasıl oluyor da herkes onları seviyor anlamıyorum.

BABA: Onlar gibi sevilmek için nasıl olman gerektiğini bilemiyorsun.

SALLY: Yalnız bir şey var. Hepsi çok arkadaş canlısı. İnsanlara hemen merhaba deyip kolayca konuşmaya başlıyorlar. Ben bunu yapamam.

BABA: Sende olmayan, ama onlarda olan özelliğin konuşkanlık olduğunu düşünüyorsun.

SALLY: Konuşkan olmadığımı biliyorum. Bir kişiyle konuşabiliyorum, ama grup olunca beceremiyorum. Söyleyecek bir şey bulamıyor ve susuyorum.

BABA: Bir arkadaşınla birlikteyken sorunun yok, ama birkaçı birarada olunca farklı oluyor.

SALLY: Hep yanlış ya da saçma bir şey söyleyeceğimden korkuyorum. Bunun için orada öylece duruyorum. Beni aralarına almadıkları hissine kapılıyorum. Korkunç bir duygu.

BABA: Bu duygu seni çok rahatsız ediyor.

SALLY: Dışlanmış olmaktan nefret ediyorum.

Sally'nin daha derinlerdeki duygularını açığa çıkarmasını ve çözümlemesini, sorununu yeniden tanımlamasını, sorununu çözmek için iyi bir başlangıç yapmasını algılayabiliyor musunuz? Ayrıca, iyi bir danışmanın yaptığı gibi, babasının kendi duygu ve düşüncelerini bir yana bırakıp kızının sorunuyla ilgilendiğine dikkat ettiniz mi? Bu tutum Etkin Dinleme için önemlidir; çünkü özenle dinlemek, duyulan kodları doğru çözümlemek ve daha sonra da çözümlediğinizi geri iletmek için tüm dikkatin karşıdaki kişiye verilmesi gerekir. Yukarıdaki konuşmada, babanın verdiği yanıtlarla kendisinin değil, Sally'nin duygu ve düşüncelerini önemsediğini gösterecek biçimde tepki verdiğine dikkat edin.

Etkin Dinleme ve bıraktığı etkileri aşağıdaki öğretmen-öğrenci konuşmasında da görebilirsiniz:

ÖĞRENCİ: Yakında sınav var mı?

ÖĞRETMEN: Sınava gireceğin için kaygılısın.

ÖĞRENCİ: Hayır, ne tür bir sınav yapacağınızı bilmiyorum ve soru-yanıt olmasından korkuyorum.

ÖĞRETMEN: Sınavın türü seni kaygılandırıyor.

ÖĞRENCİ: Evet, açıklamalı sınavlarda başarılı olamıyorum.

ÖĞRETMEN: Anlıyorum. Test sınavında daha başarılı olabileceğini düşünüyorsun.

ÖĞRENCİ: Evet. Ötekinde her zaman zorlanıyorum.

ÖĞRETMEN: Çoktan seçmeli test yapacağım.

ÖĞRENCİ: Oh, rahatladım.

Bu olayda, öğretmenin ilk geri bildirimi doğru değildi, öğrenci onun anlaması için iletisini yineledi.

Gerekli tutumlar olmadan Etkin Dinleme mekanik ve yapmacık gelir. Etkin Dinleme karşınızdaki kişiyi kabul ettiğinizi gösteren yapmacıksız bir ileti olmalıdır: "Yaşadıklarını gerçekten anlıyorum, duygu ve düşüncelerini kabul ediyorum." Bu iletinin verilebilmesi ve anlaşılabilmesi için aşağıdaki koşulların varlığı önemlidir:

1. Çocuğun söylediklerini duymak istemelisiniz. Bunun anlamı onu dinlemek için zaman ayırmaktır. Zamanınız yoksa, dürüstçe söylemelisiniz.

2. Çocuğun duyguları sizinkilerden ve düşüncesi de düşünmesini beklediğinizden ne kadar ayrı olursa olsun onları gerçekten kabul etmelisiniz. Çocuğun duygu ve düşüncelerini değiştirmeye çalışmamalısınız.

3. Çocuğun sorununa o anda yardımcı olmayı gerçekten istemelisiniz. İstemiyorsanız, nedeniniz ne olursa olsun, dürüst olmalı ve istemediğinizi söylemelisiniz.

4. Çocuğun duygularıyla başedebileceğine ve sorunlarına çözüm bulabileceğine tüm benliğinizle güvenmelisiniz. Bu güveni çocuğunuzun sorunlarını kendi kendine çözmede ustalaştığını görerek zamanla kazanacaksınız.

5. Duyguların sürekli değil geçici olduğunun farkında olmalısınız. Duygular değişir. Nefret aşka, umutsuzluk umuda dönüşebilir. Bu nedenle, duyguların dile getirilmesi sizi ürkütmesin; duygular çocuğun yüreğine saplanıp kalmaz. Etkin Dinleme bunu size gösterecektir.

6. Çocuğunuzun sizden ayrı bir kişilik olduğunu görebilmelisiniz. O artık sizden ayrı, kendi kimliği ve yaşamı olan benzersiz bir kişidir. Bunu iyice anlayınca ona yardımcı olabilirsiniz. Sorunu olduğunda kendinizi ondan sorumlu hissetmemeli ama kesinlikle onun yanında olmalısınız.

7. Neler hissettiğini empatiyle anlamalısınız. Kendi duygu ve düşüncelerinizi bir an için askıya alıp kendinizi çocuğun yerine koyarak dünyayı onun gözleriyle görmelisiniz. Böyle davranmanız Etkin Dinleme'yi, empatik anlayışınızı iletebilmeniz için en iyi araç yapar.

8. Duyduklarınızla değerlerinizi, tutumunuzu ve görüşlerinizi değiştirme riskini almaya hazır olmalısınız. Karşınızdakini iyice anlamanız, kendi deneyimlerinizin yeni bir

yorumunu yapmanıza yol açar. Kendi görüşlerinin savunucusu olan kişiler, kendilerinden farklı olanları dinlemeye dayanamazlar.

Yukarıdaki koşullar yerine getirilmişse, Etkin Dinleme'nizin çocuğun bireyselliğine saygı duyduğunuzu, onu anladığınızı ve kabul ettiğinizi ileteceğinden emin olabilirsiniz. Bunun karşılığında çocuğunuzun sorunlarını kendisinin çözdüğünü görmek ödülünüz olacaktır. Ayrıca, sorunu olduğunda siz çocuğunuzu dinlerseniz, sizin sorununuz olduğunda da onun sizi dinleyeceğinden emin olabilirsiniz.

Yapılan bir çok araştırma Etkin Dinleme'nin yatıştırıcı bir etkisi olduğunu göstermiştir. Carl Rogers klasikleşmiş Client-Centered Therapy (1951)* adlı kitabında dinlemeye dayalı danışmanlığın sonuçlarının incelendiği çalışmaları gözden geçirmiştir. Özetlediği bulgulardan en önemlileri şunlardır:

- Kendine saygı ve kendi kaynaklarından yararlanma gibi olumlu davranışlar artar.

- Danışma görüşmelerinin son anlarında kendi kaynaklarından yararlanma yaklaşımı artar.

- Danışma sırasında kendini kabul gelişir, yani kişi kendisini saygıya değer, değerli bir kişi olarak algılar.

- Başarılı bir danışmanlığın ardından insanların kendilerine bakışları daha az duygusal ve daha nesneldir. Daha bağımsızdırlar, sorunlarıyla daha kolay başa çıkabilirler.

Bu bölümde dikkatinizi çekmeye çalıştığım önemli noktaları bir kez daha yinelemek istiyorum. Çocuklar zaman zaman anababalarının kabul edemeyeceği davranışlar

---

*) **"Danışan-Merkezli Terapi"** diye Türkçeleştirilebilir. ÇN.

sergilerler. Böyle zamanlarda anababalar onları bu davranışlardan vazgeçirmeye ve onları değiştirmeye çabalar. Çocuklarını kendi gereksinimlerine karşı duyarlı olmaları için değiştirmek isterler. Ama, bu konuda etkili olabilmek için önce çocuğun anne/babasını, sorunu olduğu her zaman kendisine yardım eden bir kişi olarak görmesi gerekir. Başka bir söyleyişle, çocuk ilişkinin karşılıklı ve eşit olduğunu bilmelidir. Anababalar, sorunları olduğunda çocuklarını dinlemeye istekli olduklarını gösterince, çocuklar da "Davranışın bana sorun yaratıyor." dediklerinde onları dinlemeye istekli olurlar.

Anababalar yardımcı kişi olmanın başka bir konuda da yararını görürler. Bu bölümde anlatılan etkili yardımcı beceriler anababaların çocuklarında görmekten hoşlanmadıkları pek çok davranışın ortaya çıkmasını önleyecektir. Çözülmemiş sorunları, karşılanmamış gereksinimleri ve kaygıları olan çocuklar, bu duygularını kendilerine zarar verecek biçimde ve içlerine kapanarak tepki verirler. Aynı biçimde öğretmenleriyle çatışan öğrenciler de okulda gereksinimleri engellenen çocuklardır. Anababalar ve öğretmenler sıkıntılı çocukları belirleyecek becerileri öğrenirler sonra da sorunlarını çözmede onlara yardım ederlerse, kabul edilemeyen davranışlar önemli ölçüde azalacak ve disiplin sorunu ortadan kalkacaktır.

dokuz

Etkin
Dinleme

Bundan önceki bölümde, Etkin Dinleme'yi öncelikle
çocukların sorunlarını çözmelerine yardımcı bir danış-
manlık becerisi olarak tanıtmıştım. Ama, becerinin ya-
rarlı ve etkili tek yanı bu değildir. Sıcak, empatik bir anla-
yışla kabulü iletirken de aynı biçimde yararlıdır; bu neden-
le ona "herkese yararlı beceri" adını verebiliriz. Becerinin
çocuklar arasındaki çatışmalara arabuluculuk etmek, grup
tartışmalarının yapılmasını sağlamak, öğretmen-öğrenci iliş-
kilerine sıcak ve sevecen duygular katmak gibi çok çeşitli
durumlarda kullanılabildiği kanıtlanmıştır.

ÇOCUK-ÇOCUK ÇATIŞMALARINDA
ARABULUCULUK ETMEK

EÖE kursumuza katılan bir öğretmenin anlattığı aşağı-
daki olay, Etkin Dinleme'nin çocuklar arasındaki çatışma-
daki yararını gösteriyor. Anlatılanlardan anlaşıldığına göre
dördüncü sınıf öğrencisi Ann'i arkadaşları pek sevmiyor.
Herkesi rahatsız ettiği için kimse onunla aynı sırada otur-
mak istemiyor. Laura da onunla birlikte çalışmaktan kaçma-
ya çalışıyor:

ANN: Öğretmenim, Laura yanımda oturup harita ödevime yardım etmiyor.

LAURA: Ann çalışmak istemiyor ki, yalnızca konuşuyor, dolaşıyor ve benim kâğıtlarımı karalıyor.

ANN: Kâğıtlarını karalamadım ki, karalıyormuş gibi yaptım.

ÖĞRETMEN: Kızlar, sorununuz var. İkinizi de dinlersem bir çözüm bulabileceğimizi sanıyorum.

KIZLAR: Tamam, ne yapıyoruz?

ÖĞRETMEN: Bana sorununuzu çözmek için önerilerinizi anlatın, dikkatle dinleyeceğim.

ANN: Şimdi size hoş görünmek için benimle oturuyor. Oysa ben gerçekten ödevimi onunla birlikte yapmak istiyorum.

LAURA: Ben de seninle çalışmayı gerçekten istiyorum ama sen benim ödevimi bozuyorsun. Kendi ödevini önemsemiyorsun, benim de senin gibi olmamı istiyorsun, ama ben ödevimi zamanında vermek istiyorum.

ÖĞRETMEN: Ann ödevini yaparken Laura'nın eşin olmasını istiyorsun. Laura sen de Ann ile çalışmak istediğini ama ödevini önemsemediği için onunla çalışmanın zor olduğunu söylüyorsun. Bu sorunu çözmek için ikinize de uygun gelecek yollar bulmaya çalışalım.

ANN: Laura daha sabırlı olup bana yardımcı olabilir.

LAURA: Ann'den ayrılabilirim, ayrı ayrı çalışabiliriz.

ANN: Sıranı benimkinden uzaklaştırabilirsin.

LAURA: (Alaycı) Ann'in annesine onun baş belası olduğunu bildiren bir not gönderebiliriz.

ANN: (Şiddetle karşı koyarak) Laura'nın annesine de onun kendisini kusursuz sandığını söyleyin.

LAURA: Ann sınıfın içinde dolaşmayı bırakıp, oturup ödevini yapabilir.

ANN: Laura ödevini yapmaya ara versin, ben ona yetişeyim, sonra birlikte devam ederiz.

LAURA: Birlikte çalışmayı bir kez daha deneriz.

ÖĞRETMEN: Önerileri okuyayım, en iyi çözüme karar verelim.

ANN: Tekrar deneyebiliriz... ve eğer olmazsa sıralarımızı ayırabiliriz.

ÖĞRETMEN: Bir şey önerebilir miyim? Şimdi birbirinizin canını sıkan şeyi bildiğinize göre, bunları yapmamaya çalışabilirsiniz. Bunu bir gün deneyin, sonra bana gelip bunun işe yarayıp yaramadığını söyleyin. Oturup konuşalım. Sıralarınızı şimdiden ayırabilirsiniz, ama bu kolaya kaçmak olur.

Öğretmen bu kısa Kaybeden-yok toplantısının sonucunu şöyle özetliyor:

"İki gün geçti, hâlâ sıralarını ayırmak istediklerini söylemediler. Ann, arkadaşlarının dostluğundan emin olmak için, onların sabırlarını sonuna kadar sınıyor. Buna karşın, şimdilik bir arkadaşı ve ödev eşi var."

Yukarıdaki gerçek yaşam öyküsünden heyecan verici bir sonuç çıkarmaktan kendimi alamıyorum. Öğretmen bir iki dakika içinde Ann'e tüm ilişkilerinde kullanabileceği yeni bir yöntem öneriyor. Ann bununla arkadaşlarıyla ilişkilerini düzeltebilir. Eğitimciler teoride öğretmeni, yalnızca konusunu öğreten değil, aynı zamanda çocuğun bir bütün olarak gelişimini sağlayan kişi olarak tanımlar; ne yazık ki, okullarımızdaki uygulamalarda böyle öğretmenlere çok seyrek rastlanır.

GRUP TARTIŞMALARININ YAPILMASINI SAĞLAMAK

Öğretmenler, çocukların sınıfta işlenen konuyla ilgili yapılan tartışmalara öğrencileri katamamaktan yakınırlar.

Uğraşılarının boşa çıkmasından sonra, ya çabalarından vazgeçip nutuklar çekmeye başlarlar ya da yalnızca bir kaç öğrencinin katılmasıyla tartışmalar yaparlar. İki durumda da çekilen nutuklardan sıkılan ve tartışmaya katılmayan öğrencilerin çoğu yaramazlığa başlar. Evlerde, ailece yapılan gezilerde ve akşam yemeklerinde ilgilerini çekmeyen konuşmalar sırasında da çocuklar aynı davranışları sergilerler.

Buna karşın ilgilerini çeken tartışmalara katılırlar. Anlamlı grup tartışması yönetme becerileri olan yetişkinlerin sayısı ne yazık ki fazla değildir.

Anababaların ve öğretmenlerin çocukları anlamlı tartışmalara katabilmeleri için Etkin Dinleme'nin, değerli bir beceri olduğu kanıtlanmıştır. Her grup üyesinin katkılarının kabul edildiğini ve saygı gösterildiğini ilettiği için utangaç kişilerin de katılımını sağlar. Ayrıca karşıdaki kişiyi saygı göstererek dinlemeye model oluşturduğu için, katılımcılar aile içinde ve sınıflarda birbirlerini dinlemeye başlarlar.

İlkokul son sınıf öğretmeni öğrenci-merkezli tartışmaları Etkin Dinleme kullanarak nasıl yönlendirdiğini şöyle anlattı:

On bir ve on iki yaşlarındaki çocuklar için dünyayı anlamanın ne kadar zor olduğunu unutmuşum. Ne kadar çok saçma şeylere inandıklarını ve aynı zamanda da ne kadar çok şey hakkında görüşleri olduğunu görmek beni çok şaşırttı. Konuştuklarından bazıları kafeteryadaki yiyeceklerin niteliklerini nasıl iyileştirebilecekleri gibi sıradan konulardı; ama "Dürüstlük nedir?" "İnsanların başkalarını kendilerini düşünerek denetlemeye hakları var mı?" gibi önemli konularla da ilgileniyorlardı. Bunlar benim üniversiteye gelinceye kadar ilgilenmediğim konulardı. Çocukların karmaşık bilgi ve duygularını bu tür toplantılarda tanımlayıp doğruyu bulabilmeleri için sınıftan daha iyi bir yer olduğunu düşünemiyorum.

Öğretmenin Etkin Dinleme'den yararlanarak yönettiği başka bir sınıf tartışması:

ÖĞRETMEN: İspanyol-Amerikan savaşlarını okuyorsunuz. Öğrendiklerinizi ve tepkilerinizi merak ediyorum.

BRET: Önceleri çok sıkıcı olduğunu düşünmüştük ama öyle değilmiş. Dün Henry ile otobüste kitabın gerçekleri anlatmasına çok şaşırdığımızı konuşuyorduk. Daha önce okuduğumuz pek çok tarih kitabı, nasıl desem... Amerikalıları hep iyi insanlar diye...

HENRY: (Söz keserek) Lincoln'ün köleliği kaldırdığını ve öbür saçmalıkları yazan Amerikan iç savaşıyla ilgili tarih kitaplarına benzeyen kitaplar gibi.

ÖĞRETMEN: Okuduğunuz bu son kitap size değişik gelmiş. Yazarın sizi kandırmadığını düşünüyorsunuz.

MARCIA: Öbür kitapların da bizi aldattığını sanmıyorum. Yalnızca olayların bir yönünü anlatıyor ya da bazı şeyleri yazmıyorlar.

HENRY: Bu aldatmak, yalan söylemek değilse, nedir? Eğer futbol takımımızın geçen cuma "Central" takımı karşısında çok iyi yedi pas verdiğini, bir penaltı kullandığını ve iyi oyuncularını durdurduğunu söylersem, eminim bunlar olayı tam olarak anlatmaz, değil mi? Central takımı maçı 45-15 kazandı.

GRUP: (Gülmeler)

ÖĞRETMEN: Henry, eksik bilgi vermenin yalan söylemekle aynı kapıya çıktığını ve bizdeki bazı kitapların da böyle yaptığını söylemek istiyorsun.

HENRY: Evet, öyle. Değişik kitapları karşılaştırdığım zaman sanki değişik savaşlardan söz ediyorlarmış gibi geliyor.

NANCY: Ama insan nasıl tarih yazarı olabilir ki? Onlar yalnızca yıllarca önce olmuş olayları yazıyorlar. Önyargılı olmak zorundalar.

VICKY: Haklısın. Ablam, tüm tarihçilerin, "Yürekli erkekler batıya gittiler. Bazıları ailelerini de götürdüler" gibi saçmalıklar yazan erkek şovenistler olduğunu söyler. Hiç kimse "yürekli kadınlardan" söz etmiyor. Etselerdi, erkekler de kadınların nasıl silah kullanabildiklerini ve zorluklara göğüs gerdiklerini okuyup şaşıracaklardı.

ÖĞRETMEN: Doğru anladıysam, sizler bir tarihçinin yansız yazabilme yeteneğini sorguluyorsunuz. Yazarların düşüncelerinin, tarihi gerçekleri etkilediği kanısındasınız.

NANCY: İşte sorun bu. Öyleyse niye bu saçmalıkları okuyoruz?

BRET: Sen temel noktayı kaçırıyorsun, Nancy. Temel nokta, bir şeye yalnızca kitapta yazıyor diye inanmamaktır. Bence daha fazla kitap okumalıyız, daha az değil.

NANCY: Daha az denmez. Daha az sayıda kitap denir.

BRET: Senin için bir kitap daha ekleriz. Her neyse daha fazla kitap okumalı.

HENRY: Evet. İspanyol-Amerikan savaşı hakkında İspanyol tarih kitapları ne yazıyor acaba, merak ediyorum.

VICKY: Onları da erkekler yazmışsa, herhalde bizimkiler kadar şovenisttir.

MARIE: Aranızda kadın tarihçi olup olmadığını bilen var mı?

VICKY: Yok. İşte bu yüzden tarih kitapları bütün önemli olayların erkekler tarafından gerçekleştirildiğini ve önemli kişilerin yalnızca erkekler olduğunu yazıyor. Galiba üçüncü sınıftaki kitaplarımdan birinde üç sayfalık "Amerikan Tarihindeki Önemli Kadınlar" bölümü vardı. Bu beni hasta etmişti.

ÖĞRETMEN: Vicky, sen tarihçilerin kadınları hafife aldığını düşünüyorsun.

VICKY: Evet.

HENRY: Aslında, İspanyol-Amerikan savaşında kadınlar ne yapmış ki? Kadınların konuştuğumuz konuyla ilgisi ne anlamıyorum.

MARCIA: Bence kadınların konuyla çok ilgisi var. Tüm gerçeğin anlatılmamasından yakınan sendin, Henry. Kadınların yaptıklarından söz etmemek de öykünün bir bölümünü atlamak olmuyor mu?

HENRY: Öyle ama, kadınlar hiçbir şey yapmamışlar. Anlaşmalar imzalamamış, hükümetler kurmamış, kaptanlık yapmamış, keşiflerde bulunmamışlar. Hiçbir şey olmamışlar.

VICKY: İşte benim söz ettiğim tavır bu. Sen erkeklerin yazdığı tarih kitaplarını okuyorsun, bu yüzden kadınların hiçbir şey yapmadığı her şeyi erkeklerin yaptığı düşüncesine varıyorsun. Ben kadınların general veya başka bir şey olduklarını iddia etmiyorum, ama kadınların kitaplarda hor görüldüğü bir gerçek. Kadınların yaptıkları küçümseniyor.

ÖĞRETMEN: Tarihin nasıl yazıldığı ile çok ilgilisiniz. Vicky'nin kadınların değerlendirilmesini gözlemlediği gibi özellikle tarihin ne kadar yanlı yazıldığıyla ilgileniyorsunuz. Bu, genel duygularınızdaki bir değişme gibi gözüküyor. Başlarda İspanyol-Amerikan savaşı hakkında okuduklarınızdan hoşlandığınızı sanmıştım.

VICKY: Henry ve Bret böyle söylemişlerdi.

BRET: Ne demişiz?

VICKY: O kitaplardan hoşlandığınızı söylediniz. Kitaplarda savaşın yansız bir biçimde anlatıldığını ve ABD'nin gereksiz yüceltilmediğini anlatıyordunuz. Ama bu kitaplar kadınlar konusunda yansız değiller. Ablam üniversitede "Kadın Eserleri" diye bir ders okuyor. İlginç bulduklarımı gelecek hafta sınıfa getirip size göstereyim.

BRET: Peki, ama başka konulardaki çarpıtmalara ne demeli?

ÖĞRETMEN: Tarih okurken satır aralarını okuyarak gerçeği öğrenmekle ilgileniyorsunuz. Bunu yalnızca kadınlar konusunda değil, tüm önyargılarda da yapıyorsunuz, değil mi?

HENRY: Evet. Okuduğumuzu nasıl değerlendireceğiz?

ÖĞRETMEN: Vicky değerlendirmenin yollarını bizimle paylaşacağını söyledi. Bret, sen çok sayıda kitap okumayı önerdin. Henry, sanıyorum karşılaştırma yapmak için yabancı kitap okumayı öneren sendin. Daha başka düşüncesi olan var mı?

MARIE: Galiba bize "bir bilen" gerekiyor. Buraya bir tarihçi çağırıp sorularımızı ona sorabiliriz. Üniversitede tarih profesörü olan bir komşumuz var; çağırırsak belki sınıfımıza gelebilir.

VICKY: Bir erkek tarihçi daha. (Omuz silker.)

MARIE: Yansız olduğunu umarım. Ayrıca ona tarih kitaplarındaki cinsiyet ayırımını da sorabiliriz.

NANCY: Siz, bize kaynak kitap listesi verebilirsiniz.

ÖĞRETMEN: Yani, ders kitabınızdaki gibi mi?

NANCY: Evet.

MARIE: Bence, önce konuştuğumuz işleri yapalım, sonra İspanyol-Amerikan savaşına döneriz. Okuduklarımızın hepsinin yanlış olabilme düşüncesi kafamı kurcalıyor. Vicky konuşurken düşündüm de, haklı. Okuduğum kitaplar, kadınlara, bazen önemli roller oynadıkları halde, hak ettikleri değeri vermiyor. Öyleyse öbür yazılanların doğru olup olmadığını nereden bileceğim?

ÖĞRETMEN: Konuda daha fazla ilerlemeden önce, tarih kitaplarının yazımı ve değerlendirilmesi üzerinde çalışmanın yararlarını görebiliyor musunuz?

MARCIA: Evet

GRUP: (Bu düşünceye katılır.)

ÖĞRETMEN: Tamam. Şimdi kimin ne yapacağını gösteren bir program hazırlamalıyız. Gelecek salıya kadar kitaplıktan kaynak kitapları alırım. Vicky sen raporunu ne zaman bitirebilirsin? (Çalışma grubu üyelerinin görevlerini tanımlamak için görev bölümü yapılır.)

On beş dakikadan az bir zaman içinde, sınıf öğrencilerin İspanyol-Amerika savaşıyla ilgili, kitaplardan neler öğrenebileceği konusundaki tartışmayı, tarihi kaynakları taramaya ve okulda tarih derslerinde kullanılan öteki kaynak kitapları değerlendirmek için bir dizi ölçüt belirlemeye dönüştürdü. Etkin Dinleme bu süreçte önemli bir rol oynadı.

Öğretmenlerin çoğu kendilerinin aktif olduğu öğretme yönteminden vazgeçmeye istekliler. Bunun aşırı kullanılmış, etkisiz bir yöntem olduğunu biliyorlar; çünkü bu yöntemle öğrencileri tartışmaya yönlendirme çabalarının sonuçsuz kaldığını deneyerek görmüşlerdir. Öğretmenlerin çoğu öğrencilerle konuşmayı bilmez. Etkin Dinleme'nin bir öğretim aracı olduğunu pek çoğu duymamıştır. Eğitim konusunda araştırmalar yapan David Aspy ve Flora Roebuck, 1983 yılında yaptıkları bir araştırmada ortaokul öğretmenlerinin bir ders saatinin % 80'inde kendilerinin konuştuğunu saptadılar. Öğretmenler öğrencilerin derse katılmalarını sağlamadıkları sürece, okullar disiplin sorunlarından kurtulmaz. Etkin Dinleme öğrencilerin sınıf tartışmalarına katılmalarını sağlamak için kullanılması zorunlu bir beceridir. EÖE kursuna katılan bir öğretmen görüşümüzü destekleyecek bir olay anlattı:

Etkin Dinleme'yi bir öğretim aracı olarak görmüyoruz. Rahatsızlığımızın buradan kaynaklandığını düşünüyorum. Benim bölümümde hepimiz her tür yeni yöntemi kullanmaya ve tartışma grupları oluşturmaya zorlanıyoruz. İki yıldır yeni yöntemlerle ilgili kurslara katılıyoruz. Ancak henüz iki gündür, yani Etkin Dinleme'yi öğrendikten sonra, yeni yöntemlerin işime yarayabileceğini düşünmeye başladım. Tartışma gruplarının neden hemen kavgaya dönüştüğünü ve benim de eski ders anlatma yöntemine neden geri döndüğümü şimdi anlıyorum. Yeni yöntemlerle ilgili yaptığımız tek değişiklik, öğrencileri sıra sıra değil daire biçiminde oturtmakmış. Öteki kurslarda bize öğrencileri "değerlendirmememizi" söylerlerdi; ama bunu nasıl yapacağımızı öğretmezlerdi. Etkin Dinleme'yi kullanmaya başladığımdan beri tartışmalar tartışmaya benzedi. Tartışmalar beni eğlendiriyor, öğrenciler de tartışmaya çok istekli.

Yukarıdaki öğretmenin de dikkatini çektiği gibi Etkin Dinleme, öğrencileri konuşturan ve düşündüren bir araçtır. Öğrenciler konuşurken ve düşünürken, düşüncelerini netleştirirler, sorular üretirler, sonunda da yeni düşünceler ortaya çıkar. Etkin Dinleme, öğrencilerin zekâlarını serbestçe kullanabilecekleri bir ortam yaratır. Ne yazık ki, böyle bir ortama sınıflarımızda çok sık rastlayamıyoruz. Öğretmenler sistemli bir eğitimle, öğrencilerin derslere katılmalarını sağlayabilir ve disiplin sorunlarını en aza indirebilirler.

ÖĞRETMENLERLE ÖĞRENCİLER ARASINDA DAHA SICAK İLİŞKİLERE DOĞRU

Eskilere dönün ve öğrenciliğinizde en çok hangi öğretmenleri daha çok sevdiğinizi hatırlamaya çalışın. Çoğumuz ya bir ya da iki öğretmenimizi hatırlarız. Öğretmen-öğrenci ilişkilerinin bu denli zayıf olması ne kadar üzücü.

David Aspy ve Flora Roebuck, "Çocuklar sevmedikleri öğretmenlerin derslerine çalışmazlar" der (1977). Öğretmen-öğrenci ilişkisinin niteliği de çocukların bilgili olmalarıyla doğru orantılıdır. Öğrenciler sevdikleri öğretmenler için ellerinden gelenin en iyisini yapmak için çaba harcarlar.

Onların dersinde daha çok öğrenir ve sorun çıkarmazlar. Öte yandan, disiplinsiz davranan öğrenciler, ya öğretmenine karşı düşmanlık besliyordur ya da daha önce kendisine yaptığı bir davranışın öcünü alıyordur.

Öğretmen ve öğrenci arasındaki iyi ilişkileri kuracak ve disiplin sorunu yaratmayacak bir dizi farklı unsur olmasına karşın, hiçbir şey, öğrencilerin düşüncelerini ve görüşlerini açıklayabildikleri, bu düşüncelerinin öğretmen tarafından anlaşıldığı, saygı gösterildiği ve kabul edildiği bir sınıf ortamından daha etkili değildir.

Anababalar ve öğretmenler gençlerin özellikle tartışmalı konularda açıkladıkları görüşlerini dinleme başarısını gösteremiyorlar. Etkin Dinleme, yetişkinlerin ve gençlerin birbirlerini dinleme biçimlerini kökten değiştirdiği için ilişkilerini de kökten değiştirir.

Anlaşılan ve görüşleri saygı gören gençler kendilerini değerli ve önemli hissederler. Anlaşılmanın verdiği doyum ve öz saygılarının artması anababalarına ve öğretmenlerine karşı olumlu duygular beslemelerine neden olur. Gençleri empatiyle dinleyen yetişkinler, onları daha iyi anlar ve onların yerinde olmanın ne anlama geldiğini öğrenir. Gerçekten anlaşıldıklarını ve kabul edildiklerini ilk kez hisseden gençlerde etki daha da büyük olur. Duygularının ve görüşlerinin kabul edildiğini, oldukları gibi davranmalarının bir sorun yaratmadığını, kendilerince ilginç ve önemli konulardan konuşabileceklerini öğrenmeleri onlar için heyecan verici bir deneyimdir ve çok değerlidir.

Etkin Dinleme'nin etkisi, sorunu olan bir tek öğrenciyi dinlerken, birbirleriyle çatışan birkaç öğrenciyi dinlerken ya da bir konuyu tartışan bir sınıfı dinlerken hep aynıdır. Çocuklar hem kendilerini daha değerli hissederler hem de öğretmenlerine karşı iyi duygular beslerler. Gençler kendilerini değerli hissettiklerinde bu duyguyu hissetmelerine neden olan kişiyi de sevmeye başlarlar. Zaman içinde öğretmenleriyle aralarında karşılıklı saygı ve sevgiye dayalı bir ilişki kurulur.

Böyle bir ilişkide öğretmenler daha az disiplin sorunuyla uğraşır, öğrenciler daha sorumlu davranarak kendi kendilerini daha çok denetlerler.

Bu anlatılanlar önceleri hiç kimseye inanılır gelmiyordu. Kurslarımıza katılan öğretmenler başlarda empatik dinlemenin gerekli olup olmadığını sorgularlardı. "Biz öğretmeniz, danışman değiliz. Bizim görevimiz çocukları bilgilendirmek, bilgisizliklerini sergiledikleri tartışmalarını dinlemek değil." derlerdi.

Okul yöneticileri de, öğretmenlerin iletişim becerilerini öğrenmeleri için yapılan önerileri aynı nedenlerle reddederlerdi. Öğretmenin iyi bir dinleyici olmasından gelen yardımcı etkisi ile, bunun öğrencinin öğrenmesine olan olumlu etkisi arasında doğrudan bir ilişki olduğunu göremezlerdi.

Ne var ki, açıklamaya çalıştığım öğrenci odaklı, empatik ve öğrenciye yardımcı beceriler, aslında okulların başarısı, devamlılık, yaratıcı düşünce, öğrenme motivasyonu ve öğrencilerin kendi kendilerini denetlemesi gibi geleneksel amaçlarına ulaşmasında bile öğretmenlere yardım ediyor.

BECERİ EĞİTİMİNİ DESTEKLEYEN ARAŞTIRMALAR

Aspy ve Roebuck, 1983 yılında altı yüz öğretmen ve anaokulundan lise ikinci sınıfa kadar öğrenciler üzerinde bir araştırma yaptılar. İletişim becerileri konusunda eğitim almış, öğrencilerine kişi olarak saygı gösteren, onları empatik dinleyen ve kabul eden öğretmenlerin öğrencileri ile aynı konuda eğitim almamış öğretmenlerin öğrencilerini karşılaştırdılar. Eğitimli öğretmenlerin öğrencilerinde aşağıdaki olumlu değişiklikleri saptadılar:

- Ders yılı içinde devamsızlık azalmış (çocuk başına 4 güne inmiş)
- Matematikte ve okumada başarı artmış
- Düşünme yetenekleri gelişmiş
- Anaokulundan beşinci sınıfa kadar öğrencilere verilen IQ testlerinde aldıkları puanlar yükselmiş
- Öğretim yılı süresinde yaratıcıkları gelişmiş
- Öz saygıları artmış
- Okul eşyalarına zarar verenlerin sayısı en aza inmiş
- Disiplin sorunları çok azalmış.

Aynı çalışmada öğrencilerle ilgili şunlar saptanmıştır:

- Daha çok sayıda öğrenci konuşmalara katılmış
- Sorun çözme sayısı artmış
- Daha çok öğrenci konuşmaya başlamış
- Öğretmene yanıt veren öğrenci sayısı artmış
- Soru soran öğrenci sayısı artmış
- Öğrenmeye istekli öğrenci sayısı artmış
- Öğretmenle göz teması kuran öğrenci sayısı artmış
- Öğrencilere canlılık gelmiş
- Yaratıcılıkları gelişmiş.

Öte yandan eğitim almamış öğretmenlerin öğrencileri öz saygılarında azalmanın acısını yaşamışlardır. Araştırmacıların bulgularını kendi sözcüklerimle özetlersem, okullarda çocuklara bu yapılmamalı.

National Consortium for Humanizing Education elemanlarının yaptığı öteki bir kaç çalışmada (Aspy ve Roebuck, 1975; Roebuck, 1975; Roebuck ve Aspy, 1974), öğrencilerine empatik anlayışla yaklaşan öğretmenler:

- Öğrencilerin duygularına daha çok tepki vermişler
- Öğretim sırasında öğrencilerin düşüncelerine daha çok yer vermişler
- Öğrencilerle daha çok konuşmuş ve tartışmışlar
- Öğrencileri daha çok övmüşler
- Alışılmış öğretmen nutukları çekmemiş, öğrencilerle daha içten konuşmalar yapmışlar
- Öğretilecek konuları öğrencilerin gereksinimlerine göre düzenlemişler
- Testlere ve notlara daha az önem vermişler
- Öğrenme amaçlarını öğrencilerle yaptıkları işbirliği sonucunda saptamışlar.

Roebuck'ın 1980 yılında yaptığı başka bir araştırmada, iletişim becerilerini kullanan öğretmenlerin sınıflarında olumsuz öğrenci davranışlarında azalma görülmüştür. Bu çalışma ikinci sınıflar da içinde olmak üzere altıncı sınıfa kadar olan seksen sekiz sınıfta yapılmıştır. Araştırmacı, öğretmenlerin empatik anlayışlarını, öğrencilerine gösterdikleri saygıyı ve öğretmenlerin sağladığı sınıf içi katılımı ölçmüş her sınıfta bir ay içinde meydana gelen olumsuz davranışların sayısını saptamıştır. Topladığı bilgilere göre, olumsuz davranışlara daha çok, empati ve saygıyı yeterince göstermeyen, öğrencilerini övmeyen ve onların düşüncelerini kabul etmeyen öğretmenlerin sınıflarında rastlanmıştır.

Öğretmen ve öğrenci arasındaki ilişkide karşılıklı sevgi, saygı ve özen varsa, disiplin sorunları gözle görülür derecede azalır. Öğrenciler, kendilerini sayan ve ilişkilerine özen gösteren öğretmenlerinin başlarına dert açmak istemezler. Sınıftaki zamanının çoğunu disiplin sorunlarına ayırmak zorunda kalmayan öğretmen de, bu zamanı öğretim ve eğitim için kullanabilir.

İLETİŞİM BECERİLERİNİ ÖĞRENMENİN BAŞKA YARARLARI

İletişim becerilerini öğrenerek çocukların sizi rahatsız eden davranışlarını değiştirmelerinde onları etkileyebilirsiniz. VIII. Bölüm'de, "Çocuklar, davranışlarının size sorun yarattığını söylediğiniz zaman davranışlarını değiştirmezler; sorunları olduğu zaman onlara yardımcı olduğunuzu hissederlerse, ancak o zaman onlar da size yardımcı olmaya istek duyarlar." demiştim.

Bu tür karşılıklı özen gösterme her ilişkiyi olumlu yönde etkiler. İletişim becerilerini kullanarak etkinizi artırdıkça, çocukların davranışlarını değiştirmeleri için güce dayalı yöntemleri kullanmaktan vazgeçersiniz. Bunun sonucunda da, çocukların karşı koymaları ("mücadele" tepkileri), içe kapanmaları ("kaçış" tepkileri)'yla uğraşmak zorunda kalmazsınız. Çocuklarınıza ya da öğrencilerinize kendi kendilerini denetleyebilen, disipline edebilen, sorumlu kişiler olmalarında yardımcı olabilirsiniz. Onlar da karşılığında size, gücünüz nedeniyle korkuya dayalı bir saygı değil, gereksinimlerinizi karşılamaya hakkı olan bir kişi olarak saygı gösterecektir; çünkü siz de onlara aynı saygıyı göstermiştiniz.

Etkili bir dinleyici olmanın en önemli yararlarından biri belki de, evinizdeki ya da sınıfınızdaki çocukların çözülmemiş sorunlarının en aza inmesidir. Kendilerini mutsuz hisseden çocukların, mutlu çocuklara oranla daha çok olumsuz davranışlarda bulunacağını biliyoruz. Anababaları ve öğretmenleri kendilerine yardımcı olan çocukların sorunları *azalmaz,* çözülmemiş sorunları *azalır.*

On

Yetişkinler Çocukları Disipline Sokmaktan Neden Vazgeçmezler?

Evlerde ve okullarda ödül ve ceza uygulamasının zorluklarına, çocukları bunlarla denetim altına almaya çalışırken anababaların ve öğretmenlerin yaşadıkları başarısızlıklara ve güce dayalı disiplinin çocuklar üzerinde zararlı ve etkisiz olduğunu gösteren sayısız araştırmaya karşın, anababaların ve eğitimcilerin büyük bir çoğunluğu çocukları disipline etmeleri gerektiği inancına sıkı sıkı sarılırlar. "İnsancıl eğitim" ve "çocuk-merkezli anababalık" savunucularının en ateşlileri bile ödül ve cezanın bazı biçimlerinin çocukların sağlıklı gelişimi için gerekli olduğunu savunurlar. Yirmi beş yıldan daha uzun bir süredir disiplinin etkisiz, modası geçmiş ve çocuk yetiştirmede ve eğitmede zararlı bir yöntem olduğunu savunuyorum. Bu görüşlerime destek veren eğitimci ve psikolog bulmakta zorlanıyorum.

Northwestern Pennsylvania Psikoloji derneği üyelerinin yaptığı anket çalışmasının bulgularına göre, kendi çocuklarını döven psikologların çoğunluğu, okul çalışanlarının da çocukları dövmeleri gerektiğini düşünüyorlar.

Aynı konuda yapılan bir başka çalışmada, okullarda dayakla cezalandırmadan yana olanların yüzdeleri saptanmıştır (Reardon ve Reynolds, 1975):

Okul yönetim kurulu başkanları   % 81
Okul müdürleri   % 78
Müdür yardımcıları ve öteki çalışanlar % 68
Öğretmenler   % 74
Veliler   % 71
Öğrenciler   % 25

Çocukları disipline sokmaya karşı neredeyse evrensel olarak gösterilen bu isteğin nedenleri ne olabilir? Bundan sonraki bölümlerde bunun çeşitli nedenlerini göstermeye çalışacağım.

"ÇOCUKLARI ŞIMARTMAYIN" ÖĞRETİSİ

Çocuk yetiştirmede bilinen mitlerden biri de, çocukların gereksinimlerinin yerine getirilmesinde onlara verilecek her yardımın onları şımartacağıdır. Buna inananlar, çocukların isteklerinin sınırlarının olmadığını ve her gereksinimlerinin karşılanmasının onların yararına olmayacağını düşünürler. "Şımarık" bu bağlamda tuhaf bir terimdir, ancak sözcük, üzerlerine titreyen çocukların bencil, düşüncesiz, disiplinsiz, istekleri bitmeyen, ben-merkezli oldukları, engellenmeyi kaldıramadıkları ve buna benzer istenmeyen kişilik özellikleri taşıdıklarını akla getiriyor.

Pek çok anababanın ve öğretmenin çocukların isteklerine boyun eğmemeye kararlı olmalarının nedeni çocukları şımartma kaygı ve korkusudur ("Kızını dövmeyen dizini döver."). Yapılan bir araştırma Yeni Zelanda'lı annelerin % 69'unun çocukların "şımarabileceğinden" korktuklarını saptamıştır. (Ritchie ve Ritchie, 1970).

Çocukların açlık ve susuzluk gibi karşılanması gereken biyolojik gereksinimlerinin yanısıra kucaklanma, dokunma, oynama, sevgi, ilgi gibi gereksinimleri de vardır. Bunların karşılanması "Çocukların gereksinimlerinin sonu gelmez." düşüncesiyle göz ardı edilmemelidir.

"ÇOCUKLAR DOĞUŞTAN KÖTÜDÜR!"

Çocukları disiplin altına almaktan vazgeçmeye karşı gösterilen direnişin temelinde, çocuklara güvenilemeyeceği, çünkü onların doğuştan kötü niyetli oldukları inanışı yatar. Çocuklara karşı bu tutumun, Batı kültüründe çocuk yetiştirme felsefesine önemli etkileri olmuştur. Bu nedenle, "çocukların içindeki şeytanı çıkarmak için onlar dövülmeli" ve "inatları kırılmalı"dır.

Geçen yüzyılda İngiltere'de çok ilgi gören anababalık konusundaki *The Mothercraft Manual*'ın[*] ilk baskısında çocuklarla ilgili şu görüşlere rastlıyoruz (Cook, 1978):

> Kendi kendini denetleme, itaat, otoriteye uyma ve daha sonra da saygı, çocuğun küçük yaşlarda eğitilmesi sonucunda elde edilir. Her ağladığında kucağa alınan ve beslenen bebek kısa bir zamanda gerçek bir diktatör olup çıkar. Annesine rahat vermez. Öte yandan düzenli olarak beslenen, uykuya yatırılan ve belirli sürelerle oynamasına izin verilen bebek, her çağrısına yanıt alamayınca kısa sürede otoriteyi tanır ve kendi kendini denetlemeyi öğrenir. Bilinçli bir anne küçük ya da büyük tüm savaşları kazanmaya hazırlıklı olmalıdır.

Günümüzde anababalar artık çocuğun doğuştan "yaramaz" olduğunu düşünmüyor, ama çoğu hâlâ çocukların bencil olduklarına, istediklerini yaptırmaya çalıştıklarına inanıyor.

Şu anda Avusturalya'da yaşayan ve bizim ilk EAE eğiticilerimizden olan Yeni Zelanda'lı psikolog Peter Cook "temel güvensizlik yönelimi" adını verdiği çocuklarla ilgili bu yaygın inanışın etkilerini çok açık olarak vurguluyor. Aynı konuda şunları ekliyor:

---

[*] Türkçe'ye **"Annelik Sanatının El Kitabı"** olarak çevrilebilir. ÇN.

Bu görüşler yetişkinleri, daha ileri yaşlardaki çocukların davranışlarını da ceza ve tehditlerden gücünü alan bir eğitimle denetim altına almaya yönlendiriyor. "Doğru"yu "yanlış"tan ayırmayı öğretmek ve itaatı sağlamak çoğunlukla baskın bir amaç oluyor. Bu yaklaşımın başarılı olduğu ve bazen de hatırı sayılır bir bedel ödendiği açık; ne var ki, çoğunlukla çatışmaya, üzüntüye ve çocuğun isyanına neden oluyor... "Temel güvensizlik yönelimi" kuramı kendi kendini gerçekleştiren bir kehanete dönüşme yolunda... Yaramazlık, doğal eğilimlerin denetim altına alınamamasının nedeni olarak görülünce annelerin bunu, olabilirse, sevgiyle verilecek uygun bir eğitimle yok etmeleri, ama bunu yaparlarken direnmeyle karşılaşırlarsa, baskı yapmak ve tehdit etmek gerekir doğrultusundaki inançları güç kazanmış oluyor. Burada şiddet kullanmak iyi bir nedenle haklı görülüyor. Sözü edilen öğreti ve bununla ilgili eğitim yöntemi "yaramaz" ve "huzursuz" bir çocuk yaratırsa, bu yine doğuştan gelen yaramazlığa yatkınlığın güçlü olduğu inanışının bir kanıtı olarak görülür ve çocuğu düzeltirken karşılaşılan zorluklar "yetersiz eğitime ve cezaya" maledilebilir. (Cook, 1978)

İnsanlar çocukların içlerinde kötülükle doğduklarına inanıyorlarsa, aynı mantıkla düzeltilmeleri, hizaya sokulmaları, denetlenmeleri, kısıtlanmaları, disipline sokulmaları, yol gösterilmeleri, vb. gerekmektedir. Dayak ve daha ciddi cezalar, çocukların doğalarıyla ve anababaların kutsal göreviyle ilgili böylesine çarpık bir görüş içinde kolaylıkla haklı gösterilebilir.

YETİŞKİN-ÇOCUK ÇATIŞMALARINDA YA O/YA O

Yetişkin-çocuk ilişkilerinde çıkması kaçınılmaz çatışmaların bir tarafın kazanıp ötekinin kaybedeceği biçimde çözülmesi gerektiğine yaygın olarak inanılması, güce dayalı disiplinden vazgeçilmemesinin başka bir nedenidir. Etkililik Eğitimi sınıflarımıza katılan anababaların ve öğretmenleriň, benim tahminlerime göre, % 90'nı kazan-kaybet düşüncesine saplanıp kalmışlardı. Bu düşünceye aynı zamanda ya o-ya o düşüncesi de denebilir. "Ya benim dediğim olur ya çocuğun dediği." "Ben kaybedersem, çocuk kazanır." Bire-bir çatışmalarda kimse kaybetmekten hoşlanmadığı için tek kabul gören yaklaşım, çoğunlukla anababanın ya da öğretmenin elinde bulundurduğunu düşündüğü gücü kullandığı yaklaşımdır.

Üçüncü bir seçenek olduğundan daha önce de söz etmiştim: Kimsenin kaybetmesi gerekmiyor. Çatışan tarafların bir araya gelerek iki tarafa da uygun gelecek ve yetişkinin olduğu kadar çocuğun da gereksinimlerini karşılayacak bir çözüm bulmak için arayışa girdikleri, Yöntem III de dediğimiz, Kaybeden-yok Yöntem'i var.

Pek çok anababanın ve öğretmenin güç kullanmayı gerektiren Yöntem I'den (Ben kazanayım-sen kaybet) hiçbir zaman vazgeçmemelerinin başlıca nedenlerinden birinin ya o/ya o mantığı olduğunu düşünüyorum. İnsanlar Yöntem I'in tek seçeneğinin Yöntem II olduğu yanılgısına düşüyorlar. Yöntem II kullanmanın tek seçenek olmadığını anlayınca Yöntem I kullanmaktan vazgeçebiliyorlar. Yöntem III'de çocuk gereksinimlerini karşılar, ama yetişkin de kendi gereksinimlerinin karşılanmasını sağlar. Kimse kaybetmez.

ÖDÜN VERİCİ OLMA MİTİ

Günümüzde çocukların çıkardığı sorunların nedeninin anababaların hoşgürüsü olduğu gibi yaygın bir inanış vardır. Ben buna "ödün verici olma miti" diyorum. Gençlerin suç işlemesi, uyuşturucu ve alkol kullanmaları, evlenmeden cinsel ilişkiye girmeleri, şiddete başvurmaları, otoriteye karşı gelmeleri türünden yanlışlıklar için hep hoşgörü suçlanır.

Ödün verici anababalığı suçlamaya en çok Dr. Benjamin Spock'ın ünlü *The Common Sense Book of Baby and Child Care* (1957) adlı kitabında yer verilmiştir. Dr. Spock'ın topluma çok yanlış tanıtıldığını düşünüyorum. Kitabı ve dergilerde çıkan makaleleri dikkatle okunursa, Dr. Spock'ın "sınırlar koymayı" savunduğu, anababaları başeğmemeleri ve sert olma konusunda beceriksiz davranmamaları için uyardığı görülür. Anababalara, "çocuğa yapılması gereken şeyi yaptırmanın ve yapmaması gerekeni yaptırmamanın yolunun kesin ve net olması gerektiğini... yapılması istenen şeyi yaptırıncaya kadar gözlerini çocuktan ayırmamaları gerektiğini" söyler (Spock, 1974).

Dr. Spock'ın anababalara çok önemli katkılarının olduğunu tarih doğrulayacaktır. O, pediatri bilgi ve deneyimlerini anababalarla paylaşarak onlara güven verdi, kaygılarını azalttı. Çocukların duygusal sağlıkları ve mutlulukları için çok etkili olan anababa kabulünün artırılmasını sağladı. Etkililik Eğitimi kurslarımızın terminolojisine göre milyonlarca anababanın davranış penceresindeki Sorun-yok bölgesinin büyütülmesine yardımcı oldu (s. 112 bkz.). Anababaların çocuklarındaki kabul edemeyecekleri davranışlarını azaltmalarını kolaylaştırdı. Anababalar daha kabul edici oldukça, çocuklarıyla ilişkileri düzeldi ve onlarla birlikte olmanın tadına vardılar.

Dr. Spock'ın bu katkılarını çok önemsiyorum ve ona büyük bir hayranlık ve saygı besliyorum. Keşke Dr. Spock'ın bir çocuk doktoru olduğunu ve okuyucuyla paylaştığı bilgilerin çoğunun tıbbi bilgiler olduğunu anlayanların sayısı daha çok olsaydı. O tür bilgiler, anababaların çocuklarının sağlık, beslenme, uyku, hijyen, çocuk hastalıklarıyla ilgili sorunlarını çözmede çok değerlidir. Anababalara verdiği psikolojik bilgilerin az olması, aile yönetimi yöntemleri, danışmanlık becerileri, anababa-çocuk ilişkileri, iletişim becerileri, sorun çözme, çatışma çözme yöntemleri, güç ve otorite, güç ile başetme yöntemleri, değer çatışmaları, ödül ve ceza, demokratik anababalık gibi konularla fazla ilgilenmemesi doğaldır. Dr. Spock'ın hoşgörü konusunda fazla bilgisi yoktur, hoşgörülü olmakla etiketlenmeyi de haketmemiştir.

Ödün verici olmanın anlamı nedir? Pek çok kişinin zihinlerinde bu sözcük çocuklar üzerinde denetimin olmamasıyla eş anlamlıdır. Hoşgörünün, anababaların çocuklarında karşılaşmayı en son istedikleri davranışlara neden olduğuna inanıldığı için yetişkinler, hoşgörüye karşı tek ilacın sert olmak, çocukları sıkı denetlemek, özgürlüklerini kısıtlamak, kurallara uymalarını sağlamak ve anababalıklarından gelen güçlerini kullanmak olduğu sonucunu çıkarırlar. Ya o-ya o düşüncesi anababa disiplininden yana olan kitapların çoğunda görülebilir. Bu kitapların yazarlarının önemli bir mantık yanlışı yaptıklarına inanıyorum. Önce hoşgörüyü suçlama yanlışını yapıyorlar; sonra da anababaları korkutarak onun üstesinden gelmek için yapılabilecek tek şeyin kurallar koymak ve onları uygulatmak, çocukları çeşitli biçimlerde cezalandırmak ve itaat etmelerini sağlamak olduğuna inandırıyorlar.

Hoşgörülü olma konseptinin neden bir mit olduğunu açıklamak istiyorum. Her şeyden önce, yaygın inanışın tersine, toplumumuzda hoşgörülü anababaların sayısının pek fazla olmadığını gösteren yüzlerce istatistiksel kanıt var. Anababaların çoğu daha önce de söylediğim gibi dayağa başvuruyor. *Behind Closed Doors* kitabının yazarları, 3.1- 4 milyon çocuğun yaşamlarının bir döneminde dövüldüğünü 1.4 - 2.3 milyon çocuğun büyüme aşamasında dövüldüğünü tahmin ediyorlar (Straus, Gelles ve Steinmetz, 1980).

Bu veriler hoşgörülü bir toplum olduğumuzu mu gösteriyor? Fiziksel cezalar uygulayarak çocuklarımızı denetim altında tutmaya çalışan otoriter anababalardan oluşan bir toplum olduğumuzu söylemek daha doğru olacaktır.

Bu kadar çok çocuğumuzun yanlış yapmasına neden olan şey hoşgörü değilse nedir? IV. ve V. bölümlerde ülkemizde güce dayalı cezaların verildiğini belgelerle gösterdim. Yapılan sayısız araştırmayla suçluların anababaları tarafından fiziksel cezalar kullanılarak büyütüldükleri, fiziksel cezayı çok kullanan okullarda aynı cezayı daha az kullanan okullara oranla daha çok şiddet olaylarına rastlandığı, ıslah olmaz canilerin, yasalara saygılı yurttaşlardan daha çok anababalarından dayak yedikleri saptanmıştır.

Toplumumuzdaki canileri, suçluları ve toplum dışı kişileri üreten anababaların hoşgörülü olmadığı açıkça görülmektedir. Bu anababalar sert, otoriter ve cezalandıran anababalardır. Başlarını derde sokan çocuklar, her zaman kendisine kötü davranıldığı ya da ihmal edildiği için evden kaçan, bir şeylere isyan eden ve tepki gösteren çocukların arasından çıkar. Toplumumuzdaki kızgın, kırgın, mutsuz, isyankâr ve öç alma duygusu taşıyan gençlerin çok fazla özgürlükleri yoktur; tam tersine, onlar çok fazla denetim altında tutulmuşlar, daha çok disipline sokulmak istenmişler ve daha çok acı çekmişlerdir.

Görüşlerimi biraz daha açmak istiyorum. Ben çocuk yetiştirmede sıkı disipline olduğu kadar ödün vermeye kadar giden aşırı hoşgörüye de şiddetle karşı çıkıyorum. Çocuk yetiştirirken evde ya da sınıflarda aşırı hoşgörüyü yetişkinler için de aynı derecede zararlı görüyorum. Çocuklar, istediklerini istedikleri zaman yapmalarına izin verilince, anababalarının ve öğretmenlerinin gereksinimlerini önemsemezler. Üzerlerine düşen görevleri yapmayı reddederler. Bu nedenle burada gerçekten kaybedenler anababalar ve öğretmenlerdir. Böyle olunca onların da kırgın, kızgın ve mutsuz olmaları doğaldır.

Aşırı hoşgörülü anababaların ve öğretmenlerin çocukları davranış biçimlerinden suçluluk duyabilirler; sevilmediklerini hissederler, çünkü bencil ve düşüncesiz çocukları sevmek anababalar ve öğretmenler için hiç de kolay değildir; arkadaşlık kurmakta zorluk çekerler, çünkü anababalarıyla ve öğretmenleriyle yaptıkları gibi arkadaşlarıyla beraberken de kendi istedikleri gibi davranmak isterler. O zaman da arkadaşları onlara iyi davranmaz.

Anababaların neden aşırı hoşgörülü ya da otoriter olmamaları gerektiğini düşündüğümü anlatabildiğimi umuyorum. Bu konu ya o/ya o sorunu değildir. Anababalığın bu iki türü de çocuklara ve anababa-çocuk ilişkisine zararlıdır.

Özetlersek: Günümüzde pek çok kişi, çocukların yaptığı her yanlışın nedeninin hoşgörü olduğuna ve bunun tek çaresinin sıkı disiplin olduğuna inandırılarak aldatılmaktadır. Bu inanışta iki sorun vardır: Birinci sorun, hoşgörünün çok yaygın olmaması; ikincisi, otoriter olmanın ve cezalandırmanın çocuklara zarar verdiğinin ve onları yanlışa götürenin hoşgörü değil sıkı disiplin olduğunun kanıtlanması. Öyleyse burada gerekli olan tümüyle yeni ve farklı bir yöntemdir. Bu yeni yöntemde anababalar ve öğretmenler ne diktatör ne de kapı paspasıdır.

DEMOKRATİK LİDERLİĞE KARŞI TAVIRLAR

Çocukları güce dayalı yöntemlerle disipline sokmaktan vazgeçilmemesinin bir nedeni, insanların demokratik gruplara ve demokratik liderlik biçimine karşı önyargılı olmalarıdır. Etkililik Eğitimi sınıflarımızda, demokratik liderlik konusunda olumsuz yargılara sahip şirket yöneticilerinin, okul müdürlerinin, öğretmenlerin ve anababaların sayılarının yüksek olması eğiticilerimizi şaşırtmıştır. Bu sınıflarda aşağıdakilere benzer sözleri sıklıkla işitiriz:

Gruplar karar alamaz.

Liderler daha bilgili oldukları için son kararı onlar vermelidir.

Deve, bir grubun at yapmak isterken ortaya çıkardığı sonuçtur.

Grup kararı cahilliğin bileşkesidir.

Demokrasi iş ortamında yürümez.

Demokratik gruplar etkisizdir.

Birinin patron olması gerekir.

Demokratik liderliğe, aileleri, sınıfları, çalışma gruplarını ve şirketleri yönetme biçimi olarak güven duyulmuyor. Tüm dünyada, ülkeleri yönetmede demokratik sistemin etkili olamayacağı inancının yaygın olması ilginçtir. Dünyadaki pek çok ülkenin "demokrat" olduğu savına karşın, Birleşmiş Milletlere kayıtlı ülkelerin çoğu tek partili otokratik bir sistemle ya da diktatörlükle yönetilmektedir. Üçüncü dünya ülkelerinin çoğunun liderleri vatandaşlarının tek umudu olarak demokrasiyi terkedip sert, cezalandırıcı ve otokratik sistemi benimsemişlerdir. Daha modern batı ülkelerinden bazıları bile askeri yönetimle ya da dini bir grup tarafından yönetilmektedir.

Okullarımızda demokrasiyi bir değer olarak öğretiyoruz, ama bir yöntem olarak öğretemiyoruz. Ne öğrettiğimizle, onu nasıl öğrettiğimiz arasında fark vardır. Bunun sonucunda, gençlerimizin ne evde ne de sınıflarda demokratik bir grup içinde yaşadıkları söylenemez. Evde ve okulda, kendine göre kurallar koyan ve bu kurallara uyulmasını ceza ve ödüllerle sağlayan bir sorumlu kişi vardır. Çocukların çoğu demokratik bir grup içinde yaşama deneyimi kazanamadan yetişkinliğe ve anababalığa geçer.

Eğitimci Floyd Pepper ve Steven Henry demokratik uygulamaların okullarda çocukların, kendi kendilerini disipline sokmalarını öğretmenin bir biçimi olarak öğretilmesini önerdikleri makalelerinde şunları yazıyorlar:

> Kendi kendini disipline sokmayı öğrenmenin temeli olan demokratik ilkeler ve değerler içinde eşitlik, karşılıklı saygı, sorumluluğu paylaşma ve birlikte karar

verme bulunur. Demokratik bir sınıfta, öğretmenler ve öğrenciler planlama ve organizasyon yapımında, öğrenme, öğretme ve düşünmede birlikte haraket ederler (Pepper ve Henry, 1985)

Ne yazık ki, okullarımızda böyle bir sınıfta okuyan öğrencilerimizin sayısı binde birden fazla değildir.

EĞİTİME KARŞI ÇIKMA

Anababalar ve öğretmenler, çocukların disipline sokulmaları düşüncesinden vazgeçmeden önce bazı gerçekleri görmelidirler. Cezalandırmayan yöntem ve becerileri kullanabilmeleri için çok uygulama yapmaları gerekmesine karşın anababaların ve öğretmenlerin çoğu, çocuklar üzerinde daha etkili olabilmelerini sağlayacak "kursa katılma" düşüncesine karşı çıkarlar.

Anababanın etkisinin özel bir eğitimle artırılması anababalıkla ilgili geleneksel düşüncelere aykırıdır. Geleneksel eğitimle çocuk yetiştirirken, en küçük bir güçlükle karşılaşılınca suç hemen çocuğa yüklenir: "Jimmy sorunlu bir çocuk." "Sue ortama uymakta zorluk çekiyor." "Dave iflah olmaz." "Kevin hiperaktif; başa çıkılmıyor." "Linda otoriteyi kabul etmez." "Ray'ın duygusal sorunları var."

Anababaların aklına, çocukların sorunlarının kendi etkisiz anababalık yöntemlerinden kaynaklanıp kaynaklanmadığını sorgulamak gelmez. Bu nedenle çocuklarıyla ilişkilerinde büyük bir sorun çıkınca, akıllarına ilk gelen çocuğu "düzeltmek" ya da "düzelttirmek"tir.

Ailelerin çoğu sorunları için toplumu suçlar. Suçlular ya TV, otorite yokluğu, uyuşturucuların kolayca elde edilebilmesi, aile bağlarının zayıflaması, boşanmalardaki artış, artan refah ya da temel ahlaki değerlerin zayıflamasıdır. Yukarıda sayılan etkenlerin aile yaşamı üzerindeki olası etkisini görmezden gelmiyorum, ama tüm kabahati onlara yükle-mek, çocukları yanlışa götüren nedenlerle anababa-çocuk ilişkilerinin kötüye gitme nedenleri konusunda yapılabile-cekler üzerinde kafa yormayı engeller diye düşünüyorum. Bu tür geleneksel düşünce anababaların, anababalık konu-sundaki beceriksizliklerinin, çocuklarıyla aralarında sorun-lara neden olabileceğini gözardı etmelerine neden olur.

EAE kurslarımızda, anababaların eğitim almak gereğini duymamalarının nedenlerini öğrenebiliyoruz:

Çocukları sevmek yeterlidir. Sevgi elbette önemlidir, ama etkili bir anne/baba olmak için yeterli değildir. Sevginin yanısıra, çocukla birlikte geçirilen zamanın; çocuğu empa-tik dinlemenin; çocuğun davranışlarının ne kadarının ka-bul edildiğinin ve ne kadarının kabul edilmediğinin; iliş-kiyi bozucu Sen-iletileri'nin yerine Ben-iletileri kullanma-nın; sorunları kimsenin kaybetmeyeceği biçimde çözme-nin önemi çok büyüktür. Ayrıca sevgi, anababanın çocu-ğa her gün verebileceği kaynağı tükenmeyen bir ilaç de-ğildir. Ben çocuklarının kabul edemedikleri davranışlarını değiştiremeyen anababaların, kendi gereksinimlerini kar-şılayamadıkları için onlara kırıldıklarını ve kızdıklarını gördüm. Onlar zamanla çocuklarını sevmemeye (hatta on-lardan nefret etmeye) başlarlar. Eşlerden birinin, gereksi-nimlerinin karşılanmadığını hissettiği evliliklerde de aynı şey olur.

Şimdi önemli sorunlarımız yok. Sorunların çıkmasını ön-lemeye gösterilen direniş bu inanıştan kaynaklanır. Hasta-lığın önemli belirtileri yoksa neden sigaradan vazgeçmeli, düzenli egzersiz yapmalı ve sağlıklı beslenmeli? Anababa eğitimi sorun çıkmadan önce alınacak bir eğitimdir. So-runları önlemek için bilgi ve beceriler edinilmesini sağlar. İlişkiler kötüye gitmeye başladıktan sonra onları onarmak için çok geç kalınmış olabilir.

Başka anababaların eğitim almaya daha çok gereksinimleri var. "Öteki anababalar" hep eğitimsiz, parasal olanakları az, kültürden yoksun kişiler olarak düşünülür. Böyle ailelerin çocuklarının çoğunlukla suç işlemeye, okulu terketmeye, intihara ve uyuşturucu kullanmaya daha çok eğilimli olduklarına inanılır. Eldeki kanıtlar bu inanışın yanlışlığını gösteriyor. Her tür ailede bu sorunlarla karşılaşılabilir.

Çocuklarımız daha küçük, zamanımız çok. Çocukların davranış kalıplarının küçük yaşlarda belirlendiği unutulmamalı. Düşünceli olmak, özüne saygı, sorumluluk duygusu, kendine güven ya da bunların tersi, küçük yaşlarda yerleşir. Bu nedenle iletişim becerileri anababalara, çocukları küçükken gereklidir.

Anababaları boşanmış çocuklar sorunludur. Bence hiç de öyle değildir. Aslında, çocuklarla yaşanan sorunlar boşanmaya bile neden olabilir. Evlilik ilişkisinde etkili olacak becerilere sahip olmayan kişilerin çocuklarıyla ilişkilerinde de etkisiz olabileceğini artık biliyoruz. Çocuklar boşanmaların ardından sorunlu olmaz. Sorunlu çocuklar ve mutsuz evlilikler zaten bir aradadır.

Biz duygusal olarak hasta kişiler değiliz. Ne yazık ki, eğer aileler eğitim programında "psikolojik" bir yön görüyorlarsa, anababa eğitimini psikoterapi almakla eş tutuyorlar. Kiliseye ya da camiye gitmek kişinin günahkâr olduğunu göstermediği gibi, bu eğitimi almak da "hasta" olmak anlamına gelmez. Anababa eğitimi terapi değil, öğrenimdir. İyileştirici değil önleyicidir.

Kimse, çocuklarımı nasıl yetiştireceğimi bana öğretecek kadar uzman değildir. Bu tutum, anababa eğitiminin yanlış anlaşıldığını gösteriyor. Bu eğitim anababalara çocuklarına neleri öğreteceklerini söylemez, aile içindeki yüzlerce farklı soruna kalıplaşmış çözümler vermez. Tersine, karşılıklı iletişimi kolaylaştıracak, çocukların sorunlarını kendilerine çözdürtecek, anababa-çocuk çatışmalarının kimsenin kaybetmeyeceği biçimde çözülebileceği yöntem ve becerileri öğretir. Bunlar yalnız çocuklarınızla değil önem verdiğiniz tüm ilişkilerinizde (işinizde ve özel yaşamınızda) kullanabileceğiniz becerilerdir.

AİLE İÇİNDE DEĞİŞİME KARŞI DUYULAN KORKU

Anababa eğitimini, aile içindeki hiyerarşiye, baba otoritesinin zayıflamasına karşı bir tehdit olarak görenler, anababa ile çocuk arasında eleştirmeyen, açık bir iletişimin yerleştirilmesini istemezler ve bu nedenle onu acımasızca eleştirirler. Aslında, EAE (öteki başarılı anababa eğitimi programları gibi) demokratik aile modelini ve onun etkili bir biçimde nasıl işletildiğini göstererek anti-demokratik ailelere dolaylı bir tehdit olabilir.

Tarih, korkunun insanları diktatörlüğe götürdüğünü göstermiştir. Korkan kişiler, suçluları şiddetle cezalandırmış, insanlar üzerindeki denetimlerini artırmış ve onların özgürlüklerini kısıtlamışlardır. Otoriteye bir korunma aracı olarak bakılmıştır. Marilyn French, *Beyond Power* adlı kitabında bu olgunun altını çizmektedir:

Güç kullanımı acıya, geçici zevklere karşı bir koruyucu olarak artırılmaktadır ve yaşamdaki her şey gibi kısa ömürlüdür. Baskı, düzeni sağlamak için basit ve zaman almayan bir yöntem olarak görülür. Aslında, grup uyumu için katılımı sağlamaktan, kişileri dinlemekten, onları ikna etmekten ve karşılıklı etkileşimden daha pahalı ve can sıkıcıdır. (French, 1985)

French'in kitabındaki bu bölümü okuyunca, farklı bir terminoloji kullanmış olsak bile güce karşı gösterdiğimiz seçeneklerdeki benzerlikler beni çok etkiledi:

French: "Karşılıklı etkileşim" diyor; ben: "Yüzleşici ve önleyici Ben-iletileri",

French: "İkna etmek" diyor; ben: U Otoritesine dayalı "etkilemek",

French: "Grup uyumu için katılım" diyor; ben: Sorun çözümü için "Kaybeden-yok Yöntemi" diyorum.

Erkekler aile içindeki güçlü pozisyonlarından vazgeçmeye karşı koyuyorlar. En büyük korkularından biri, fırsat verildiğinde çocukların şımarmaları ve kendilerine itaat etmemeleridir. Bu yaklaşımın erkeğin eşi ve çocuklarıyla ilişkilerine onarılamayacak derecede zarar verdiğini deneyimlerimden öğrendim. Ailelerle çalışan psikolojik danışmanların çoğunun erkeklerin iyi baba olmadıkları konusunda benimle aynı görüşü paylaşacaklarına inanıyorum. Güce dayalı denetime ağırlık vermeleri onların aile üyeleriyle sıcak ve sevecen bir ilişki kurmalarını engeller.

EAE kurslarımıza babalardan çok anneler kaydolur (üç anneye karşı bir baba). Anneler kurslarda öğrendikleri becerileri uygulamada karşılaştıkları zorlukları anlatırken otokratik kocalarının çıkardığı engellerden de sözederler.

OKULLARDA DEĞİŞİME KARŞI KOYMA

Okullarda da güce dayalı disiplinden vazgeçmeye evlerdeki nedenlerle ve aynı şiddetle karşı çıkılır. Öğretmenler ve okul yöneticileri de zamanında çocuklarını ceza ve ödülün bol kullanıldığı bir yöntemle büyütmüşlerdir.

Ayrıca öğretmenlerin çoğu, sert disiplinli öğretmenlerin ellerinde yetişmişlerdir. Okullarındaki kurallar da demokratik olmaktan çok uzaktı. Acaba meslek yaşamlarında kendilerine örnek alabilecekleri, öğrenciyken sert disipline başvurmayan, demokrat öğretmene sahip olan öğretmenler var mıdır diye hep merak etmişimdir.

Charles Silberman, *Crisis in the Classroom*[*] adlı klasik yapıtında yıllara inatla meydan okuyan bazı geleneksel uygulamalara değiniyor:

> Değişik kültürlerde ve zaman içinde okulu tek tip yapma "gereği", sorgulanmayan davranış ve üzerinde durulmayan varsayımların "gereği"dir. Düzen ve denetimle aşırı zaman geçirme, rutin işlere saplanıp kalma; ders planına ve zaman çizelgesine köle gibi bağlılık; sessiz, hareketsiz, coşkusuz ve baskının hissedildiği bir ortam; öğretmenin yönetiminde yapılan "tartışma"; çocukların kendi başlarına çalışamaması; sözelin önemi ve somutun önemsizliği; oyun ve çalışma arasındaki aykırılık. Bunların tümü gereksizdir, hepsi fırlatılıp atılabilir. (Silberman, 1970)

Silberman'ın listesindeki değişime inatla karşı koyan günümüz uygulamalarının her birinin, okullarda önemli disiplin sorunlarını yarattığına inanıyorum. Bu listeye benim de ekleyeceklerim var: Çoğunluğu aşağılayan ve çok az öğrenciyi ödüllendiren değerlendirme sistemi; güzellikleriyle ya da kas güçleriyle üstünlük sağlayanlara ödüller veren müfredat dışı uygulamalar; tüm öğrencilerin eşit zekâ düzeyinde oldukları düşünülerek her öğrenciye aynı eğitimi veren geleneksel uygulama.

Okullarla ilgili yaptığımız bir konuşmada Carl Rogers, "Torunlarımın gittiği okulları ziyaret ettiğimde gördüklerim, altmış yıl önce benim yaşadıklarımdan farklı değildi." demişti. Okul sistemimiz üzerinde çalışan başka profesyonel kişilerin de Rogers'ın gözlemlerine katıldıklarını sanıyorum.

Bir genelleme yaparsam, değişime karşı böylesine şiddetle karşı konulmasını tek bir nedene bağlıyorum: Demokrat grupların işleyişiyle ilgili yeterli deneyimin olmaması.

---

[*] Türkçe'ye **"Sınıfta Kriz"** olarak çevrilebilir. ÇN.

İnsanların bildikleri bir şeye sıkı sıkı sarılırken, bilinmeyen bir şeyi kabullenmeye karşı çıkmaları herkesçe bilinen bir gerçektir. Çoğu kişinin demokrasiyi bilmediğine inancım giderek artıyor.

Bundan sonraki bölümde, demokrat ailelerin ve okulların, o kurumlardaki kişilerin mutluluğu ve sağlığı üzerindeki etkilerini anlatacağım.

onbir

Demokratik İlişkilerin Sağlık ve Mutluluk Üzerindeki Olumlu Etkileri

Disiplin kavramı ve uygulamasıyla ilgili yaptığım araştırma, onun doğasını daha iyi anlamamı sağladı. Etkisi konusunda bol bilgi edindim. Çocuklar ve gençler üzerindeki zararlarını gösteren şaşırtıcı derecede çok kanıt topladım. Yaptığım araştırma disipline seçenek olacak yeni yöntemler bulmama yardımcı oldu, özellikle bazıları okullarda kullanılmaktadır. Aynı araştırma tüm dünyadaki EAE ve EÖE kurslarımızda öğretilen becerilerin yararlarına olan inancımı doğruladı ve güçlendirdi.

Benim için bütün bunlardan daha değerli olan şey, birkaç yıldır üzerinde durduğum ve meslektaşlarımla tartıştığım düşüncemin berraklaşmasıdır. Demokratik ilişkilerin ve grupların, kişileri "sağlıklı" yaparken, demokratik olmayan ilişkilerin ve grupların kişileri "hasta" ettiğini düşünüyordum.

Katılımcı liderlik yönteminin kullanıldığı kurumlarda çalışanların üretimlerinin arttığı, işten ayrılanların sayısında düşme olduğu, morallerinin yükseldiği, işe devamsızlığın azaldığı, daha mutlu ve daha sağlıklı oldukları saptanmıştır. Aynı işçiler kendilerini daha iyi hissetmiş, işe gitme istekleri çoğalmış, kendilerine güvenleri ve öz saygıları artmış, güçsüzlük duyguları azalmıştır. VII Bölüm'de, bu bulguların John Simmons ve William Mares'in elli şirketle yaptıkları bir çalışma sonucunda elde edildiği vurgulanmıştır (Simmons ve Mares, 1983).

Katılımcı ve demokratik liderliğin uygulandığı okullarda öğrencilerin çalışma alışkanlıkları ve başarıları artmış, sosyal ilişkileri gelişmiş, arkadaşlarıyla ilişkileri düzelmiş, daha olgunlaşmışlar ve olumsuz davranışları azalmıştır. Bunlar VII Bölüm'de sözü edilen araştırmalardan elde edilen bulgulardır.

Demokratik bir aile ortamı yaratmayı öğrenen anababalar çocuklarının mutlu ve sağlıklı olmalarını sağlarlar mı? Bu soruya benim yanıtım olumludur ve yapılan sayısız araştırma da bu düşüncemi desteklemektedir.

EAE kurumu dışındaki araştırmacılar EAE kursunun etkisini değerlendirdi. 1983 yılında, Boston üniversitesi psikologlarından Ronald Levant yapılan yirmi üç araştırmanın değerlendirmesini yayımladı. Araştırmaların çoğunda yöntem yanlışları olduğunu saptadı. Aralarından araştırma standartlarına tam olarak uyan üç tanesini seçti. Her çalışma EAE kursuna katılmış anababalarla katılmamış olanları karşılaştırmış ve kurs öncesiyle sonrasının ölçümlerini kullanmıştı. 35 karşılaştırmanın 24'ü (ya da yüzde 69'u) araştırmaya katılanların EAE kurslarını beğendiğini, 11'i kursun katılanlar üzerinde fark yaratmadığını gösterdi (Levant, 1983).

Levant'ın kesin bulgularına göre, EAE kursları anababaların tutum ve davranışları üzerinde olumlu değişiklikler yaptı: Daha kabul edici, anababa olarak daha güvenli ve daha anlayışlı oldular. EAE kursuna katılan anababaların çocuklarının ise öz saygılarının arttığı ve öğretmenlerinin de onların sınıf içi davranışlarını daha olumlu buldukları görüldü.

Daha sonra Dr. Levant'ın öğrencisi R. Bruce Cedar yirmi altı farklı çalışmanın bulgularını birleştirmek için yeni bir istatistik tekniği kullandı ve birleştirilmiş bilgileri yeniden çözümledi (1985). "Çözümleme ötesi çalışma" adı verilen bu teknik aşağıdaki sonuçları çıkardı:

- EAE'nin anne/babanın tutum ve davranışları üzerinde olumlu etkileri var. Etki, anababaların kursu tamamlamasının ardından geçen yirmi altı hafta süresince azalmadan sürdü.
- Daha bilimsel yapılan çalışmalar anababa ve çocuklardaki değişimin daha büyük olduğunu gösterdi.
- Anababaların "demokratik yöntemleri", çocuklarını anlayıp kabullenmelerini ölçen testlerden aldıkları puanları yükseltti.
- EAE kursunun çocuklardaki en büyük etkisi öz saygılarının artması oldu. (Cedar. 1985)

Cedar'ın araştırmasına parasal destek veren Dr. Levant öğrencisinin yeniden çözümlemelerinin üzerine şu yorumu yaptı: "Daha büyük çaplı bir araştırma gerektirmesine karşın, EAE temiz raporu almıştır."

EÖE kursumuzun öğretmenler üzerindeki etkisi, Austin'deki Teksas Üniversitesi'nde görevli Edmund Emmer ve Amy Aussiker'in özetlediği sekiz araştırma çalışmasında değerlendirildi. Çıkardıkları sonuç şöyle:

Aldıkları eğitimin ardından öğretmen davranışlarını değerlendiren araştırmalardan, öğretmenlerin kendilerine önerilen EÖE becerilerini kullanma yeteneklerinde artış olduğu görüldü. Azdan çoğa doğru yapılan dizilimde etki çoğunlukla çokta toplandı. ... Çıkan sonuç, EÖE'nin, öğretmen tutum ve davranışını EÖE modelinin varsayımlarına uygun yönde değiştirebileceği görüşünü destekliyor. Varsayımlar otorite kullanımının demokratikleşeceği, öğrencilerin algılama ve duygularının daha çok önemseneceği ve öğrencilerin kabul edildiğinin gösterileceği yönündedir. (Emmer ve Aussiker, 1987)

Yapılan öteki bir kaç araştırma demokratik anababalığın çocukların öz saygıları üzerindeki olumlu etkilerini göstermiştir:

- Stanley Coopersmith'in beşinci ve altıncı sınıf erkek öğrenciler üzerinde yaptığı araştırma (1967), öz saygıları yüksek çocukların anababalarının (öz saygıları düşük çocukların arababalarına kıyasla), mantıklı düşünmeyi baskı yöntemlerine yeğlediklerini, çocuklarının görüşlerini sorgulamalarına izin verdiklerini, çocukların da katılmasıyla birlikte kararlar aldıklarını ve demokratik yöntemi benimsediklerini göstermiştir.

- Eleanor Maccoby ve John Martin öz saygıları yüksek çocuklarla ilgili çalışmaları gözden geçirdikten sonra şu sonuca varmıştır: "Çocuklardaki öz saygının artmasında anahtarın, ne otoriter denetim ne de tam özgürlük ve aşırı hoşgörü olduğu görülmüştür. Anababaların zorla kısıtlamalar getirmediği, isteklerini söylerken denetim ve seçimin bir bölümünü çocuklara bıraktığı, ama çocuklar tarafından uygun bulunarak kabul edilen, anababanın mantıklı ve ödün vermez istekleri, çocukların öz saygılarını artırıcı bir denetim yöntemi olmuştur."

Anne/babaların iletişim biçimlerini çocukların sağlıklarıyla ilişkilendiren iki araştırmaya rastladım:

- Birinci araştırmada, psikosomatik hastalıkları (bronşial astım, kolit, peptik ülser ve alerjik egzema) olan çocukların annelerinin davranışlarıyla, hastalıkları psikosomatik olmayan (çocuk felci, kalıtımsal kalp hastalığı, nefrit, hemofili) çocukların annelerinin davranışları karşılaştırıldı. Bulgu: Psikosomatik hastalıkları olan bir grup çocuğun anneleri, hastalıkları psikosomatik olmayan bir grup çocuğun annelerine göre çocuklarıyla daha çok tartışıyorlar ve onlara daha çok hükmediyorlardı (Garner ve Wenar, 1959).

- İkinci çalışma, hastalığa alerjik yatkınlıkları az olan astımlı çocukların annelerinin kişisel özelliklerinin, hastalığa alerjik yatkınlıkları yüksek çocukların annelerinin özellikleriyle benzer olduğunu gösterdi. Hastalığa alerjik yatkınlığı az olan çocukların anne eleştirisi ve yok saymasının yaşandığı ailelerde çocukların astıma daha sık yakalandıkları görüldü (Block ve ark., 1964).

Yıllar önce yapılan klasik bir araştırma, demokratik aile ortamının sağlık verici olduğunun güçlü kanıtlarını ortaya sermiştir. Ohio, Antioch'da Fels Enstitüsü bir araştırma yapmıştı. Bu araştırmada, otokratik, çocukratik (aşırı hoşgörülü) ve demokratik olmak üzere üç tip aile belirlendi. Bu ailelerin çocuklarına çok sayıda testler verildi ve daha sonra çocuklar ergenliğe erişinceye kadar periyodik olarak testler sürdürüldü. Çalışmadan ortaya çıkan en şaşırtıcı sonuç çocukların IQ'larındaki değişiklikti. Yıllar geçtikçe otokratik anababaların çocuklarının IQ'ları biraz düşerken, aşırı hoşgörülü olanların çocuklarının IQ'ları aynı kaldı. Ama, demokrat anababaların çocuklarının IQ'ları belirgin olarak arttı. En düşük artış sekiz puanın üzerindeydi. Araştırmacıların vardığı sonuç şuydu: "Demokratik ortamın çocukların zeka gelişimiyle ilgisinin olduğu açıktır." Demokratik aileler çocuklarına özgürlük ortamı sağlar, onlarla duygusal ilişki kurar ve entellektüel meraklarını kamçılarlar. Öğretmenler, böyle ailelerin çocuklarının sabırlı, meraklı, planlı, hayal güçleri ve yaratma yetenekleri yüksek öğrenciler olduklarını söylediler. Okulda lider konumundaydılar, uyumluydular ve arkadaşlarına göre daha olgundular. Araştırmacıların anlattıklarına göre:

> Demokratik ailelerin çocukları okula gitme yaşına geldikleri zaman, sosyal gelişmeleri dikkate değer bir biçimde tamamlanmış olur; liderdirler ve arkadaşları tarafından sevilirler; geçimli ve arkadaş canlısıdırlar; sakindirler; anababalarına yakındırlar ve öğretmenleriyle kolayca uyum sağlarlar. (Baldwin, Kalhorn ve Breese, 1945)

Daha önceki bölümlerde, otoriter olmayan ve ceza kullanmayan ailelerin sağlıklı ve etkili çocuklar yetiştirdiklerini gösteren güvenilir araştırma kanıtlarını vermiştim. Böyle ailelerden gelen çocukların çeşitli yönlerden "sağlıklı" oldukları saptanmıştır:

Saldırgan davranışlarının sayısı azdır.

Arkadaşlarıyla daha iyi geçinirler.

Öz saygıları daha yüksektir.

İntihara yatkınlıkları azdır.

Sınıf arkadaşlarıyla ve yaşıtlarıyla ilişkileri daha iyidir.

Daha sosyaldirler.

Daha az depresyona girer ve ağlarlar.

Daha doyurucu aşk ilişkileri yaşarlar.

Daha az kaygılanırlar.

Daha az suçluluk duyarlar.

Daha az anlaşmazlığa düşüp tartışırlar.

Daha az utangaçtırlar.

Toplumumuzdaki akıl ve ruh sağlığı sorunlarının temel nedenlerini bulmak için yapılan araştırmalar, ilişkilerde güç kullanılmasının sağlık sorunları yarattığına olan inancımı destekliyor. Psikolog Mark Kessler ve psikolog George Albee psikopatolojinin önlenmesiyle ilgili yayımlanmış ilk kitap olan eserlerinde, akıl ve ruh hastalıklarının önlenmesi ve nedenleri konularında yazılmış 381 makale ve kitabı tarayarak edindikleri çok sayıda bilgiyi yayımladılar. Çalışmalarının sonunda vardıkları sonuç şuydu:

> Burada Lord Acton'ın "Güç bozar, mutlak güç mutlaka bozar." sözlerini yinelemekten kendimizi alamıyoruz. Gözden geçirdiğimiz her araştırma insanları strese sürükleyen başlıca nedenlerin ne biçimde olursa olsun aşırı güç kullanımı olduğunu gösterdi. Zayıfın güçlü tarafından sömürülmesi; güç tüketen endüstri toplumunun kirletenleri; otomotiv kültürünün güçlü motorlara olan aşırı bağımlılığı (gücün güç tüketen sembolleri); rahatına düşkün toplumun arkalarında bıraktığı çöplerle çevrenin küçülmesi; sömürülmüş üçüncü dünya ülkeleriyle zengin tüketici ülkeler arasındaki güç savaşı; sömürülmüş ve zayıf bırakılmışların kızgınlığı; daha kişisel bir düzeyde kadınların erkekler, çocukların yetişkinler, yaşlıların gençlere tapan toplum tarafından sömürülmesi... Gücün azaltılması ve denetim altına alınmasıyla insanların akıl sağlıkları düzelebilecektir. (Kessler ve Albee, 1977).

Tüm araştırmalar demokratik ailelerin sağlıklı, yaratıcı, gizil güçlerine dayalı tüm yeteneklerini kullanabilen gençlerin yetişmesine olanak veren bir ortam oluşturduklarını kanıtlıyor. Peki, bu nasıl oluyor? Bu ailelerin farklı davranışlarının ardında neler olup bitiyor? Yapılan araştırmalar bize ipuçlarını veriyor, ama biz EAE kurslarına katılan anababalardan çok daha fazlasını öğreniyoruz.

Daha Az Aşağılama

Demokratik ailelerin en yaygın özelliği, çocukların kabul edilemeyen davranışları için cezanın hiçbir türünü kullanmamaları olabilir. Geleneksel ailede, çocuğa başeğdirtmek için sık sık ceza kullanılmasını gerektiren güce dayalı otokratik bir denetim vardır. Cezanın tanımından gelen aşağılayıcı ve yoksun bırakıcı sonuçları nedeniyle çocuğun içinde artan yılgınlığın, psikolojik ve fizyolojik sağlığını etkilemesi kaçınılmazdır. Psikolog Abraham Maslow bu ilkeyi şöyle netleştirmiştir:

> Karşısındakini tehdit eden, aşağılayan, gereksiz yere kıran, ona hükmetmeye kalkan ya da onu geri çeviren kişiler, bunları her yineleyişlerinde psikopatolojiyi yaratan bir güç haline gelirler. İnsanlar artık bunu anlamalı. Bunun yanında seven, yardımsever, şefkatli, düzeyli, sıcak ve psikolojik olarak demokrat her insanın küçük bile olsa psikoterapötik yani iyileştirici gücünün olduğu kabul edilmeli. (Maslow, 1970)

Çocuklarına, Maslow'un tanımladığı gibi güce dayanmayan yöntemleri kullanan ve ailedeki her üyeye gereksinimlerini karşılamasında eşit haklar tanıyan anababaların çocukları, kendi kendilerine zarar veren başetme yöntemlerini kullanmayacak, aşırı tepkisel davranışlarda bulunmayacaklardır. Gençleri başetme yöntemlerini kullanmaya iten umutsuzluk, gereksinim yoksunluğu ve kendilerini değersiz hissetme gibi duygular yaşamayacaklardır. Tüm bunlarla çocukların gül bahçesinde yaşayacaklarını, düş kırıklıkları ve sorunlarla karşılaşmayacaklarını söylemek istemiyorum. Meslek yaşamımı, terapi ya da aile eğitimi yaparak, çocukların sağlığını etkileyen ya da etkilemeyen şeyler üzerinde yapılan araştırmaları okuyarak geçirdiğim için sıcak ve kabul eden bir ortamda büyüyen çocukların evin dışında karşılaşacakları sorunlarla, çatışmalarla ve düşkırıklıklarıyla başedecek yeterli donanımlarının (kendi kazanımları ve anababalarının desteği) olduğuna inanıyorum.

Daha Az Stres, Daha Az Hastalık

Anababaların EAE tipi demokratik liderliği başarıyla kullandığı ailelerde daha başka olumlu etkiler bulunabilir. Tanınmış psikolog Hans Selye'nin yönetiminde yapılan bilimsel stres araştırmaları, karşılık görmemiş aşk, yas, depresyon, parasal kayıp, aşağılanma, duygusal yoksunluk ve başka acı veren olayların neden olduğu stresin ardından hastalığa yakalanıldığını göstermiştir. Evlerde uygulanan disiplin de strese neden olur. Stres, cezalandırılmanın neden olduğu aşağılık duygusu ve acıdan, cezalandırılma korkusundan, sürekli cezadan kaçmanın yaşattığı gerginlikten, güçlü bir kişiye boyun eğmek zorunda kalmanın ortaya çıkardığı çaresizlik ve kızgınlıktan, anababaya karşı duyulan sevgi ve nefret karmaşıklığından kaynaklanır.

Stres üreten otokratik ailelerin tersine, anababaların demokratik yaklaşımları uyguladığı aileler, işbirliği ve iş bölümü yapılan, çatışmaların eşit kazanımlarla çözüldüğü, herkesin gereksinimlerinin karşılandığı bir ortamın tadını çıkarırlar. Bu ortam içinde çocuklar daha az strese girer ve daha az hastalanırlar. EAE kursunu bitiren anababalar, çocuklarının daha az gribe yakalandığını, daha az sindirim sorunu yaşadıklarını ve daha az alerjik sıkıntıları olduğunu anlattılar. Etkili Anababa Eğitimi kitabında, annesinin yoğun Etkin Dinleme'si sırasında burnu tıkalı olduğu için ağızdan nefes alırken ağzını kapatınca öleceğinden korktuğu anlaşılan ve etkin dinlenildikten sonra bir daha nöbete yakalanmayan astımlı bir çocuğun öyküsünü anlatmıştım (Gordon, 1970).

Araştırmanın ortaya koyduğu stres ve hastalıklar arasındaki karmaşık ilişkinin ışığında, anababaların ve öğretmenlerin çocuklarını hasta ettiklerini söylemek şaşırtıcı olmaz. Ceza, hükmetme, eleştiri, kısıtlama çocukta korku, kızgınlık, ilgisizlik ve yılgınlık yaratır. Tüm bunlar, stresin psikolojik davranış belirtileridir.

Sorun Çözme Yeteneği

Yaşam çoğunlukla karmaşık ve çetindir. Çocukların hepsi temel gereksinimlerini karşılarken zorluklarla karşılaşmaktan kurtulamazlar. Bu zorlukları yenmek etkili sorun çözme becerileri gerektirir. Burada tanımlamasını yaptığım anababalık ve öğretmenlik modeli, çocukların sorunlarına hazır çözümler sunmak yerine, kendi sorunlarını çözmede onları yüreklendirir. Ortak sorunların çözümüne onların da katılmasını sağlar. Çocuklar bu demokratik ortamda, evde ve okulda uyulacak kuralları belirlemek, planlar yapmak, her tür çatışmayı çözmek için nasıl sorun çözüleceğini ilk elden öğrenirler. Anababalar ve öğretmenler çözüm önermekten, karar vermekten ve kural koymaktan vazgeçerken, çocukların sorun çözmeye katılımlarını sağlayarak tüm yaşamları boyunca her zaman kullanabilecekleri bir sorun çözme yeteneği geliştirmelerine yardım ederler. Bu da onların öz saygılarını ve kendilerine güvenlerini artırdığı gibi, kendilerini bağımsız ve yaşamlarının denetiminin ellerinde olduğunu hissetmelerine neden olur.

Daha Az Kızgınlık ve Düşmanlık

Gençler (yetişkinler de) engellendiklerini ve yenildiklerini hissettikleri zaman kızarlar. Kızgınlıklarını ya içlerinde saklar, kendilerinden nefret ederler ya da dışa vurur başkalarından nefret ederler. Bunlar sürekli kaybettiklerini düşünen kişilerin ortak tepkileridir. Kitapta gözden geçirdiğimiz beceriler, çocukların anababalarıyla ya da öğretmenleriyle çatışmalarını kaybetme olasılıklarını azaltır. Gereksinimleri karşılanmış gençler toplumun kırgın ve kızgın üyeleri olmazlar.

Korkudan Kurtulma

Güce dayalı disiplin işlevini çocuğu korkutarak yerine getirir. Cezalandırılan köpekler siniktir, sinirlidir ve her an tetiktedir. Otoriter ortamda yaşayan çocukların bazıları da aynı özellikleri gösterirler. Sürekli potansiyel bir tehlike ortamında yaşamak kişinin psikolojik sağlığı için zararlıdır. Çok uç bir örnek ama, Vietnam'da savaşmış askerler üzerinde yapılan bir araştırmadan onların da yukarıdaki özellikleri gösterdiklerini öğreniyoruz. Öte yandan demokratik aile ve sınıftaki çocukların korkacakları bir şey yoktur; çünkü cezalandırılmaktan, yoksun bırakılmaktan, kaybetmekten ve başarısızlıktan korkmaları için neden yoktur.

Daha Çok Sorumluluk

Kişinin yaşamından sorumlu olmama duygusunun depresyon, anksiyete ve stres nedeni olabileceği klinik bir gerçektir. EAE ve EÖE kurslarının ana fikri, çocukların yetişkin denetimine karşı kendi denetimlerini, yani dış denetime karşı iç denetimlerini artırma ilkesine dayanır. Psikologlar "yazgı denetimi" terimini kullanarak son zamanlarda bu konuyla ilgileniyorlar. Otokratik anababalar ve öğretmenler çocukları denetim altında tutarak bağımlılıklarını pekiştirip yazgı denetimlerini yok ediyorlar. Çocuklarına özgürlük tanıyan ve sorumluluk veren demokratik anababalar ve öğretmenler onlara kendi yazgılarının sorumluluğunu alabileceklerine güvendiklerini hissettiriyorlar. V. Bölüm'de Stanley Milgram'ın otoriteye itaat konusunda yaptığı deneyleri (1974) anlatmıştım. Milgram çalışmalarının ardından şu sonuca varmıştır: ***Sorumluluk duygusunun kaybolması otoriteye uymanın sonucudur.***

Kendine Zarar Veren Davranışların Azalması

Acı çeken ve haksızlığa uğradıklarını düşünen gençler sigara içmek, alkol ve uyuşturucu kullanmak, alkollüyken ya da uyuşturucu etkisi altındayken otomobil kullanmak, çok erken yaşta cinsel ilişkiye başlamak gibi sağlıklarını tehdit eden davranışlarla tepki verebilirler. Çocukların temel gereksinimlerine saygı gösterilen, Kaybeden-yok çözümlerinin kural olduğu ve hakkaniyetin değer gördüğü evlerde ve okullarda çocukların sağlıklarına zarar verecek davranışlara girmesi için neden yoktur.

Daha İyi Sosyal Beceriler

EAE becerilerini kullanmayı öğrenen anababalar, çocuklarının da kendilerini model alarak aynı becerileri edindiklerini söylüyorlar. Anababalarının kendilerini dinlediğini gören çocuklar da empatik dinlemeyi, iletişimlerinde açık ve dürüst olmayı, karşılarındakini suçlamamayı, kendileri de katıldıkları için sorunların kimsenin kaybetmeyeceği biçimde nasıl çözüleceğini öğreniyorlar.

Bu anababalar, çocuklarının daha yakın ve sıcak arkadaşlıklar kurduğunu; arkadaşlarının sorunlarını onlara açtığını; arkadaşlarıyla sorunları olduğu zaman onları dostça çözdüklerini; kendilerinden küçük çocukların onları sevdiklerini, onlara saygı duyduklarını ve onları örnek aldıklarını; yetişkinlerin onların dostluklarının çekiciliğine kapıldıklarını; başkalarını kendi çıkarları için kullanmadıklarını; kendi paylarına düşeni yapmaya hazır olduklarını bize anlatıyorlar, ayrıca biz de görüyoruz. Fels Enstitüsü'nün yaptığı çalışmalar bu çocukların liderlik yeteneği gösterdiklerini ortaya koymuştur.

Demokratik ailelerin çocuklarının kurdukları ilişkileri sürdürdükleri, yalnızlık çekmedikleri, benlik değerlerinin ve kendilerine güvenlerinin arttığı, sevildiklerini hissettikleri görülmüştür. Kısacası, sağlıklı bir aile yaşamı, onlara iletişim becerilerini öğreterek ev dışında daha sağlıklı ilişkiler kurmalarına ve başarılı olmalarına olanak veriyor.

Demokrasiyle yönetilen ülkelerin vatandaşlarının kendilerini daha mutlu, daha şanslı, daha özgür ve kendi kendilerini yönetebilen kişiler olarak kabul ettiklerini düşününce böyle bir neden-sonuç ilişkisinin ortaya çıkması doğaldır.

İşyerlerinde de, demokratik yöneticilerle çalışanlar güvensizlik, zorlama, korku ve yılgınlık hissetmezler. Otoriter yöneticilerle çalışanların korku dolu, güvensiz ve kötü iletişimden kaçarak yeni bir iş arama şansları yine de var.

Ne yazık ki, çocuklara bu şans tanınmıyor. Belli bir yaşa gelinceye kadar anababalarından ve öğretmenlerinden ayrılamıyorlar. Psikolojik zarara uğradıktan sonra çocuklarımızı tedavi ettirmektense, psikopatolojinin nedenleri kök salmadan önce onları çıkarıp atmak için ailelerimizi ve okullarımızı demokratikleştirme çabalarımızı her zamankinden fazla artırmalıyız.

Alkolizm ve uyuşturucu kullanılmasını örnek olarak alalım. Gençlerimiz arasında bu kötü alışkanlıkların yayılmasını azaltmak için aileleri ve okulları demokratikleştirmenin yollarını bulmanın, alkol ve uyuşturucunun fizyolojik tehlikelerini anlatmaktan, psikolojik danışmanlık ve öteki tedavi programları hazırlamaktan, anababalara uyuşturucu kullanan çocuklarda görülebilecek çeşitli ipuçlarını öğreten kampanyalar yürütmekten, "Uyuşturucuya hayır deyin" demek gibi gençleri değiştirmeye çalışan yaklaşımlardan çok daha etkili bir strateji olacağına inanıyorum. Marc Kessler ve George Albee *Primary Prevention of Psychopathology*[*] adlı kitaplarında hastalığı tedaviden çok önlemeye önem veriyorlar.

---

[*] Türkçe'ye **"Psikopatolojinin Önlenmesi"** olarak çevrilebilir. ÇN.

Hastalıkları o hastalığa yakalanmış kişileri tedavi ederek denetim altına almak halk sağlığıyla ilgili bir dogmadır. Çiçek hastalığı, çiçek çıkarmış hastaları iyileştirerek yenilmedi; tifo, çocuk felci ve kızamık da öyle. Her salgın, nedenleri belirlenip o nedenleri ortadan kaldıracak çalışmalar yapılınca denetim altına alındı. Demek ki, her şeyden önce hastalığa yakalanma önlenmelidir. (Kessler ve Albee, 1977)

Genç insanlarımızdaki antisosyal davranışın ve psikopatolojinin başlıca nedenlerinin en azından birini bulduğumuza kuvvetle inanıyorum: Onların yaşamlarını evde ve okulda denetim altına almak amacıyla cezalandıran disipline çok bel bağlamak. Bu buluş kendi içinde bile yüreklendiricidir, ama, daha çok çabalayarak disipline seçenekler bulunabileceğini keşfetmek de insanı ayrıca güçlendiriyor. Bunlarla toplumumuzun gereksinim duyduğu ve anababaların özlemini çektiği gençler yetiştirilebilir.

Nasıl çocuk yetiştirdiğimiz, nasıl bir topluma sahip olduğumuzdan çok daha önemlidir. Tanınmış gökbilimci Carl Sagan *Cosmos* adlı kitabında, nöropsikolog James Prescott'un 400 sanayi öncesi toplumun, geniş çaplı kültürler arası çözümlemesi üzerine yaptığı çalışmayı anlatıyor. Prescott, çocukları cezalandırılan ve sevgiden yoksun bırakılan ülkelerde köleliğin, öldürme olaylarının, işkencenin, yaralanmanın, kadınları ikinci sınıf vatandaş olarak görmenin, bir ya da daha fazla doğaüstü güce inanmanın toplumların özellikleri olduğunu saptadı. Bu kültürdeki toplumların, yaşamlarının en önemli dönemlerinden en az ikisinde -çocukluk ve gençlik- bedensel zevklerden yoksun bırakılmış bireylerden oluştuğu sonucunu çıkardı.

Çocukları disipline sokma ve onun alternatifi olan şımartmanın çözümlemesini bir de kuramsal olarak düşünelim: Ailelerimizi ve okullarımızı demokratikleştirmeyi başarabilirsek bunun toplumumuzun geleceği için sonuçları ne olur? Önceki bölümlerde sizlere verdiğim araştırma çalışmalarının bulgularına dayanarak aşağıdaki sonuçlardan bazılarına ulaşabileceğimize inanıyorum. Bunlar aşağı yukarı bir öngörüdür. Hiçbiri deneyim ve gerçeklere dayanmamaktadır. Öngördüğüm sonuçların çoğu oldukça etkilidir ve toplumumuzda kendisini hissettirecektir:

1. Çocuklar hem fiziksel hem de duygusal olarak daha sağlıklı olacak.

2. Topluma çok zararlı olan olumsuz gençlik davranışlarında azalma olacak. Çocukların suç işlemesi, alkolizm, uyuşturucu kullanılması, dikkatsiz araç kullanma, şiddet, okuldan kaçma, intihar etme, ırza geçme, çeteleşme, evlilik öncesi hamilelik, adam öldürme hissedilir derecede azalacak.

3. Anababaları tarafından evden atılıp ya da evi kendileri terkedip sokaklarda yaşayan çocukların sayısı azalacak.

4. Tüm öğrencilerin kendi kapasitelerine göre öğrenme fırsatı olacak. Öğrenciler sınıfta kalmanın, okuldan atılmanın ve cahil kalmanın utancını yaşamayacak.

5. Öğretmen-öğrenci ilişkileri düzelecek. Çocuklar öğretmenlerini ve okula gitmeyi sevecek.

6. Aile içinde karı-koca, anne/baba-çocuk, çocuk-çocuk, arasındaki geçimsizlikler azalacak.

7. Çocukların çoğu öğrenmeye, başarı duygusunu tatmaya, öz saygılarını artırmaya istek duyacak.

8. Ergenlik dönemi, hem anababalar hem de gençler için fırtınalı ve stresli bir dönem olmayacak.

9. Pek çok öğrencinin benlik saygıları için çok zararlı olan notlandırma sisteminden vazgeçilecek; bunun yerine öğrenciler konularda elde ettikleri ilerlemelere

göre değerlendirilecek. Her öğrencinin yeteneğine göre öğrenebileceği ve böylece başarısızlığın yaşanmayacağı okullarımız olacak.

10. Yetişkinler gençlerin gereksinimlerine ve haklarına saygı gösterdikleri için onlar da aynı saygıyı görecekler.

11. Lise, meslek lisesi ve üniversitelerimizi bitiren gençler hayata atıldıklarında başkalarıyla birlikte çalışabilmeleri, katılımcı yöneticiler olabilmeleri, çatışmaları dostça çözebilmeleri, demokratik ilişkiler kurabilmeleri için gerekli olan becerileri öğrenmiş olacaklar.

12. Haksızlıklar, anlamsız cinayetler ve savaşlar azalacak.

13. İçinde bulundukları kötü koşulların nedenini kendilerinin dışındaki etkenlere bağlayan çaresiz ve umutsuz insanların sayısı azalacak.

14. Otoriteye itaat ve bağımlılık azalacak.

15. Gençler yüksek ahlaklı insanlar olarak yetişecek.

Gelecek kuşaklarda günümüz gençliğinden çok farklı, daha sağlıklı, daha mutlu, kendine daha çok güvenen, daha çok güvenilir, daha düşünceli, daha içten bir gençlik, tümüyle "yeni tür"den genç insanlar yavaş yavaş göreceğimize inanıyorum.

Ben bu yeni tür gençlerden bazılarıyla tanıştım. Onlar EAE kurslarımızda öğrettiğimiz iletişim becerilerini öğrenmiş ananbabaların çocukları ve EÖE kurslarımızda sınıfı demokratik biçimde yönetmeyi, öğrencilere saygılı davranmayı öğrenmiş öğretmenlerin öğrencileriydi. Bu gençler çok etkileyici. İnanın bana.

Kaynakça

Aschuler, A. *School discipline: A socially literate solution.* New York: McGraw-HIll, 1980.

Aspy, D. and Roebuck, F. *Kids don't learn from people they don't like.* Amherst, Mass.: Human Resource Development Press, 1977.

Aspy, D. and Roebuck, F. The relationship of teacher-offered conditions of meaning to behaviors described by Flanders Interactional Analysis. *Education,* 95 (Spring 1975).

Aspy, D. and Roebuck, F. Researching person-centered issues in education. In C. R. Rogers, *Freedom to learn for the 80's.* Columbus, Ohio: Charles E. Merrill, 1983.

Azrin, N. and Holz, W. Punishment. In W. Konig (ed.) *Operant behavior.* New York: Appelton-Centruy-Crofts, 1966.

Baldwin, A. Socialization and the paret-child relationship. *Child Development,* 1948, 19.

Baldwin, A., Kalhorn, J. and Breese, F. Patterns of parent behavior. *Psychological Monographs,* 1945, 58.

Barton, K., Dielman, T. and Cattell, R. Child rearing practices and achievement in school. *Journal of Genetic Psychology,* 1974.

Baumrind, D. Child care practices anteceding three patterns of preschool behavior. *Genetic Psychology Monograph,* 1967, 75.

Baumrind, D. Current patterns of parental authority. *Developmental Psychology Monograph,* 1971, 4.

Becker, W. Consequences of different kinds of parental discipline. In M. Hoffman and L. Hoffman (eds.), *Review of Child Development Research,* Vol. I. New York: Russell Sage, 1964.

Block, J., Jennings, P., Harvey, E., and Simpson, E. Interaction between allergic potential and psychopathology in childhood asthma. *Psychosomatic Medicine,* 1964, 26.

Bongiovanni, A. *A review of reserach on the effects of punishment: Implications for corporal punishment in the schools.* Paper presented at the Conference on Child Abuse, Children's Hospital, National Medical Center, Washington, D.C., February 19, 1977.

Burrows, C. *The effects of a mastery learning strategy on the geometry achievement of fourth and fifth grade children.* Unpublished doctoral dissertation, Indiana University, Bloomington, 1973.

Cedar, R. B. *A meta-analysis of the Parent Effectiveness Training outcome research literature.* Ed.D. dissertation, Boston University, 1985.

Combs, A. Achieving self-discipline. In W. W. Wayson (ed.), *Theory into practice: Teaching self-discipline.* Columbus, Ohio: Ohio State University, 1985.

Cook, P. Child-rearing, culture and mental health. *The Medical Journal of Australia,* Special Supplement, 1978, 2.

Coopersmith, S. *The antecedents of self-esteem.* San Francisco: Freeman, 1967.

Cordes, C. Researchers flunk Reagan on discipline theme. American Psychological Association *Monitor,* March 1984.

Cuniberti, B. Hinckleys: After tears, a crusade. *Los Angeles Times,* February 23, 1984.

Davidson, H. and Lang, G. Children's perceptions of their teachers' feelings toward them. *Journal of Experimental Education,* 1960, 29.

Deci, E., Betley, G., Kahle, J., Abrams, L. and Porac, J. When trying to win: Competition and intrinsic motivation. *Personality and Social Psychology Bulletin,* 1981, 7.

De Mause, L., ed. *The history of childhood.* New York: Psychohistory Press, 1974.

Deutsch, M. *Distributive justice: A social-Psychological perspective*. New Haven: Yale University Press, 1985.

Dobson, J. *Dare to discipline*. Wheaton, Ill.: Tyndale House, 1970.

Dobson, J. *The strong-willed child*. Wheaton, Ill.: Tyndale House, 1978.

Dollard, J., Doob, L., Miller, N., Mowrer, O. and Sears, R. *Frustration and aggression*. New Haven: Yale University Press, 1939.

Dreikurs, R. *Challenge of parenthood*. New York: Hawthorne, 1948.

Dreikurs, R. and Soltz, V. *Children: The challenge*. New York: Duell, Sloan, Pearce, 1964.

Duke, D. and Perry, C. Can alternative schools succeed where Benjamin Spock, Spiro Agnew and B. F. Skinner have failed? *Adolescence,* 1978, 13.

Duke, O. *Managing student behavior problems*. New York: Teachers College, Columbia University, 1980.

Eggebroten, A., Sparing the rod: Biblical discipline and parental discipleship. *The Other Side,* Philadelphia, April 1987.

Emmer, E. and Aussiker, A. *School and classroom discipline programs: How well do they work?* Paper presented at American Educational Research Association Meeting, Washington, D.C., April 1987.

Farson, R. Praise reappraised. *Harvard Business Review,* September October, 1963.

French, M. *Beyond power*. New York: Summit Books, 1985.

Garner, A. and Wenar, C. *The mother-child interaction in psychosomatic disorders*. Urbana: University of Illinois Press, 1959.

Gaulke, E. *You can have a family where everybody wins*. St. Louis: Concordia Publishing House, 1975.

Gilmartin, B. The case against spanking. *Human Behavior,* 1979, 8.

Glasser, W. *Control theory in the classroom*. New York: Harper and Row, 1986.

Gordon, T. *Group-centered leardeship*. Boston: Houghton-Mifflin, 1955.

Gordon, T. *Etkili Liderlik Eğitimi (E.L.E.)*, Sistem Yayıncılık, İstanbul, Kasım 1997.

Gordon, T. *Etkili Anababa Eğitimi (E.A.E.)*, Sistem Yayıncılık, İstanbul, Haziran 1996.

Gordon, T. *Etkili Öğretmenlik Eğitimi (E.Ö.E.)*, Sistem Yayıncılık, İstanbul, Kasım 1996.

Gordon, T. *What every parent should know*. Chicago: National Committee for Prevention of Child Abuse, 1975.

Gordon, T., wiht Sands, J. *Etkili Anababa Eğitiminde Uygulamalar (E.A.E.)*, Sistem Yayıncılık, İstanbul, Temmuz 1996.

Holt, J. *How Children Fail*. New York: Dell Publishing Co., 1964 [Türkçesi: Çocuklar Neden Başarısız Olur, Çev: Gürol Koca, Beyaz Yayınları, İstanbul 1998].

Hyman, I., McDowell, E. and Raines, B. Corporal punishment and alternative in schools. *Inequality in Education,* 1975, 23.

Johnson, D., Johnson, R., Tiffany, M. and Zaidman, B. Cross-ethnic relationships: The impact of intergroup cooperation and intergroup competition. *Journal of Experimental Education,* 1984, 78.

Johnson, D., Maruyama G., Johnson, R., Nelson, D., and Skon, L. Effects of cooperative, competitive and individualistic goal structures on achievement: A meta-analysis. *Psychological Bulletin,* 1981, 89.

Jones, V. and Jones, L. *Responsible classroom discipline*. Newton, Mass.: Allyn and Bacon, 1981.

Kadushin, A. and Martin, J., Physical child abuse: An overview. Chapter I in *Child abuse: An interactional event*. New York: Columbia University Press, 1981.

Kempe, C. et al. The battered child syndrome. *Journal of the American Medical Association,* 1962, 181.

Kessler, M. and Albee, G. An overview of the literature of primary prevention. In G. Albee and J. Joffe (eds.), *Primary prevention of psychopathology,* Vol. I, University Press of New England, 1977.

Kohlberg, L. High school democracy and educating for a just society. In R. Mosher (ed.), *Moral education: A first generation of research and development.* New York: Praeger, 1980.

Kohn, A. *No contest: The case against competition.* Boston: Houghton Mifflin, 1986.

Krumboltz, J. and Krumboltz, H. *Changing children's behavior.* Englewood Cliffs, N. J.: Prentice-Hall, 1972.

Levant, R. Client-centered skills training programs for the family: A review of the literature. *The Counseling Psychologist,* 1983, 11:3.

Lippitt, R. and White, R. The "social climate" of children's groups. In R. Barker, J. Kevnin and H. Wright (eds.), *Child behavior and development.* New York: McGraw-Hill, 1943.

Lombardi, D. and Corsini, R. C4R: A new system of schooling. *Holistic Education,* 1988, 1.

Maccoby, E. and Martin, J. Socialization in the context of the family. Chapter I in P. Mussen (ed.), *Handbook of Child Psychology,* Vol. IV. New York: Wiley, 1983.

Mack, J. The juvenile court. *Harvard Law Review,* 1909, 23.

Makarenko, A. *The collective family: A handbook for Russian parents.* Garden City, N.Y.: Doubleday, 1967.

Martin, B. Parent-child relations. In M. Hoffman and L. Hoffman (eds.), *Review of Child Development Research.* Chicago: University of Chicago Press, 1975.

Maslow, A. *Motivation and personality,* 2nd ed. New York: Harper and Row, 1970.

Maurer, A. *1001 alternatives to punishment.* Berkeley, Cal.: Generation Books, 1984.

Maurer, A. *Physical punishment of children.* Paper presented at the California State Psychological Association Convention, Anaheim, California, 1976.

McCord, J. and McCord, W. The effects of parental models on criminality. *Journal of Social Issues,* 1958, 14.

McLaughlin, T. A comparison of self-recording and self-recording plus consequences for on-task and assignment completion. *Comtemporary Educational Psychology,* 1984, 9.

Milgram, S. *Obedience to authority.* New York: Harper and Row, 1974.

Newsletter of the Committee to End Violence Against the Next Generation, Berkeley, California.

Palmer, S. *The psychology of murder.* New York: Thomas Y. Crowell, 1962.

Parke, R. Effectiveness of punishment as an intiraction of intensity, timing, agent nurturance, and cognitive structuring. *Child Development,* 1969, 40.

Pepper, F. and Henry, S. Using developmental and democratic practices to teach self-discipline. In W. W. Wayson (ed.), *Theory into pratice: Teaching self-discipline.* Columbus, Ohio: Ohio State University, 1985.

Peterson, R., Loveless, S., Knapp, T., Loveless, B., Basta, S. and Anderson, S. The effects of teacher use of I-messages on student disruptive behavior. *Psychological Record,* 1979, 29.

Pogrebin, L. *Family Politics.* New York: McGraw-Hill, 1983.

Power, C. *The moral atmosphere of a just community high school: A four-year longitudinal study.* Unpublished doctoral dissertation. Harvard University, 1979.

Power, T. and Chapieski, M. *Psychology Today,* November 1986.

Reardon, F. and Reynolds, R. *Corporal punishment in Pennsylvania.* Deparment of Education, Diision of Research, Bureau of Information Systems, November 1975.

Rice, J., *Correction and discipline of children.* Murfreesboro, Tenn.: Sword of the Lord, 1946.

Risley, T. and Baer, D. Operant behavior modification: The deliberate development of behavior. In B. Caldwell and H. Ricciuti (eds.), *Review of Child Development Research,* Vol. III. Chicago: University of Chicago Press, 1973.

Ritchie, J. and Ritchie, J. *Child rearing practices in New Zealand.* Wellington: Reed, 1970.

Roebuck, F. *Cognitive and affective goals of education: towards a clarification plan.* Presentation to Association for Supervision and Curriculum Development, Atlanta, March, 1980.

Roebuck, F. *Polynomial representation of teacher behavior.* Presentation to AERA National Convention, Washington, D.C., March 31, 1975.

Roebuck, F. and Aspy, D. Response surface analysis. Interim Report No. 3 for NIMH Grant No. 5, Northeast Louisiana University, September 1974.

Rogers, C. *Client-centered therapy.* Boston: Houghton Mifflin, 1951.

Rogers, C. *Freedom to learn for the 80's.* Columbus, Ohio: Charles E. Merrill, 1983.

Rosemond, J. *Parent power.* New York: Pocket Books, 1981.

Sagan, C. *Cosmos.* New York: Ballantine Books, 1980.

Sears, R. The relation of early socialization experiences to aggression in middle childhood. *Journal of Abnormal and Social Psychology,* 1961, 63.

Sears, R., Whiting, J., Nowlis, V. and Sears, P. Some child-rearing antecedents of dependency and aggression in young children. *Genetic Psychology Monographs,* 1953, 47.

Silberman, C. *Criminal violence, criminal justice.* New York: random House, 1978.

Silberman, C. *Crisis in the classroom.* New York: Random House, 1970.

Simmons, J. and Mares, W. *Working together.* New York: Alfred A. Konpf, 1983.

Skinner, B. *Newsletter of the Committee to End Violence Against the Next Generation,* 1986-87, 15.

Snow, C. "Either-Or." *Progressive,* February 1961.

Spock, B. How not to bring up a bratty child. *Redbook,* February 1974.

Spock, B. *The common sense book of baby and child care.* New York: Duell, Sloan and Pearce, 1957.

Straus, M., Gelles, R. and Steinmetz, S. *Behind closed doors: Violence in the American family.* New York: Anchor Press/Doubleday, 1980.

Summit, R. The child sexual abuse accommodation syndrome. *Child Abuse and Neglect,* 1983, 7.

Taylor, L. and Maurer, A. *Think twice: The medical effects of physical punishment.* Berkeley, Cal.: Generation Books, 1985.

Urich, T. and Batchelder, R. Turning an urban high school around. *Phi Delta Kappan,* 1979, 61.

Wasserman, E. Implementing Kohlberg's "just community concept" in an alternative high school. *Social Education,* 1976, 40.

Waston, G. A comparison of the effects of lax versus strict home training. *Journal of Social Psychology,* 1943, 5.

Wright, L. *Parent power.* New York: William Morrow, 1980.

Çocukta Dış Disiplin mi? İç Disiplin mi?
1. Baskı

(Bu formda belirteceğiniz görüşler yayınevi olarak gelişmemiz için bize veri oluşturacaktır. Bu da size daha kaliteli ve doyurucu yayınlar olarak geri yansıyacaktır.)

Formu Doldurma Tarihi: ....

1. Adınız, Soyadınız : ....

2. Doğum Tarihiniz : ....

3. Cinsiyetiniz: ❑ Kadın ❑ Erkek

4. Uğraşınız

   ❑ Öğrenciyim Okul: .... Bölüm: ....
   ❑ Çalışıyorum Kurum: .... Görev: ....

5. Adres Bilgileriniz

   Ev/İş Adresiniz: ....
   ....

   Ev/İş Tel: .... Ev/İş Fax: .... e-posta: ....

6. Sistem Yayıncılık için daha önce böyle bir form doldurdunuz mu?

   ❑ Evet ❑ Hayır

7. Bu kitabı okumayı neden tercih ettiniz?
   ....
   ....
   ....

8. Bu kitapla ilgili düşünceleriniz nelerdir?
   ....
   ....
   ....

9. Sistem Yayıncılık'tan çıkan başka hangi kitapları okudunuz?
   • ....   • ....
   • ....   • ....

10. Yayınlarımızın içerikleriyle ilgili düşünceleriniz nelerdir?
    ....
    ....
    ....

11. Sizce insanımızın ve toplumumuzun daha sağlıklı gelişmesi için ne tür yayınlara gereksinim var?
    ....
    ....
    ....

12. Yayınevi olarak bize önerileriniz?
    ....
    ....
    ....

13. Diğer yayınlarımızla ilgili bilgi edinmek ister misiniz?

    ❏ Katalog istiyorum   ❏ Fiyat listesi istiyorum

14. Sistem Yayıncılık tarafından düzenlenen seminerlerden ve konferanslardan haberdar edilmek ister misiniz?

    (Seminerlerimiz ve konferanslarımız çoğunlukla İstanbul'da düzenlenmektedir. 250 kişiyi aşan taleplerde konuşmacının zaman planı elverdiği takdirde başka yörelerde de gerçekleştirilebilir.)

    ❏ Evet   ❏ Hayır

Formumuzu doldurduğunuz için teşekkürler.
Bize ulaşmak için bu formu, lütfen
Sistem Yayıncılık, Halkla İlişkiler Bölümü
Tünel, Nergis Sokak, Sistem Apt. No: 4 80050 Beyoğlu/İSTANBUL
adresine yollayınız.